アジア交通文化論

澤　喜司郎　著

成山堂書店

本書の内容の一部あるいは全部を無断で電子化を含む複写複製（コピー）及び他書への転載は，法律で認められた場合を除いて著作権者及び出版社の権利の侵害となります。成山堂書店は著作権者から上記に係る権利の管理について委託を受けていますので，その場合はあらかじめ成山堂書店（03-3357-5861）に許諾を求めてください。なお，代行業者等の第三者による電子データ化及び電子書籍化は，いかなる場合も認められません。

はじめに

　文化とは一般に、人間が学習によって社会から習得した生活の仕方の総称とされ、衣食住をはじめ技術、学問、道徳、宗教など物心両面にわたる生活形成の様式と内容を含むとされています。ここにいう社会とは、あらゆる形態の人間の集団生活とされ、その主要な形態には家族や村落、教会、会社、階級、政党、群衆、国家などがあり、自然に発生した集団もあれば、人為的に特定の利害目的などに基づいて作られたものもあります。そのため、社会が違えば文化は違い、国家を社会と捉えるならば、それぞれの国にそれぞれの文化があります。

　文明とは一般に、文化的特徴や現象の集合体とされていますが、人間の精神的活動の所産が「文化」、人間の技術的・物質的活動の所産が「文明」とされ、あるいは人間の知識が開け、社会が進んだ状態が「文明」と呼ばれることもあります。これは、西洋的な発想に基づく概念で、西洋を人間の知識が開け、社会の進んだ文明国とし、アジアやアフリカを野蛮で未開の非文明国と位置づけ、征服・支配するための思想とされていました。アジアの植民地時代には西洋文化や白人文化は優れ、アジアの文化を劣ったものとし、「優等人種である白人が劣等人種である非白人に文明を与えるのは義務である」「優れた白人が劣った有色人種を征服することは自然の摂理である」とされていました。

　このような西洋的価値観が植民地時代にアジアの文化を破壊し、また西洋文化が国際儀礼として国際標準化されたため、現在でもアジアの文化の破壊と消滅が続いていると言われています。しかし、戦後に西洋の植民地支配から独立したアジアの国々では、伝統的な文化の復活や、新しい固有の文化が生み出されているのも事実です。

　他方、私たちの生活にもっとも密接な交通にも文化があり、それは交通文化と呼ばれています。西洋的発想でいう「文明国」であろうと、「野蛮で未開の国」（非文明国）であろうと、また資本主義国であろうと社会主義国であろうと、

それぞれの国にはそれぞれの交通文化があります。文化の定義にしたがえば、交通文化とは一般に人間が学習によって社会から習得した交通の仕方の総称とされ、具体的には人の移動や貨物の運送という交通の形成様式や内容とされています。

たとえば、鉄道とは鉄輪を備えた電車や汽車がレール上を走行するという事象（あるいは車両などを含む施設の総称）とされ、それは西洋であろうとアジアであろうと、どの国でも同じです。しかし、同じ鉄道であっても、それがどのような社会体制のもとで運行されているのか、どのような主体によって管理・運営されているかは国によって異なり、そこに住む人々が鉄道をどのように利用しているのかも異なります。さらに、人々が同じ距離を地理的に移動する場合、どのような交通手段を利用するかは国や地域によって異なります。そのため、交通文化論における研究は、交通の形成様式や内容を観察することから始まるとされています。

本書では、インド、ミャンマー、タイ、カンボジア、ベトナム、マレーシア、シンガポール、インドネシア、フィリピン、香港、台湾、中国、韓国が取り上げられ、交通や乗り物から観察される文化つまり交通文化を抽出し、その特徴は何か、なぜそのような文化が形成されたのか、どうして定着したのかについて解説されています。近隣諸国との交通文化の類似性や異質性を把握しやすいように、日本の西方に位置するインドから東へ向かう順に論が展開されています。なお、本書では文化の基層部に潜む「隠れた文化」も抽出されていますので、「悪口ばかり書いてある」との印象を与え、批判を受けそうですが、社会科学には正解はなく、事実に対する解釈は種々さまざまで、本書の解説はそのひとつです。

ここで、各章の内容を簡単に紹介しておきます。

序章「アジアの交通と文化」では、アジアの宗教と文化、アジアの政治と経済、交通とアジア的貧困をテーマに、宗教と文化の多様性、消えるアジアの文化、経済と民主主義と汚職の関係、乗用車と貧富の差、三輪自転車とアジア的貧困などについて解説されています。また、アジアが世界の二輪車生産台数の

90.1％を占め、アジアが二輪車の一大文化圏であることも紹介されています。

第1章「インドの動物とヒンドゥー文化」では、動物とヒンドゥー教、オート・リクシャーと国民性、巨大人口とインド鉄道をテーマに、牛とヒンドゥー教、動力としての人とカースト制、バイクとインド人気質、巨大人口と近郊鉄道の混雑などについて解説されています。また、窃盗犯や強姦犯が警察に引き渡される前にリンチで殺害され、女性に対する暴力が後を絶たないというインドの異質性や後進性についても紹介されています。

第2章「ミャンマーの仏教と僧侶優先社会」では、貧富の差と貧困、外国人料金と仏教文化、僧侶優先社会と恐妻社会をテーマに、公務員の汚職と貧困、道路と軍閥企業、タクシーと仏教文化、サイカーと信仰心、トラックバスと恐妻社会などについて解説されています。また、後発開発途上国とされるミャンマーの本当の貧困、女性と仏教の関わり、女性の社会進出についても紹介されています。

第3章「タイのトゥクトゥクと微笑み文化」では、サムローとトゥクトゥク、バスと寛容の心、運河交通と仏教文化をテーマに、自動車型サムローと感謝の心、トゥクトゥクと貧富の差、モーターサイと捨の心、ソンテオと運賃交渉制、運河交通とタンブン、水上マーケットと托鉢の商業化などについて解説されています。また、薬物を摂取したり、買春をしたりする僧侶の問題や、約30万人いると言われる肥満僧侶の問題についても紹介されています。

第4章「カンボジアの地政的孤立と仲間意識」では、バイクと小乗仏教、長距離バスとルーモーと貧困、鉄道と地政的孤立とスラムをテーマに、モトドップと仲間意識、小乗仏教と個人主義、タクシーと貧困、ルーモーと犯罪、鉄道の復活と地政的孤立、ノーリーとスラムなどについて解説されています。また、後発開発途上国のカンボジアの貧困に関連して、教育の現状と、貧困ゆえに横行している、母親が娘を売るという児童買春についても紹介されています。

第5章「ベトナムの家族主義とムラ社会」では、バイクと貧富の差、バスと階級秩序と妬みの文化、家族主義とかかあ天下をテーマに、自転車と貧富の差、セオムと貧困層の生業、バスと階級秩序、タクシーと妬みの文化、女性と階層

社会、モーターセロイと家族主義などについて解説されています。また、人口問題に関連して「二人っ子政策」や、ベトナムの強固なコネ社会についても紹介されています。

第6章「マレーシアのイスラム教と民族主義」では、バイクとインシャラー意識、バスと貧富の差、鉄道と民族的優越性をテーマに、トライショーと「のんびり性」、ブミプトラ政策と民族主義、バスと文化のずれ、クアラルンプールと観光ツアー、長距離列車と貧富の差、KTMコミューターとイスラム教などについて解説されています。また、多民族国家のマレーシアでの民族と宗教・職業の結びつき、イスラム国のテロについても紹介されています。

第7章「シンガポールの厳罰主義と超多民族社会」では、交通機関と超多民族社会、交通管理と自己責任、汚職の撲滅と国家資本主義をテーマに、都市鉄道と厳罰主義、路線バスと超多民族社会、自家用車の抑制と交通管理、ダックツアーと自己責任、観光開発と汚職の撲滅、トライショーと国家資本主義などについて解説されています。また、厳罰主義との関係でシンガポールの刑法や、汚職行為防止法についても紹介されています。

第8章「インドネシアの貧富の差とアパアパ文化」では、鉄道と「どうってことないよ」というアパアパ文化、バスと国民性と公衆道徳、バジャイとベチャと貧富の差をテーマに、国有鉄道と遅延の常態化、無賃乗車とアパアパ文化、トランスジャカルタと国民性の三悪、アンコットと公衆道徳、ベチャと貧富の差などについて解説されています。また、高速鉄道の建設をめぐる中国とのいがみ合い、「私に関係ない」という言い訳文化についても紹介されています。

第9章「フィリピンの貧困とハロハロ文化」では、バイクと「混ぜこぜ」というハロハロ文化、バスと貧富の差、鉄道と貧困の文化をテーマに、賄賂の常態化、ジプニーとハロハロ文化、タクシーと顧客の囲い込み、タクシーと貧困のシステム、フィリピン国鉄と投石対策、スケーターとスラムなどについて解説されています。また、「法律は厳しく、運用は適当」という「いい加減文化」、貧困との関係でスモーキー・マウンテンについても紹介されています。

第10章「香港のトラムと消える英国文化」では、トラムと住民差別、バスと英国文化の消滅、香港の中国化とスラムをテーマに、トラムと向空中、ピークトラムと英国階級社会、英国風の2階建てバス、中国風のミニバス、香港返還と鉄道の一元化、英国風地下鉄とスラムなどについて解説されています。また、国民教育（愛国教育）の導入に抗議する大規模デモ、行政長官の選挙制度に反対する大規模な反政府デモ（雨傘運動）についても紹介されています。

第11章「台湾のスクーターと負けず嫌い」では、自転車とスクーター文化、バスと負けず嫌い、鉄道と儒教と賄賂をテーマに、スクーターと行政、敷居の高い市内バス、豪華バスと負けず嫌い、鉄道と儒教、對號列車と易姓革命思想、高速鉄道の建設と賄賂などについて解説されています。また、日本の統治時代を知る台湾人によって台湾語で語られる「日本精神」や、在台中国人の残虐性を表すとされる台湾大虐殺についても紹介されています。

第12章「中国の階級格差と賄賂」では、階級格差と偽物、三輪車と経済重視、鉄道と賄賂と奴性をテーマに、公共バスと政治的階級、タクシーと身分階級、人力三輪車と出稼ぎ労働者、三輪バイクと学歴的格差、長距離列車と農民蔑視、地下鉄と賄賂、高速鉄道と奴性などについて解説されています。また、農民蔑視に関連する戸籍制度や、国民に浸透しているとされる拝金主義についても紹介されています。

第13章「韓国の差別と優等文化」では、優等バスと優等文化、鉄道の反日文化と賄賂、高速鉄道と両班文化をテーマに、優等高速バスと差別文化、観光バスと事大主義、地下鉄と反日文化、空港鉄道と賄賂、高速鉄道KTXと恨みの文化、両班文化と手抜き工事などについて解説されています。また、韓国のポピュリズムやケンチャナヨ精神など韓国人の三大精神についても紹介されています。

本書の構成と内容は以上のとおりですが、本書で紹介することのできなかった国も残され、また本書での解説や紹介が不十分な個所も残されています。本書で取り上げた国々で観察される交通文化つまり交通の形成様式や内容の特徴を抽出するという本書の狙いがどの程度まで成功しているかは読者の皆さんの

ご批判を待たねばなりません。また、所々の脚注などで記述されているように、衣食住や政治、経済などを観察することによって本書とは異なる文化の抽出もできます。

　なお、本書ではネット上を含め、多くの辞書や事典、機関や団体のホームページ、新聞や雑誌、論文やレポートなどを引用・参照させて頂きましたが、一般論的なものについては紹介するという客観的記述方式をとり、その出所については記載を省略させて頂きました。関係の方々のご理解とご海容をお願い申し上げる次第です。

　最後に、本書の出版を快くお引き受け下さいました(株)成山堂書店の小川典子社長、編集や校正で大変お世話になりました編集部の方々をはじめ、スタッフの方々に厚くお礼申し上げます。

平成29年2月

著者記す

目 次

はじめに

序 章　アジアの交通と文化 ……………………………………… 1
1　アジアの宗教と文化 ………………………………………… 1
アジアとは／宗教と文化の多様性／消えるアジアの文化
2　アジアの政治と経済 ………………………………………… 5
政治と民主主義／汚職と幸福／経済と民主主義と汚職
3　交通とアジア的貧困 ………………………………………… 10
乗用車と貧富の差／二輪車の一大文化圏／三輪自転車とアジア的貧困

第1章　インドの動物とヒンドゥー文化 ………………………… 14
1-1　動物とヒンドゥー教 ……………………………………… 14
馬と牛の神聖視／牛とヒンドゥー教／動力としての人とカースト制
1-2　オート・リクシャーと国民性 …………………………… 19
バイクとインド人気質／オート・リクシャーと個人主義／バスと婦人専用席
1-3　巨大人口とインド鉄道 …………………………………… 23
長距離列車と貧富の差／巨大人口と近郊鉄道の混雑／地下鉄と植民地時代の名残

第2章　ミャンマーの仏教と僧侶優先社会 ……………………… 28
2-1　貧富の差と貧困 …………………………………………… 28
自家用乗用車と貧富の差／公務員の汚職と貧困／道路と軍閥企業
2-2　外国人料金と仏教文化 …………………………………… 33
鉄道と外国人料金／庶民の足と中古バス／タクシーと仏教文化
2-3　僧侶優先社会と恐妻社会 ………………………………… 37
サイカーと信仰心／軽トラバスと僧侶優先社会／トラックバスと恐妻社会

第3章　タイのトゥクトゥクと微笑み文化 …………………… 42
3-1　サムローとトゥクトゥク ……………………………… 42
サムローと微笑みの国／自動車型サムローと感謝の心／トゥクトゥクと貧富の差
3-2　バスと寛容の心 …………………………………………… 46
モーターサイと捨の心／ソンテオと運賃交渉制／バスと所得格差
3-3　運河交通と仏教文化 ……………………………………… 50
運河交通とタンブン／乗合船と労働観／水上マーケットと托鉢の商業化

第4章　カンボジアの地政的孤立と仲間意識 ………………… 56
4-1　バイクと小乗仏教 ………………………………………… 56
バイクと事故と渋滞／モトドップと仲間意識／小乗仏教と個人主義
4-2　長距離バスとルーモーと貧困 …………………………… 60
長距離バスと貧富の差／タクシーと貧困／ルーモーと犯罪
4-3　鉄道と地政的孤立とスラム ……………………………… 65
内戦と鉄道の荒廃／鉄道の復活と地政的孤立／ノーリーとスラム

第5章　ベトナムの家族主義とムラ社会 ……………………… 70
5-1　バイクと貧富の差 ………………………………………… 70
自転車と貧富の差／バイクと資産と汚職／セオムと貧困層の生業
5-2　バスと階級秩序と妬みの文化 …………………………… 75
バスと階級秩序／長距離バスと外国人料金／タクシーと妬みの文化
5-3　家族主義とかかあ天下 …………………………………… 79
女性と階層社会／モーターセロイと家族主義／戦争と農業とかかあ天下

第6章　マレーシアのイスラム教と民族主義 ………………… 84
6-1　バイクとインシャラー意識 ……………………………… 84
トライショーと「のんびり性」／ブミプトラ政策と民族主義／バイクとインシャラー意識

6-2　バスと貧富の差 ･･･ 89
　　バスと文化のずれ／クアラルンプールと観光ツアー／タクシーと貧富の差
　6-3　鉄道と民族的優越性 ･･･ 94
　　長距離列車と貧富の差／KTMコミューターとイスラム教／都市鉄道と地域格差

第7章　シンガポールの厳罰主義と超多民族社会 ････････････････････ 98
　7-1　交通機関と超多民族社会 ･･･ 98
　　都市鉄道と厳罰主義／LRTと移民の管理・制御／路線バスと超多民族社会
　7-2　交通管理と自己責任 ･･･ 103
　　自家用車の抑制と交通管理／タクシーと交通管理社会／ダックツアーと自己責任
　7-3　汚職の撲滅と国家資本主義 ･･･････････････････････････････････････ 107
　　観光開発と汚職の撲滅／環境保全と民族的迷信／トライショーと国家資本主義

第8章　インドネシアの貧富の差とアパアパ文化 ････････････････････ 112
　8-1　鉄道とアパアパ文化 ･･･ 112
　　国有鉄道と遅延の常態化／無賃乗車とアパアパ文化／高速鉄道と貧者的駆け引き
　8-2　バスと国民性と公衆道徳 ･･･ 117
　　トランスジャカルタと国民性の三悪／バスと道路混雑／アンコットと公衆道徳
　8-3　バジャイとベチャと貧富の差 ･････････････････････････････････････ 121
　　タクシーと所得格差／バジャイとプーラン文化／ベチャと貧富の差

第9章　フィリピンの貧困とハロハロ文化 ･･････････････････････････ 126
　9-1　バイクとハロハロ文化 ･･･ 126
　　トライシクルと排気ガス問題／バイクと賄賂と「いい加減文化」／ジプニーとハロハロ文化
　9-2　バスと貧富の差 ･･･ 131
　　中・長距離バスと貧富の差／タクシーと顧客の囲い込み／タクシーと貧困のシステム

9-3　鉄道と貧困の文化 ………………………………………………… *135*
　　フィリピン国鉄と投石対策／都市鉄道とテロ／スケーターとスラム

第10章　香港のトラムと消える英国文化 ………………………… *140*
　10-1　トラムと住民差別 ………………………………………………… *140*
　　トラムと向空中／ピークトラムと英国階級社会／ヒルサイド・エスカレータと住民差別
　10-2　バスと英国文化の消滅 …………………………………………… *144*
　　英国風の2階建てバス／中国風のミニバス／英国風のタクシー
　10-3　香港の中国化とスラム ………………………………………… *148*
　　香港返還と鉄道の一元化／中国直通列車と抵塁政策／英国風地下鉄とスラム

第11章　台湾のスクーターと負けず嫌い ……………………… *154*
　11-1　自転車とスクーター文化 ………………………………………… *154*
　　自転車と自転車道／スクーターと文化／スクーターと行政
　11-2　バスと負けず嫌い ………………………………………………… *158*
　　敷居の高い市内バス／豪華バスと負けず嫌い／タクシーと現実主義
　11-3　鉄道と儒教と賄賂 ………………………………………………… *162*
　　鉄道と儒教／對號列車と易姓革命思想／高速鉄道の建設と賄賂

第12章　中国の階級格差と賄賂 …………………………………… *168*
　12-1　階級格差と偽物 ………………………………………………… *168*
　　公共バスと政治的階級／連節トロリーバスと地理的階級／タクシーと身分階級
　12-2　三輪車と経済重視 ……………………………………………… *172*
　　人力三輪車と出稼ぎ労働者／三輪バイクと学歴的格差／三輪自動車と経済重視
　12-3　鉄道と賄賂と奴性 ……………………………………………… *176*
　　長距離列車と農民蔑視／地下鉄と賄賂／高速鉄道と奴性

第13章　韓国の差別と優等文化 ………………………………… 182
　13-1　優等バスと優等文化 ……………………………………… 182
　　高速バスと優等文化／市外バスと差別文化／観光バスと事大主義
　13-2　鉄道の反日文化と賄賂 …………………………………… 187
　　優等列車と民族性／地下鉄と反日文化／空港鉄道と賄賂
　13-3　高速鉄道と両班文化 ……………………………………… 191
　　高速鉄道 KTX と恨みの文化／両班文化と手抜き工事／自尊心と権威主義

　索　　引 ………………………………………………………… 197

序　章　アジアの交通と文化

1　アジアの宗教と文化

(1)アジアとは

　世界を地理学的に六つの大州に区分したものが六大州と呼ばれ、六大陸という区分は地理学的な大陸に限られていますが、大州という場合には大陸の周辺の島々を含むとされています。六大州とは、アジア州、ヨーロッパ州、アフリカ州、北アメリカ州、南アメリカ州、オーストラリア(オセアニア)州とされています[1]。アジア州とは、アジア大陸(ユーラシア大陸の一部)とその周辺とされ、アジア州あるいはアジアは一般に、ヨーロッパを除くユーラシア大陸全般を言うとされていますが、確立した定義はなく、国際連合はアジアの域内を東アジア、東南アジア、南アジア、北アジア、中央アジア、西アジアに区分しています。

　東アジアは、ユーラシア大陸の東部にあたるアジア地域の一部を指し、国家としては日本、中華人民共和国(以下、中国と略す)、中華民国(以下、台湾と記す)、大韓民国(以下、韓国と略す)、朝鮮民主主義人民共和国(以下、北朝鮮と記す)、モンゴルの6か国とされています。東南アジアは、中国より南、インドより東のアジア地域を指し、国家としてはインドネシア、フィリピン、ベトナム、ラオス、カンボジア、マレーシア、シンガポール、ブルネイ・ダルサラーム国(以下、ブルネイと略す)、タイ王国、ミャンマー、東ティモールの11か国とされ、東ティモールを除く10か国でASEAN(東南アジア諸国連合)が形成されています。南アジアは、アジア南部の地域を指し、国家としてはインド、パキスタン、バングラデシュ、スリランカ、ネパール、ブータン、モル

---

[1]　また、地理的に西洋と東洋という区分があり、西洋とは一般にキリスト教文明に根ざしたヨーロッパ州と北アメリカ州とされ、東洋とはトルコから東の非キリスト教国のアジア州とされています。

ディブの7か国とされています[2]。

なお、日本人は一般にアジアを地理的に東アジア、東南アジア、南アジアと考え、北アジア、中央アジア、西アジアをアジアと認識していないと言われています。

(2)宗教と文化の多様性

サミュエル・ハンチントンは「文明の衝突」(1993年)の中で、世界は冷戦時代にはイデオロギーによって自由民主主義国家、共産主義国家、独裁主義国家(第三世界)に分かれていたが、冷戦後には文明を中心とした西欧文明、東方正教会文明(ロシア)、ラテンアメリカ文明、イスラム文明、ヒンドゥー文明(インド)、中華文明(中国)、日本文明に分かれたとしています。これを一般的・多数派的な宗教からみれば、西洋はキリスト教ですが、アジアにはイスラム教、ヒンドゥー教、仏教、ユダヤ教、神道などがあり、そのため西洋には共通のキリスト教的価値観がありますが、アジアには共通の宗教的価値観はありません[3]。

アジアの宗教について、たとえば電通総研・日本リサーチセンター編「世界60カ国価値観データブック」(2000年)などによれば、人口比でタイでは仏教

---

[2] 北アジアは、ユーラシア大陸のアルタイ山脈以北を指し、ロシアのウラル連邦管区、シベリア連邦管区、極東連邦管区とされています。中央アジアは、アジア中央部の内陸地域を指し、国家としてはカザフスタン、ウズベキスタン、タジキスタン、トルクメニスタン、キルギスの5か国とされています。西アジアは、中央アジアおよび南アジアより西、地中海より東で、ヨーロッパ州とはボスポラス海峡、アフリカとはスエズ運河によって隔てられている地域を指し、国家としてはアフガニスタン、イラン、イラク、トルコ、キプロス、シリア、レバノン、イスラエル、ヨルダン、サウジアラビア、クウェート、バーレーン、カタール、アラブ首長国連邦、オマーン、イエメンの16か国とされ、パレスチナおよびエジプトの一部が含まれることがあるとされています。

[3] 宗教とは日本では一般に、人間の力や自然の力を超えた存在つまり超越的存在(神、仏、法、原理、道、霊など)を認める観念体系に基づく教義、儀礼、施設、組織などを備えた社会集団とされています。具体的には、宗教とは超越的存在についての信念や、超越的なものと人間個人の関係、超越的なものに対する人間個人の態度(信仰など)、信仰に基づいた活動(礼拝や巡礼など)、組織や制度(教会や寺社制度など)、信者の形成する社会や施設(教会堂やモスク、社寺など)とされています。

徒が約95％、インドネシアではイスラム教徒が約92％、ミャンマーでは仏教徒が約90％、インドではヒンドゥー教徒が約72％、フィリピンではキリスト教徒が約72％、カンボジアでは仏教徒が約97％とされ、一方で中国では無宗教が約93％、ベトナムでは無宗教が約82％、日本では無宗教が約52％とされています。

　他方、文明とは一般に、文化的な特徴と現象の集合体とされ、文化とは人間が学習によって社会から習得した生活の仕方の総称とされています。文化は、衣食住をはじめ技術、学問、道徳、宗教など物心両面における生活形成の様式と内容を含み、文化に最も大きく影響しているものが宗教と言われています。アジアの宗教的多様性は、アジアの文化の多様性を意味していることから、アジアの宗教的多様性がアジアの国々の国民性の多様性を形成しているとされています[4]。さらに、仏教は戒律の厳しい上座部仏教（小乗仏教）と世俗的な大乗仏教に分けられ、この違いによって仏教文化は大きく異なるため、同じ仏教国でも国民性に大きな違いがみられると言われています[5]。

（3）消えるアジアの文化

　交通における欧米（西洋）とアジア（東洋）の違いのひとつに、自動車の通行区分があげられています。自動車の通行区分には、自動車は原則として道路中央よりも左側の部分を通行しなければならないとする左側通行と、右側の部分を

---

4) 道徳の重要な部分に宗教が位置し、人間としての常識や礼儀を教える場合、多少なりとも宗教的要素が必要とされています。学校教育において宗教的要素を切り捨てた道徳教育では十分な成果が上がらないのは、当然の結果と指摘されています。また、宗教を信仰する人々は一般に人間関係や社会に対して道徳的であるのに対して、宗教を信仰しない人々は自己中心的と言われています。

5) キリスト教、イスラム教、ヒンドゥー教など、いずれの宗教も平和や救いを教え、人々はその超越的存在を認め、そのため他の宗教と対峙すると自己の宗教の優位性を主張して排他的となり、ときには宗教紛争が起こることもあるとされています。宗教紛争が異教徒間、異宗派間、信仰のあり方などをめぐって狭い区域内で生起した場合には、宗教的偏見や差別感情によってヘイトクライム（憎悪犯罪）の形をとることが多いと言われています。また、共産主義国家では宗教に対する弾圧と信教の自由が侵害されることがあるとされています。

通行しなければならないとする右側通行があります。なぜ自動車は左側通行になったのか、あるいは右側通行になったのかについては諸説があり、現在でも定説はないと言われています。

世界的には、欧米が右側通行であることから、右側通行を採用している国が多くあります。左側通行を採用している国には日本のほかに、英国と旧英国領のアイルランド、香港、英連邦加盟国のオーストラリア、ニュージーランド、インド、パキスタン、バングラデシュ、マレーシア、ブルネイ、シンガポール、ケニア、南アフリカ、キプロス、マルタ、ジャマイカ、ガイアナ、バハマ、サモアなどがあり、このほかタイやインドネシア、東ティモール、スリナム、マカオなども左側通行で、アジアでは多くの国が左側通行です。

また、第二次世界大戦後に左側通行から右側通行に変更した国、あるいは変更させられた国に、中国、台湾、フィリピン、韓国、北朝鮮、ミャンマーがあります。通行区分が変更された理由はさまざまで、大陸にある国では隣接する国の通行区分に合わすために変更されたり、欧米諸国に合わすために変更されたりしていますが、中には占い師による助言を受け入れて変更された国もあると言われています。

なお、欧米は右側優先文化、アジアとくに日本は左側優先文化と言われ、日本では茶道も歌舞伎も相撲も左側が優位とされ、右大臣よりも左大臣の方が上位とされています。近代に入って欧米の文化が国際儀礼として標準化されたため、日本でも左右が入れ替えられたものがあります。たとえば、雛人形の置き方は、京都では向かって左が女雛、右が男雛ですが、関東では左が男雛、右が女雛で、関東では左右が入れ替えられました。自動車の通行区分を含め、左か右かは各国の文化に由来するものとされていますが、現在も続く欧米の文化の国際標準化はアジアの文化を消滅されることになると言われています[6]。

---

6) 他方、右は男性、左は女性、男性は力、女性は優しさを意味することから、欧米の右側優先文化は男性の力の文化、アジアの左側優先文化は女性の優しさの文化と言われています。また、東洋では右が過去で、左が未来であるのに対して、西洋では右は未来(外界や意識を象徴)、左は過去(内界や無意識を象徴)を表し、ここには左右の違いがありますが、いずれも優先側が未来になっています。

2 アジアの政治と経済

(1) 政治と民主主義

　国家の統治体制を表す政治思想（イデオロギー）は、冷戦終結後にも民主主義、共産主義、独裁主義に大別されています。民主主義とは一般に、国民主権のもとに政治が行われることとされ、国民主権とは国家の主権が国民に属し、その意思決定は構成員の合意により行われる体制・政体を指すとされています。共産主義とは一般に、財産の一部または全部を共同所有することで平等な社会を目指す思想や理論、体制とされ、共産主義にはソ連型社会主義が含まれるとされています。共産主義の対義語が民主主義とされ、民主主義の対義語には独裁主義（軍国主義を含む）があり、現実的な統治体制という観点からは共産主義は独裁主義に含まれるとされています。独裁主義とは一般に、政治権力が一人または少数者に集中し、国家をその支配体制に置いて政治を行う思想とされ、独裁国家は共産主義国家、全体主義国家、軍事独裁政権の国家、絶対王権の国家を指すとされています。

　英国のエコノミスト誌傘下の研究所エコノミスト・インテリジェンス・ユニットが発表している民主主義指数によれば[7]、2014年現在、アジアの45か国・地域（不明を除く）のうち、独裁政治体制国（独裁国家）には、共産党が政権政党となり、他の政党による政権交代が憲法に定められていない中国、ベトナム、ラオス、北朝鮮の4か国以外に、ミャンマー、ウズベキスタン、イラン、サウジアラビアなど21か国があるとされています。全世界での独裁国家の割合は31.1％とされていますが、アジアでは46.7％を占め、アジアには独裁国家が多く、民主主義国家が少ないのが特徴で、完全な民主主義国家は日本と韓国だけとされています[8]。なお、欠陥のある民主主義国はインド、台湾、インド

---

[7] 民主主義指数は、各国・地域の政治の民主主義の水準を測る指数とされ、「選挙手続と多元主義」「政府の機能」「政治への参加」「政治文化」「市民の自由」の5つの部門から評価されています。

[8] エコノミスト・インテリジェンス・ユニットによれば、2014年現在、完全な民主主義国は24か国（14.4％）、欠陥のある民主主義国は52か国（31.1％）、混合政治体制国が39か国

ネシア、フィリピン、マレーシア、香港、シンガポールなど11か国・地域（24.4％）、混合政治体制国はカンボジア、タイ、パキスタンなど11か国（24.4％）とされています。

完全な民主主義国は一般に、西欧を中心とする先進国で、不完全な民主主義国や混合政治体制の国、独裁国家は一般に開発途上国とされ、完全な民主主義国が少ないアジアは全体としては開発途上地域と言われています。

（2）汚職と幸福

汚職とは一般に、公務員が職権や職務上の地位を利用して個人的利益を図るなどの不正な行為を行うこととされ、賄賂とは一般に自分の利益になるよう取り計らってもらうなど不正な目的で贈る金品のほか、人の欲望または需要を満足させるに足る一切のもの（サービスなど）を含むとされ、そのような金品などを送ることが贈賄、受け取ることが収賄と呼ばれています。

汚職実態を監視する非政府組織（NGO）のトランスペアレンシー・インターナショナル（TI）が発表している公共部門の腐敗認識指数（清潔度）によれば[9]、2015年現在、アジアの48か国・地域のうち、スコアが51以上の国はシンガポール、香港、日本、台湾、韓国の5か国・地域だけで、アジアでは汚職が一

　（23.4％）、独裁政治体制国が52か国（31.1％）とされています。なお、完全な民主主義の指数レベルは 8.00～9.99、欠陥のある民主主義は 6.00～7.99、混合政治体制は 4.00～5.99、独裁政治体制は 1.00～3.99 とされています。
9) 指数が認識に基づいていることについて、NPO法人トランスペアレンシー・ジャパンは、「腐敗とは、一般的には不法な行為からなり、それらは意図的に隠されていてスキャンダルや調査、起訴があって初めて明らかになります。実証されたデータのみに基づいては、国や地域での汚職の絶対的な腐敗のレベルを図ることは、実質的にはできません。贈収賄の報告書や起訴の回数を比較したり、腐敗に直接関係のある裁判のケースを研究したりすることも可能ですが、これらは腐敗のレベルの決定的な指標にはなりえません。その代わり、それらによって、起訴者や裁判官、メディアがいかに効果的に腐敗を摘発し調査するかがわかります。公的機関の汚職を調査する立場にあるこのような人々の、汚職に対する認識を捉えることが、国々の腐敗のレベルの相対的な比較ができる、最も信頼できる方法なのです」とし、「国と地域のスコアは、公的部門の腐敗の認識されているレベルを0から100の段階で示します。0がより腐敗していると認識されていて、100は国がとてもクリーンだと認識されていることを意味します」としています。

般的にみられるとされ、アジアでは汚職が文化として定着し、汚職文化はアジアのひとつの特徴になっていると言われています。ただし、全世界でもスコア51未満の国が7割を占め、開発途上国の9割以上がスコア51未満とされています。なお、独裁国家は政治権力が一人あるいは少数者に集中した人治国家であるため、必然的に汚職が生まれ、定着すると言われています。

民主主義指数と腐敗認識度(清潔度)の関係をみれば、一般に民主主義指数の低い国家では清潔度が低く、汚職が多いという傾向がみられます。民主主義指数の低い国は一般に開発途上国で、汚職は「開発途上国の風土病」(開発途上国特有の社会問題)と言われています[10]。ただし、シンガポールのように民主主義指数は比較的低いものの清潔度がアジアで最も高い国もあれば、インドのように民主主義指数は比較的高いものの清潔度が相対的に低く、汚職が多いとされている国もあります[11]。

他方、幸福とは一般に、「満ち足りていること」「不平や不満がなく、楽しいこと」「不自由や不満もなく、心が満ち足りていること」とされています。国際連合が発表している「世界幸福度報告書2016年版」によれば[12]、総合的な幸福度の上位50位までにランクされたアジアの国は、イスラエル(11位)、シンガポール(22位)、アラブ首長国連邦(28位)、タイ(33位)、台湾(34位)、サウ

---

10) 「開発途上国の風土病」とは一般に、家産制、官僚主義、情実主義、縁故主義、恩顧・庇護主義、ファミリー・ビジネスなどとされています。また、政治家と幹部官僚の汚職については議会、政党、選挙、利益集団が汚職の主たる機会構造を形成し、下級官吏の汚職については裁量権の種類と大きさ、企業の市場寡占度、役所内の制裁構造が汚職の主たる機会構造を形成し、汚職を誘発するとされています。
11) なお、汚職の背景にあるものが「コネ」とされ、コネは社会の至るところに浸透し、「コネ社会」と呼ばれる中国ではコネや人脈を互いに売買する「人脈ネット」に人気があり、「公務員になれるコネ」を8万元で募集する人もいると報じられています。また、独裁国家では権力をバックとする利益共同体が国家予算や国有財産を私物化して分配し、この利益共同体には独裁者とその側近ばかりか、その家族・親類から知人まで含まれ、地縁や血縁による人的ネットワークが利権の分配を通じて強化されるという構造になっていると言われています。
12) 世界幸福度報告書のデータは、ギャラップ世論調査が世界160か国で電話と対面式インタビューを組み合わせて収集したもので、1人あたりの国内総生産、健康寿命、教育、雇用、メディアへのアクセス、汚職が多いかなどを対象としているとされています。

ジアラビア(35位)、カタール(36位)、クウェート(41位)、バーレーン(42位)、マレーシア(47位)、ウズベキスタン(49位)の11か国で、ちなみに日本の順位は53位でした。

　民主主義指数と幸福度の関係をみれば、民主主義指数の高い国家では幸福度が高いという傾向がみられますが、シンガポールやタイのように民主主義指数は比較的低いものの幸福度が高い国もあれば、インドのように民主主義指数は比較的高いものの幸福度が低い国もあります。また、総合的な幸福度の上位50位までにランクされた11か国のうち、アラブ首長国連邦、サウジアラビア、カタール、クウェート、バーレーン、ウズベキスタンの6か国は民主主義指数では独裁国家とされている国です[13]。

　これは、アジアでは西欧を起源とする民主主義が必ずしも人々を幸福にするものではないことを表していると言われています。

(3) 経済と民主主義と汚職

　国内総生産(GDP)とは一般に、一定期間内に国内で産み出された付加価値の総額とされています。付加価値は、生産者が生産活動によって作り出した生産物の価格から、購入した原材料や燃料などの中間生産物の価格を差し引いたもので、新たに産み出された価値(賃金や配当、社内留保、減価償却などを含む)を表しているとされています。1人あたり国内総生産は、国際比較のために、国内総生産を人口で除して指数化した値で、人口あたりの経済規模や経済力を表す指標とされています。なお、1人あたり国内総生産の大きな国は一般に物質的に豊かな国(富裕国)、少ない国は貧しい国(貧困国)とされ、先進国は豊かな国、開発途上国は貧しい国と言われ、この貧富の差が経済格差と呼ばれています[14]。

---

[13] 腐敗認識度(清潔度)と幸福度の関係をみれば、一般に清潔度が高い国家では幸福度が高いという傾向がみられます。ただし、タイのように清潔度は比較的低いものの幸福度が高い国もあれば、香港や日本のように清潔度は比較的高いものの幸福度が低い国もあります。
[14] 後発開発途上国(LDC)とは一般に、国際連合が定めた世界の国の社会的・経済的な分類のひとつで、開発途上国の中でも特に開発が遅れている国のこととされています。後発開発

民主主義指数と経済力（1人あたり国内総生産）の関係をみれば、民主主義指数の高い国家では経済力が大きいという傾向がみられます。これは、民主主義が経済を発展させる要因であること、独裁主義が経済の発展を阻害していることを意味していると言われています。ただし、シンガポールや香港のように民主主義指数は比較的低いものの経済力が大きな国もあれば、インドのように民主主義指数は比較的高いものの経済力が小さな国もあります。また、清潔度と経済力（1人あたり国内総生産）の関係をみれば、清潔度の低い国家では経済力が小さいという傾向がみられます。これは、汚職が経済の発展を阻害する要因であることを意味していると言われています。

　他方、経済力（1人あたり国内総生産）と幸福度の関係をみれば、経済力の大きな国家では幸福度が高いという傾向がみられます。ただし、香港や日本のように経済力は大きいものの幸福度が相対的に低い国もあれば、タイのように経済力は小さいものの幸福度が高い国もあります。

　なお、国内総生産に海外からの所得の純受取を加えたものが国民総所得（GNI）とされ、それは生産活動に参加した一国の国民（個人や企業など）の全体が一定期間に受け取った所得の総額とされています[15]。1人あたり国民総生産と国民所得との正の相関から、1人あたり国内総生産つまり国民所得の多い国家では幸福度が高く、少ない国では低く、所得が幸福度を測るひとつの指標になると言われています。一方で、1人あたり国内総生産や国民所得の差は、国家間の所得格差や貧富の差を表していると言われています[16]。

　　途上国と認定するための基準は、①所得水準が低いこと（1人あたりの国民所得の3年平均推定値が992米ドル以下）、②人的資源に乏しいこと、③経済的に脆弱であること、とされています。2014年現在、アジアの後発開発途上国は、アフガニスタン、イエメン、カンボジア、ネパール、バングラデシュ、東ティモール、ブータン、ミャンマー、ラオスの9か国とされています。

15) なお、一国の生産活動の規模を示す数字が国内総生産で、生産活動の成果の分配である所得を示す数字が国民総所得とされています。1人あたり国民所得は、国民総所得を人口で除した値で、経済の発展段階を表す指標とされています。

16) 1人あたりの国民所得も国際比較のために指数化されたもので、実際の国民の所得を表すものではないとされています。国民総所得が国民に均等に分配されていれば、1人あたり国民所得が当該国の経済の実態を表していると言えますが、現実には均等に分配されるこ

3　交通とアジア的貧困

（1）乗用車と貧富の差

　乗用車の普及は、国や人々の生活の物質的な豊かさを表すひとつの指標とされ、2014年末現在の世界の人口1人あたりの乗用車普及率は12.27%、イタリアは60.7%、日本は47.8%で、国によって大きな差があります。一般に乗用車普及率は、経済が発展した豊かな国々で高く、発展途上の貧しい国々では低く、また乗用車普及率の高い国の中でも富裕な人々は一般に高級車と呼ばれる高価格の乗用車を保有し、それ以外の人々は大衆車と呼ばれる比較的安価な乗用車を保有しています。このような国や個人の差は、貧富の差あるいは所得格差、経済格差と呼ばれています。

　2015年の乗用車の世界生産台数6856万台の国別比率は、中国30.7%、日本11.4%、ドイツ8.3%、米国6.1%、韓国6.0%、インド4.9%で、この上位6か国で世界全体の67.55%を占め、中国、日本、韓国、インドのアジア4か国で世界全体の53.1%を生産し、アジアは世界の乗用車の一大生産拠点になっています。生産された乗用車の大半がアジア市場向けで、これはアジアが経済発展していることを表し、一般に1人あたり国内総生産が3000ドルを超えると乗用車が普及すると言われています。しかし、急激な乗用車の増加は道路交通渋滞と大気汚染の原因になっています。また、中国や韓国のような新興自動車生産国では知的財産権侵害問題、つまり他国の乗用車のデザイン等を模倣するという問題が起きています[17]。

　なお、ベンツやBMW、レクサスなどの高級車は、開発途上国の一部の人々

とはなく、所得に格差が生まれていると言われています。

[17] たとえば、2007年に公開された韓国の現代自動車のジェネシス試作車のデザインを「ニューヨークタイムズ」（2007年4月5日付）は「前からはトヨタカムリ、横からは日産マキシマ、後からはビュイックに見える」と報じていました。また、中国の奇瑞汽車が製造し輸出しているチェリーQQは、中国ではセカンドカーとして人気が高い乗用車ですが、米ゼネラルモーターズ（GM）が中国で販売している競合車種のシボレー・スパークに酷似しているとして、奇瑞汽車はGMから告訴されました。このような模倣問題（知的財産権侵害問題）は一般に、開発途上国でみられると言われています。

によっても保有され、それは貧富の差あるいは所得格差を表し、著しい貧富の差は独裁国家で典型的にみられると言われています。独裁者や独裁政党の幹部、官僚、その血縁・地縁者などが国家予算や国有財産を私物化し、私腹を肥やしていると言われています。

　他方、乗用車普及率が低い国では路線バスが人々の貴重な交通手段になっていますが、輸入した中古バス、軽トラックや小型トラックを改造したトラックバスが運行されている国もあります。トラックバスは、無蓋のトラックの荷台に簡単な屋根とベンチ状の座席を取りつけたもので、多くの人々によって利用されているため座席が足らず、車両後部の乗降ステップに立って車体にしがみついて乗っている人や、屋根の上に荷物と一緒に乗っている人もいます。トラックバスは、発展途上のアジアの国々では一般に貧困を表すもののひとつとみなされ、トラックバスも西洋とアジア、あるいはアジアの国家間の貧富の差を表していると言われています。

(2)二輪車の一大文化圏

　乗用車が普及していないアジアの国々の中には、乗用車の代わりに二輪車（バイクやスクーター）が驚異的に普及している国があります。2014年現在の二輪車普及率（人口100人あたり保有台数）は、台湾69.6台、ベトナム47.9台、マレーシア39.5台、インドネシア30.4台、タイ30.3台、日本9.2台、中国6.7台などとされています。保有台数で見ると、中国9153万台、インドネシア7598万台、ベトナム4300万台、タイ2031万台、台湾1374万台、マレーシア1173万台、日本1169万台です。欧州で最も二輪車が普及しているイタリアの普及率は14.2台、保有台数は853万台で、台湾、ベトナム、マレーシア、インドネシア、タイの普及率はイタリアを大きく上回っています。

　また、2014年の二輪車の生産台数は、中国1890万台、インド1850万台、インドネシア792万台、ベトナム285万台、タイ184万台、台湾118万台で、この6か国で世界全体の88.9%を占め、フィリピンやパキスタンを含むアジア全体では90.1%を占めています。

アジアは二輪車の生産、保有、普及において世界の一大拠点となり、二輪車の一大文化圏を形成していると言われています。アジアの二輪車文化は、二輪車の実用性に基づいて形成され、趣味性に基づいて形成された欧米の二輪車文化と異なり、アジアで実用性が重視されているのは二輪車が生計手段となっているからで、それは欧米とアジアの経済格差や貧富の差を表していると言われています[18]。

他方、三輪バイクもアジアではタクシーやトラックとして広く使用され[19]、前一輪後二輪の後座席・荷台型、前二輪後一輪の前座席・荷台型、横座席・荷台型（サイドカー型）があります。三輪バイクは、欧米ではトライクと呼ばれ、軽便で手軽な移動手段として利用されていましたが、次第にカスタマイズして個性的な乗り物として親しまれるようになり、タクシーやトラックとして利用されているアジアとは異なり、これは欧米とアジアの貧富の差を表していると言われています。

この三輪バイクの延長線上に三輪自動車があり、代表的な三輪自動車タクシーにはタイのサムロー（通称トゥクトゥク）、インドのオート・リクシャー、中国の三輪微型汽車があります。自動車は一般に、「馬なし馬車」として発達したため四輪車が基本とされていますが、三輪自転車や三輪バイクの延長線上にある三輪自動車にアジア特有の発展がみられます。

（3）三輪自転車とアジア的貧困

三輪自転車とは、自転車と人力車を合体したような三輪の乗り物で、アジアでは人力車に代わる乗り物として、現在でも三輪自転車タクシーとして使われている国があります。三輪自転車タクシーは、インドではサイクル・リクシャー、ベトナムではシクロ、シンガポールではトライショー、フィリピンで

---

[18] 2014年の電動式二輪車の世界生産台数は3960万台で、このうち中国が3733万台を生産し、世界全体の94.1％を占めています。
[19] 日本では「オート三輪」と呼ばれ、1931年に発動機製造（現ダイハツ工業）がダイハツ1号車HB号を発売し、東洋工業（現マツダ）も同年にマツダ号の生産を開始し、翌1932年に中華民国の大連や青島に輸出しました。

はトライシクル、ミャンマーではサイカー、中国では人力三輪車などと呼ばれています。三輪自転車タクシーには、前一輪後二輪の後座席型、前二輪後一輪の前座席型、横座席型があり、国によって使われている型式が異なっています[20]。

　三輪自転車タクシーが自然消滅した国もあれば、政策的に廃止・排除された国もあり、マレーシアとインドネシアの首都などでは三輪自転車タクシーの通行や運行が禁止されました。それは、三輪自転車タクシーが「植民地時代の名残」「アジアの停滞と貧困」の象徴と見なされていたからですが[21]、現在の三輪自転車タクシーはアジア的貧困を表し、文化として定着していると言われています。なお、貧困の文化とは一般に、貧困者が貧困生活を次世代に引き継がせることによって形成され、そのような生活習慣や世界観は政治的腐敗の産物と言われています。

　また、「外国人料金」もアジア的貧困を象徴していると言われています。これは、外国人には自国民よりも高い運賃や料金を課すというもので、汚職のひとつの根源になっていると指摘されています。発展途上の貧しい国々では外国人料金を課すため外国人観光客から敬遠され、そのため貧しさから脱却できないという貧困の悪循環に陥っていることがあり、それはアジア的な貧困の文化が定着しているからと言われています。

---

20) かつて日本にあった三輪自転車は後座席型で、ガソリンの窮乏とともに1940年頃に登場し、1947年には三輪自転車タクシー「輪タク」の営業が始まり、戦後の一時期には爆発的に普及しましたが、経済の発展や自動車の普及とともに次第に姿を消していきました。輪タクが戦後に爆発的に普及したのは、復員兵士など失業者が多く、わずかな費用で自転車を改造して輪タクを始めることが可能だったからで、現在のアジアの三輪自転車タクシーにも同じような経済的事情や背景があると言われています。
21) アジアの国々が三輪自転車タクシーを「植民地時代の名残」「アジアの停滞と貧困」の象徴と見なしたのは、「優れた白人が劣った有色人種を征服することは自然の摂理である」とする欧米諸国の植民地政策の下で、三輪自転車タクシーが人種差別を象徴していたからと言われています。

第1章　インドの動物とヒンドゥー文化

1-1　動物とヒンドゥー教

(1)馬と牛の神聖視

　動力としての動物の使用には、乗用、客車牽引、駄載、荷車牽引があり、インドでは馬、牛、ラクダ、ロバ、ラバ、象などが使用されています。インドは馬産国とされ[1]、それは一般的な「働く動物」としての需要とともに、ヤギ・ヒツジ飼いあるいは牛飼いの移牧民が移動時の家財道具の運搬や乗用に必要な馬やロバ、あるいはラバを飼育しているからと言われています。

　馬は古代より神聖な動物と考えられ、アショーカ王(在位：紀元前268年頃～紀元前232年頃)の石柱には四種の聖獣として、牛、象、獅子、馬が刻まれています。ロバは、インド西部や北部の乾燥地帯での駄載や小型荷車の牽引に使用され、低所得者にとって重要な動力と言われています。ラバは、巡礼地への乗り物として需要され、それはヒンドゥー教の聖地の多くは峻険な山の上にあるからで、願掛け、お礼参りでの家族総出の巡礼は、宗教行事であると同時に観光でもあるとされています。ラクダは、砂漠などの乾燥地帯に最も適応した家畜とされ、乗用、駄載、客車や荷車の牽引に使用されていますが、現在のラクダの需要はラクダ(キャメル)に乗って砂漠まで行く観光客向けのキャメルサファリ体験用と言われています。

　他方、インドでは古くから、生活の様々な面で役立つ牛(瘤牛)は特別なものとみなされ、牡牛は移動・運搬・農耕に用いられ、牝牛は乳を供し、乾燥させた牛糞は貴重な燃料になるとされ、牛と人々の生活の深い結びつきによって牛が神聖視されるようになりました。また、ヒンドゥー社会では牛は神話にたびたび登場し、たとえばシヴァ神の乗り物はナンディンという牡牛で、現在では

---

[1] 国際連合食糧農業機関(FAO)の2008年統計によれば、インドの馬の飼養頭数は75万頭、ロバは65万頭、ラバは18万頭とされていました。

牛は崇拝の対象となっています。宗教儀礼では牛の乳、ヨーグルト、チーズ、バター、クリームが神聖なものとされ、そのためヒンドゥー教徒が牛を殺すのはバラモン僧(バラモン教やヒンドゥー教の司祭階級)を殺すことと同等の罪とされています。

なお、水牛は次々と姿を変える悪魔マヒシャの化身のひとつとされ[2]、崇拝の対象ではないとされています[3]。

(2) 牛とヒンドゥー教

インドの人口に占める各宗教の信者の割合は、ブリタニカ国際年鑑2007年版によれば、ヒンドゥー教が73.7％、イスラム教が12.0％、キリスト教が6.1％、シク教が2.2％[4]、仏教が0.7％などとされ、ヒンドゥー教が最大の宗教になっています。

ヒンドゥー教は、古代インドのバラモン教から聖典やカースト制を引き継

---

[2] マヒシャは、インド神話で神々を苦しめたアスラ(阿修羅)の首領で、ブラフマー神(梵天)から「女性以外には殺されない」力を授かり、神々の地位を奪い、人々を迫害し、自分を崇拝するように強制したとされています。怒った神々から生まれた女神ドゥルガーが、マヒシャに戦いを挑み、マヒシャは獅子、象、水牛に次々と姿を変えて女神ドゥルガーに襲いかかりましたが、水牛から元の姿に戻ろうとするところで殺されたとされています。

[3] インドで現世利益をもたらす神として商人などから絶大な信仰を集めているのが象の神様ガネーシャで、太鼓腹の人間の身体に、片方の牙の折れた象の頭と4本の腕を持ち、障害を取り去り、財産をもたらすと言われ、商業の神・学問の神とされています。アンベール城には象タクシーがあり、名物の象タクシーに乗って登城すれば、マハラジャ(大王)気分を味わうことができると言われています。なお、アンベール城は、インドのラージャスターン州ジャイプル郊外の城郭都市アンベールにある宮殿で、宮殿後ろの山上にジャイガル城砦があります。2013年に、「ラージャスターンの丘陵城砦群」として世界文化遺産に登録されました。

[4] シク教は、唯一神(唯一なる絶対真理)を標榜し、ヒンドゥー教と同様に輪廻転生を肯定しています。儀式、偶像崇拝、苦行、ヨーガ、カースト、出家、迷信を否定し、世俗の職業に就いてそれに真摯に励むことを重んじるとされています。5つの悪として、傲慢、欲望、貪欲、憤怒、執着があげられ、インドでは圧倒的に少数派ですが、信徒には富裕層や社会的に活躍する人が多いとされています。また、ターバン着用が戒律上の義務とされ、インド陸軍の軍装では軍帽に代わるターバンが定められ、英国ではバイク運転時のヘルメット着用が免除されています。

ぎ、土着の神々や崇拝様式を吸収しながら徐々に形成された多神教とされ、多神教とは神や超越者（信仰、儀礼、畏怖等の対象）が多数存在する宗教をとされています。ヒンドゥー教は、ブラフマー神、ヴィシュヌ神、シヴァ神の三神を重視し[5]、神々への信仰と同時に輪廻と解脱という独特の概念（思想）を有し[6]、四住期[7]に代表される生活様式、身分や職業などを含んだカースト制を特徴としているとされています。ヒンドゥー教徒は、牛や猿を神聖化し、聖なる川のガンジス川で身を清め、来世の存在を信じていると言われています[8]。

　ヒンドゥー教徒にとって聖なる存在である牛が、道路の真ん中で寝そべっていたり、街中を徘徊したりしています。野生の牛ではなく、放し飼いにされている牛で、自動車やバイクは牛を避けて走行しています。それが、道路渋滞のひとつの原因になっていると言われていますが、牛優先が暗黙の交通ルールとされています[9]。また、牛はヒンドゥー教徒にとって聖なる存在であることか

---

[5] ブラフマー神は宇宙の創造を司る神、ヴィシュヌ神は宇宙の維持を司る神、シヴァ神は宇宙の寿命が尽きた時に世界の破壊を司る神とされ、三神は一体をなすとされています。しかし現在では、ブラフマー神を信仰する人は減り、ヴィシュヌ神とシヴァ神が二大神と称され、多くの信者がいると言われています。

[6] 輪廻とは一般に、人が何度も転生し、また動物なども含めた生類に生まれ変わること、または、そう考える思想のこととされ、インドではサンサーラと呼ばれています。サンサーラでは、生き物が死して後、生前の行為の結果、次の多様な生存となって生まれ変わることとされ、限りなく生と死を繰り返す輪廻を苦とみなし、二度と再生を繰り返すことのない解脱が最高の理想とされています。解脱とは、ヒンドゥー教において用いられている究極的な意味合いでは、サマーディ（三昧）に入定し、サンサーラの迷いの境界から脱することとされ、仏教では煩悩による繋縛から解き放たれて、すべての執着を離れることで、迷いの苦悩の世界から悟りの涅槃（ねはん）の世界へと脱出することとされています。

[7] 四住期とは、ヒンドゥー教独特の概念で、最終目標の解脱に向かって人生を4つの住期に分け、それぞれの段階ごとに異なる目標と義務を設定したものとされ、これは上位身分のブラフミン、クシャトリア、ヴァイシャにのみ適用され、シュードラ及び女性には適用されないとされています。

[8] 猿の神様がハヌマーンで、ハヌマーンは怪力と勇気、忠誠心、不死の神様としてインドで強い人気を誇ると言われています。三蔵法師を守って天竺を目指した孫悟空のルーツを、ハヌマーンに求める説もあるとされています。

[9] インドの路上では強いものが優先で、徒歩＜バイク＜車＜バス＜トラック＜寝ている犬＜牛の順で優先順位が付けられていると言われています。犬は、ヒンドゥー教の神ヤーマ（閻魔様）の使いと考えられていて、ヒンドゥー教徒が約8割を占める隣国のネパールでは毎

ら、食べることはタブーとされ、ほとんどの州で牛保護法が制定され、牛の食肉解体が禁じられています。

　そのインドで、2015年9月にデリー近郊の村で、牛を殺して肉を食べたイスラム教徒の男がいるという噂が広がり、数百人のヒンドゥー教徒の群集から殴る蹴るの暴行を受けて死亡するという「牛肉殺人事件」が発生しました。インドでは窃盗犯や強姦犯が村人のリンチに遭い、警察に引き渡される前に殺害されるという事件が後を絶たず、この事件でもインドの異質性や後進性が露呈したと言われています。事件の余波がインド全土に広がり、ヒンドゥー教徒とイスラム教徒間の宗教対立が再燃する恐れがあると言われていました[10]。

（3）動力としての人とカースト制
　人力を使用した乗用の乗り物には、人力車、自転車、サイクル・リクシャー（あるいはサイクル・リクシャ）があり、荷物（貨物）の運搬方法には頭上運搬、荷車、自転車、三輪貨物自転車があります。
　人力車とは、2個の車輪を持つ車に乗客を乗せ、俥夫がこれを曳く乗り物で、インドではリキシャと呼ばれています。インドは、1900年代後半から年間1万台の人力車を日本から輸入し、1919年にコルカタ（旧カルカッタ）市は正式な交通手段として認定しました。しかし、1945年に新規の免許交付が停止され、1972年以降にはいくつかの通りでリキシャの通行が禁止され、1982年に市当局は1万2000台以上のリキシャを押収し、廃棄しました。1992年の調査では、3万台以上のリキシャが営業中で、そのうち6000台が違法車両や未許可車両とされ、2009年現在、約8000台があり、2万人の俥夫がいるとされていました。

　　年秋に犬をたたえるお祭りが開催されています。
10) 13世紀にイスラム王朝のデリー・スルタン王朝が北インドに成立してからムガル帝国に至るまで、支配者がイスラム教徒で、被支配者がヒンドゥー教徒という関係が成立しました。しかし、英国統治下でイスラム教徒は西洋文明を許容しようとせず、英語教育も拒否したため、これまでの地位を奪われてはいました。そのため、イスラム教徒は、差別されているという意識を持つようになり、ヒンドゥー教徒への反発を強めたと言われています。

1-1 動物とヒンドゥー教

　サイクル・リクシャーは、三輪自転車を使用した三輪自転車タクシーで、運転手はリクシャーワーラーと呼ばれています。リクシャーワーラーと俥夫は、農村地帯からの貧しい出稼ぎ労働者で、彼らの貴重な仕事になっていると言われています。運賃は交渉制で、距離によって異なりますが、近距離では20ルピー程度で、1台に大人3〜4人が乗ることができます[11]。なお、2015年のインドの国内総生産(GDP)は、国際通貨基金(IMF)によると、2兆907億ドルで、世界第7位の規模ですが、巨大な人口を擁するインドでは1人あたり国内総生産は1617ドルとされ、最貧国ではありませんが、世界平均の15％に満たない水準にあるとされています。また、アジア開発銀行によれば、1日2ドル未満で暮らす貧困層は国民のおよそ70％を占め、世界最大の貧困人口を抱えていると言われています[12]。

　他方、俥夫やリクシャーワーラーの仕事は、カースト制に関係しているとされています。カースト制とは、ヒンドゥー社会における身分制度とされ、複雑な身分制社会が形成されていると言われています。1950年制定のインド憲法で、カーストの全面禁止が明記されましたが、現在でも身分制度はヒンドゥー社会に深く根づいていると言われています。

　なお、歴史的には4つの基本カーストが成立し[13]、その下に職業を世襲する

---

11) 一般的な二輪の自転車の後部荷台に人を乗せて輸送する二輪自転車タクシーも存在していると言われ、また二輪自転車は人の移動手段、輸送手段、荷物運搬手段として広く使用されています。サイクル・リクシャーは人の輸送手段ですが、荷物を輸送することもあり、荷物専用の三輪貨物自転車も普及しています。

12) ヒンドゥー至上主義集団が、「女性の喫煙、飲み歩きはインド文化に反する。夜は家にいるべきだ」と、独善的なインドの伝統を主張したり、「女性の肌をあらわにしたファッションショーへの襲撃」や「人前でキスをするカップルへの暴力行為」など欧米文化や異なる宗教の排斥を市民に押し付けたりする出来事が相次いでいるとされています。ヒンドゥー至上主義が活発化する背景には貧困問題があり、仕事のない貧しい若者らが過激な行動に走りがちと言われています。

13) 4つの基本カーストとは、①ブラフミン(司祭者)、②クシャトリア(王族)、③ヴァイシャ(平民)、④シュードラ(隷民)とされています。ブラフミンはバラモンとも呼ばれ、神聖な職に就き、儀式を行うことができ、バラモンは自然界を支配する能力を持つ者とされています。クシャトリアは、王や貴族など武力や政治力を持つ者で、ヴァイシャは商業や製造業などに就くことができ、シュードラは一般に人々の嫌がる職業にのみ就くことができ、

ジャーティと呼ばれる社会集団が形成され、現在では2000以上のカーストが存在し、さらにカースト外の身分もあると言われています[14]。

1-2 オート・リクシャーと国民性

(1) バイクとインド人気質

インドのバイク生産台数は、2014年に1850万台に達し、世界第2位の生産台数を誇っています。100〜125ccのバイクには、燃費や価格などでの手頃感から高い支持があり、全バイクの約6割を占めています[15]。

インドのバイクの特徴として、バックミラーが付いていないこと、あるいは付いていても内側に曲げて使用していないことがあげられています。ミラーなしは、バイクだけではなく、サイドミラーのない自動車もあります。新車ではサイドミラーはオプションになっていて、多くの人が装着せず、装着しても右側だけと言われています。それは、道路に車線が引かれていないため、自動車はぶつかりそうなくらい擦れ擦れで運転され、このような状況ではサイドミラーが邪魔になるからと言われています。

バイクや自動車の運転者は、自分の進む前方にのみ注意を払い、後ろのことは気にしていないようだと言われています。うるさいと言われるほどの警笛を

ブラフミンの影にすら触れることはできないとされています。しかし、シュードラは先住民族で、支配されることになった人々と言われています。他方、カースト内の団結は強く、カーストごとに共通の習慣を持ち、職業、飲食、交際、結婚などに関する厳格な規制が存在し、カースト間の移動は基本的に認められておらず、カーストは親から子へと受け継がれ、結婚も同じカースト内で行われます。

14) カースト外は、アチュート(不可触民)と呼ばれ、彼らは力がなくヒンドゥー教の庇護のもとに生きざるを得ない貧困層の人々で、1億人の人々がアチュートとして暮らしていると言われています。アチュートよりも悪い状況下で暮らす人々が路上生活者(ホームレス)で、彼らは屋根のない路上で生活し、妊婦は路上で出産するため、子供は生まれた時からホームレスとされています。

15) 生産台数のトップは、1984年にホンダとHero Groupの合弁会社として設立されたHero Honda Motorsで、ホンダの現地子会社Honda Motorcycle & Scooter Indiaの生産台数を加えたHondaブランドのシェアは50％を大きく超えているとされています。

鳴らしているのは、後ろの自動車が前の自動車に自分の存在を知らせるためで、これがインドではエチケットのようなものとされています。ここに、自己主張が強いという国民性がみられると言われています。また、インドの人々は「自分が正当に評価されているか」「他の人に比べて不利になっていないか」ということを気にしますが、他の国の人々がインドという国家をどう思っているかということに関心がないばかりか、気にすることもなく、ここに個人主義的な国民性が表れていると言われています。

インドには後述のオート・リクシャーがあるため、三輪バイクタクシーの数は少ないのですが、特徴的なものに、後部にスペアタイヤを搭載している車両があります。また、スペアタイヤを搭載しているバイク（スクーター）もあり、世界的に珍しいと言われています[16]。

（2）オート・リクシャーと個人主義

オート・リクシャー（あるいはオート・リキシャー）とは、インド文化圏・経済圏で普及している軽便な三輪自動車タクシーで、車体色は黄色と黒か緑のツートーンカラーとされています。運賃はメータ制ですが、旅行者にはメータを使わないため、運賃を交渉することになります。オート・リクシャーは、「悪名高いインドのタクシー」のひとつと言われ、それは旅行者には高額な運賃を吹っかけてくることや、途中で運賃をつり上げること、さらには強引な客引きのためと言われています。

古いタイプは、白煙を吐き出す2サイクルエンジンを搭載していて、大気汚染の原因のひとつとされています。このため、デリーやダッカでは2サイクルエンジンを搭載したオート・リクシャーの営業が禁止され、排気ガスがクリーンな4サイクルエンジンやCNG（圧縮天然ガス）エンジン、LPG（液化石油ガ

---

[16] 二輪車メーカーのシノシュア・エンタープライズは、太陽電池を搭載した三輪バイク「ヤシ・トラスト」を開発しました。それは、既存の三輪バイクの屋根に太陽電池パネルを搭載し、充電後の走行可能距離は105〜165km、最高時速は40km、4人が乗車できると言われています。エンジンも搭載していますので、ハイブリッド型とされています。

ス)エンジンを搭載したオート・リクシャーが生産され、運行されています[17]。

　オート・リクシャーには後部に2人乗り前向きシートがあり、屋根には日除け用にビニール生地が張られ、客席の側面は半開放型です。運転席は前席中央にあり、ハンドルはバー(棒)ハンドルで、タイの初期のトゥクトゥクと同じです。インドの三輪自動車は、パキスタン、バングラデシュ、ネパール、スリランカ、インドネシアなどインド文化圏や経済圏に輸出され、それぞれ三輪自動車タクシーとして使用されています。

　他方、インドは交通事故の多い国で、世界道路統計によれば、2012年の道路交通事故死者数は世界最多の13万8258人とされています。その原因として、道路が整備されていない、交通ルールを守らない・知らないという人が多い、「オレが、オレが」という自己中心的(個人主義的)な運転をする人が多い、などがあげられています。あまり知られていないことですが、自転車とサイクル・リクシャーには前照灯がありません。街灯のない暗い道路を前照灯のない(無灯火)の自転車やサイクル・リクシャーが走行し、またサイドミラーのないオート・リクシャーもあり、これも事故の原因になっていると言われています。

(3)バスと婦人専用席

　バスには市内バス、2つ以上の州を走る州間バス、寝台車型の急行バス(長距離急行バス)があります[18]。市内バスは最も安価な乗り物で、大都市では路線も本数も多く、人々の足として利用され、また婦人専用席があります。専用席のないバスでは、満席の場合を除いて、女性の隣は女性、男性の隣は男性が座り、女性は車両前方の席に座るとされています。後述の通勤列車にも女性専用車両や女性専用列車があり、それはヒンドゥー教による男女同席の忌避(女性

---

[17] オート・リクシャーは、イタリアのピアジオ社製三輪バイクのアベD型がインドで1959年からライセンス生産されるようになったことや、1971年にバジャージ・オート社が三輪自動車の生産を開始したことに始まると言われています。

[18] 寝台車型は、横になって寝られる夜行バスで、車高は普通のバスの高さですが、二段ベッド構造になっていて、座席(寝台)は上下とも二人用縦5列、横2列です。

に対する邪悪観、不浄観、劣等視観)、あるいは地位の低い女性を保護しようという動きによるものと言われています[19]。

　バスは、公営バスと民間バス(ツーリストバス)に大別され、民間バスの運賃は高いものの車両は比較的新しいと言われていますが、必ずしもそうとは言えないとも言われています。地方にはジープを使用したジープバス(乗合ジープ)があり、1台に10人程度が乗車できます。一方で、海外からの観光客のための観光バスには、新型のグレードの高い車両が使用されていて、冷房を維持するために運転席と客席が分離されたバスもあります。なお、他のアジアの国々と同じように、インドでも外国人は割高な外国人料金を支払うことになります。

　他方、タクシーの車体色は、黄一色か、黒いボディーに屋根を黄色に塗り分けられたものが多く、車種にはインドの国民車アンバサダーが多く使われています。流しのタクシーはほとんどなく、空港、駅、高級ホテル、都市中心街のタクシースタンドへ行き、利用することになります。「悪名高いインドのタクシー」と言われるように、外国人や旅行者は不当に高い運賃を請求されることがあるため、プリペイドタクシー(料金前払い定額制)が利用されていると言われています。地元の人々は、スマホのアプリから簡単にタクシーを呼ぶことができる配車サービスを利用し、それは「日本人も驚くほど便利で、安心して使うことができる」と言われています。

　なお、女性を対象とした性的暴行事件が多発し、多くの女性は一人で出かけることに不安を感じているため、デリーには女性だけが利用できる「女性専用タクシー」があります。

---

[19] インドは経済成長を続ける一方で、レイプ犯罪は日常茶飯事と言われるように、女性への暴力問題が社会問題となっています。たとえば、2012年12月に、ニューデリーで医師実習生の女性が婚約者の男性と無認可のバスに乗った際、6人の男性からレイプされ、婚約者は鉄パイプなどで殴られ、二人とも車外に放り出され、女性が死亡するという事件が起きました。また、2015年1月に、20代前半の日本人女性が約1か月にわたって監禁され、集団性的暴行を受けた事件が明らかになりました。なお、女性が危害を加えられても警察は動かず、加害者が裁かれることもないとの認識が広がっていると言われています。

1-3　巨大人口とインド鉄道

（1）長距離列車と貧富の差

　インドは鉄道王国と言われ、全土に路線網が広がり、総延長は6万3000km を超え、米国、中国、ロシア、カナダに次いで世界第5位の規模とされ、鉄道の旅客輸送量は約1兆人キロで、世界最大と言われています[20]。インドでは飛行機の運賃は高く、道路の整備が遅れているため、鉄道は重要な移動手段となっています[21]。

　インドの国有鉄道（インド鉄道）は、長距離列車、中距離列車、近郊電車、観光列車などを運行し、そのほかに公社鉄道の地下鉄と路面電車、それに私鉄（第三セクター鉄道）があります。インド鉄道は、インド北部鉄道、インド南部鉄道、インド東部鉄道、インド西部鉄道など16の地方鉄道に分割され管理されています。

　長距離列車は、インド鉄道によって直接管理・運行され、800往復以上が設定されていますが、すべてが毎日運行されているわけではなく、週1便の列車もあります。主要路線は、デリー、コルカタ、ムンバイ、チェンナイの4大主要都市を結ぶ路線で、特急列車や急行列車が多数設定され、路線によっては寝台列車も運行されています。座席は基本的に一等と二等の2等級制で、その中で寝台車か座席車か、エアコンの有無などで区別され、実質的に7種のクラスがあるとされています。同じ区間でも、最上等と最下等では15～40倍の運賃

---

[20] 最初の鉄道路線は、1853年に開業したボンベイ～ターネー間約40kmで、アジア初です。建設の目的は、植民地内での綿花・石炭・紅茶輸送のためとされ、軌間は1676mm（広軌）で、その後輸送量の少ない地方では建設費を削減するため1000mmと762mmの狭軌が採用されました。1947年のインド独立後、鉄道は国有となり、幹線では1676mmに改軌され、統一化が進められました。

[21] インドの道路の総延長は330万kmで、米国に次ぐ世界第2位の道路ネットワークを誇っていますが、人口千人当たりの道路密度は2.75kmで、世界平均の6.7kmを下回り、十分に道路が整備されていないと言われています。国道は、全道路延長のわずか2％ですが、交通量の40％を担っています。国道の約3割がすれ違い困難な1車線で、高速道路延長は200km弱とされています。

差があり、それはインドの身分制社会、その下での貧富の差を表していると言われています。上等車は座席指定で、エアコンのない二等車は自由席のため常に混雑しています。

中距離列車は、各地方鉄道によって管理・運行され、路線は大都市と大都市、あるいは大都市と中小都市を結び、普通列車や快速列車などが運行されていますが、運行頻度は低く、1日2往復しかない路線もあります[22]。

（2）巨大人口と近郊鉄道の混雑

デリー、ムンバイ、チェンナイ、コルカタ、ハイデラバード、プネー、ラクナウ・カーンプルには通勤用の近郊電車（通勤電車）があり、市内と郊外を結んでいます。近郊電車は、当地を管轄している地方鉄道によって管理・運行され[23]、3両に1両の動力車を持つ動力分散方式で、通常は9両編成で運行されています。ムンバイ近郊鉄道には直流電化区間と交流電化区間がありますが、他は交流電化です。運賃が安く、運転間隔が短く（通常5分から10分間隔）、渋滞の心配が無いなど利便性が高いため、利用者が多く、慢性的に混雑しています。朝夕は、開けっ放しのドアからこぼれ落ちそうなほど人を詰め込んでいます[24]。

---

[22] 他方、国内外の観光客向けに、2泊から1週間程度の観光ツアーをセットにした観光列車が運行され、特別の内装設備とサービスが提供されることから豪華列車と呼ばれています。料金は非常に高く設定され、代表的な観光列車にマハラジャ・エクスプレスがあり、利用客の多くは外国人観光客と言われています。マハラジャ・エクスプレスは、インド鉄道、インド鉄道配膳観光公社（IRCTC）、コックス・アンド・キングス、およびこれらの合弁企業体であるロイヤル・インディアン・レイル・ツアーズにより運行され、首都デリーと大都市ムンバイおよびコルカタ間を往復し、2人部屋個室で1人1泊800ドルに設定されていて、インドで最も高価な列車と言われています。国際列車は、パキスタン、バングラデシュ、ネパールとの間で運行されていますが、運行頻度は低いと言われています。

[23] たとえば、デリーの近郊電車はインド北部鉄道、ムンバイの近郊電車はインド西部鉄道とインド中部鉄道、プネーの近郊電車はインド中部鉄道、チェンナイの近郊電車はインド南部鉄道、コルカタの近郊電車はインド東部鉄道、ハイデラバードの近郊電車はインド中南部鉄道が管理・運行しています。

[24] 人口は2015年現在、世界第2位の13億1000万人で、2050年には16億人、2100年には18億2000万人に達すると推計されています。人口の年齢構成は2011年現在、20歳未満

第1章　インドの動物とヒンドゥー文化　25

　ムンバイの近郊鉄道は、インド西部鉄道とインド中部鉄道によって管理・運営され、路線には西部線、中央線、港湾線の3路線があります。路線延長は303km、軌間は1672mm、直流1500Vまたは交流25000Vの架空電車線方式です。9両または12両編成の電車が1日に2342本運行され、利用者は1日約700万人で、インド鉄道全体の1日の利用者数の過半数を占め、世界の都市鉄道の中で最も高い輸送密度を持つ鉄道のひとつとされています[25]。

　最混雑時には9両編成（定員1700人）の列車に5000人以上が乗車し、計算上$1m^2$に14〜16人の乗客が乗っていることになります。そのため、駅で別のホームへ移動するときに跨線橋を使わず線路を横断して通過列車に轢かれたり、混雑を避けて車両の屋根上に乗車して架線で感電したり、ドアや窓につかまって乗車して転落したりと、死傷者が後を絶たないと言われています。また、線路上を歩く人が多く、列車に轢かれるケースもあると言われています。他方、鉄道施設に人が慢性的に集中するため、駅などがテロの標的とされた事件が発生しています[26]。

（3）地下鉄と植民地時代の名残

　2014年現在、デリー、コルカタ、バンガロールに地下鉄があり、チェンナ

　　が41%、20〜59歳が50%、60歳以上が9%で、年齢的に若い国家と言われています。
25) ムンバイは、インドの西海岸に面するマハーラーシュトラ州の州都で、インド最大の都市、国内経済の中心都市、南アジアを代表する世界都市のひとつとされています。人口は約2100万人（2011年現在）で、インド全体の工場雇用者数の40%、所得税収入の40%、関税収入の60%を占めるとされています。ムンバイの都市交通の輸送機関別分担率は、鉄道48%、バス40%、自家用車12%で、鉄道の分担率が高くなっています。
26) ムンバイ現地時間の2006年7月11日18時頃、近郊電車の車両が7か所で爆破されるという「ムンバイ列車爆破事件」が発生し、209人が死亡、700人以上が負傷し、この事件は「グジャラート州とカシミール州でのムスリム弾圧に対する報復」（犯行声明）とされています。また、2008年11月26日夜から11月29日朝にかけて、外国人向けのホテルや鉄道駅など複数の場所がイスラム過激派とみられる武装勢力に銃撃・爆破され、多数の人質がとられ、また殺害されるという「ムンバイ同時多発テロ」が発生し、少なくとも172人ないし174人（うち外国人が34人）が死亡し、239人が負傷したとされています。テロリストは、米国と英国のパスポートを持つ人間を選り分けていたという目撃者の話が、報道されていました。

イでは建設中で、計画中の都市がいくつかあります。インド最初の地下鉄はコルカタ・メトロで、1972年に東西線(13.7km)の建設が始まり、1984年に部分開業し、1995年に全線開業しました。

デリー・メトロは、インドの首都デリーおよびその近郊に路線網を持つ地下鉄で、2016年3月現在、6路線があり、総延長は約190km、駅数は142です。デリー・メトロは、英国の影響が色濃く残る香港の地下鉄運営や建設技術を参考に建設され、順調に路線を拡大し、2021年にすべての整備計画が完了すれば、総延長は402km、駅数は270駅となり、ロンドンの地下鉄を超え、中国に次ぐ世界第2位の都市鉄道網になるとされています[27]。

デリー・メトロではラインカラーが用いられ、路線の名称や路線図、使用車両の配色はラインカラーに統一されています。各路線は6時から23時まで、3分から5分間隔で運行され、各駅間の最高時速は80km、平均停車時間は20秒とされています。車内放送は、ヒンディー語と英語で行われ[28]、多くの駅にATM、レストラン、コンビニエンスストアなどが併設されていますが、列車内及び駅構内では飲食、喫煙、ガムを噛むことは禁止されています[29]。

他方、コルカタにはインドに残る唯一の路面電車(27路線)があり、現役で運行されているものとしてはアジアで最古とされています[30]。運行本数が多く、

---

[27] 地下鉄と呼ばれていますが、2002年12月に開業した最初の1号線の線路は高架線と地上線、2010年4月に開業した5号線の線路は高架線のみで、6路線で純粋な地下駅は38駅だけです。軌間は、広軌(1676mm)と標準軌(1435mm)が混在し、1号線~4号線が広軌で、その後に建設された路線では標準軌が採用されています。

[28] 国民は多様な民族、言語、宗教によって構成され、州境を越えるとまったく違う言語が話され、方言を含むと800種類以上の言語があり、地域が異なればインド人同士でも意思疎通ができない場合があると言われています。連邦公用語はヒンディー語ですが、他にインド憲法で公認されている州の言語が21あり、インドで最も多くの人が日常的に話す言葉はヒンディー語で、約4億人(人口の約40%)の話者がいるとされています。

[29] デリー・メトロは円借款で建設され、技術協力プロジェクトとしての各種の研修の中で「整列乗車」に関する取り組みが行われました。それは、インドでは降車する乗客を待つという習慣がなく、ドアが開いた瞬間に一斉に乗り込んでいたからです。取り組みの結果、日本ほどではないものの整列乗車が行われるようになったと言われています。

[30] コルカタの路面電車は、1880年に英国領インド帝国の首都カルカッタ(現コルカタ)で馬車鉄道として運行が始まり、その後、蒸気機関車が導入され、1902年から電化が開始され、

人々の足として親しまれていると言われています。車両は2両連接車で、前後の車両間を行き来できないため、それぞれの車両に車掌が乗務しています。前方車両が一等車で、運賃は4ルピー、後方車両が二等車で、運賃は3ルピーです。一等車と二等車の違いは、天井の扇風機の有無だけと言われています。

　なお、英国の路面電車の面影が色濃く残る旧型の車両の運転席には窓ガラスがなく、金網が貼ってあります。また、インド鉄道にも客席の窓に投石対策用の金網がある車両や、不正乗車防止用に窓に鉄格子がある車両もあります。投石対策用の金網は、英国植民地時代の反英闘争の名残と言われています。

　現在に至っています。

第2章　ミャンマーの仏教と僧侶優先社会

2-1　貧富の差と貧困

(1) 自家用乗用車と貧富の差

　自動車のナンバープレートは、用途や所有者によって色分けされ、白が大使館や国際連合などの国際機関、黒が自家用車、赤が営業車、青が観光バス、黄が僧侶名義車、緑が軍用車両です[1]。ミャンマーでは僧侶の地位は別格で、僧侶の自動車が別格扱いされているのは、ブッダが最初に説いた仏教が最も純粋な形で継承されているのがミャンマーの上座部仏教とされているからで、かつての軍事独裁体制の下でビルマ式社会主義つまり仏教社会主義が追求されたのもこのためと言われています。

　軍事独裁政権下では乗用車の輸入が規制され、軍関係者には輸入許可証が与えられ、資金さえあればどのような乗用車でも輸入できましたが、軍関係者以外は輸入許可証の取得が必要とされていました。2011年に成立した文民政権の下で中古車の輸入規制が緩和され、保有する中古車の廃車を条件に買い替えが可能になりましたが、輸入できる車両は1995～2006年製の中古車で、CIF価格（運賃・保険料込み価格）で3800～62000米ドル以下の乗用車に限定されていました[2]。

---

1) ナンバープレートには階級があり、別格の黄を除いて、最上位が白、2位が黒、3位が赤とされ、赤ナンバーのタクシーは政府庁舎やヤンゴン大学などの構内に入ることができませんが、黒の自家用乗用車ならどこへでも入れます。そのため、使い勝手の良い黒ナンバーの偽タクシーがあると言われています。また、ミャンマーではタクシーで結婚式会場に行く人は社会的地位が低いと見なされ、自家用乗用車を保有していることが社会的地位の高さを表していると言われています。このような現象は開発途上国では一般的で、それは貧困が支配しているからとされています。

2) 乗用車の輸入には関税が掛かり、関税額は原則的に排気量2000cc以下の乗用車はCIF価格の30％、2000cc以上は40％で、このほか車両登録料や商業税が課せられます。そのため、隣国のタイと中国から密輸入された乗用車が多く、ナンバープレートも偽造されていると言われています。密輸入車が多いのは、輸入規制があることと、密輸入車は正規に輸

乗用車の輸入が規制されているため、中古車であっても価値がほとんど下がらず、軍関係者の間では乗用車が資産として保有されていたと言われています。保有する中古車の廃車を条件に買い替え許可を与えるという規制緩和を利用して新規に乗用車を保有するには、まず既存の中古車を入手する必要があり、そのため中古車価格が上昇し、軍関係者は乗用車の輸入規制を巧みに操作することによって私腹を肥やし、ミャンマー経済を私物化していたと言われています。乗用車を保有できるのは富裕層に限られ、特に軍関係者はベンツやレクサスなどの高級車を保有しています。

(2)公務員の汚職と貧困

ミャンマーは、「汚職と貧困と圧政が同居する典型的な体制」(TIのラベル会長)と言われ[3]、また軍幹部や官僚と異なり、公務員には賄賂がなければ生活できない給料しか支払われていないため、政府の払い下げや販売権利、借地権などの利権も優先的に公務員に分配されていました。このような状況の下で、公務員に汚職が蔓延したと言われています。

また、給料が少ないため公務員には、米や醤油、ろうそく、砂糖、それにガソリンなどが現物支給されていました。ガソリンが不足しているため、ガソリンや軽油の配給制が実施され、公務員は配給されたガソリンの余った分を闇市場で販売し、生活費の一部にしていたと言われ、道端ではペットボトルに入っ

　　入される車よりも安いからで、たとえば2004年時点で1992年製のトヨタカローラの密輸入価格は6000米ドルで、正規に輸入すると38000米ドルと言われていました。乗用車の輸入許可を持つ企業は軍関係者の企業(軍閥企業)で、正規輸入価格と密輸入価格の差が利益になっていると言われていました。なお、規制緩和によって中古車の輸入が急増し、ヤンゴンの渋滞が一層悪化したとして、商業省は2016年11月に中古車輸入規制を強化するため、2017年1月からは輸入中古車を2015年以降に製造された左ハンドル車に限定すると発表しました。

3) ウィキリークスが2012年2月に公開した在ヤンゴン米大使館から米国務省に送付された文書(1992年5月4日付)によれば、タイの漁業経営者がミャンマー領内の漁場での漁業権を得るために、長期間にわたって当時の漁業家畜大臣のチットスー少将(SLORC高官)に毎週7500米ドルの現金を賄賂として渡し、4万2500米ドルをミャンマー政府に届けていたと伝えていました。

たガソリンが売られていました。ガソリンや軽油が必要なのは乗用車やトラックだけでなく、電力の供給が不安定で突然の停電もしばしば起こるため、自家用発電機の燃料としても必要とされています[4]。ただし、自家用発電機を持っているのは富裕層だけで、多くの人々は電気のない生活を強いられていると言われています。

現在のミャンマーは、後発開発途上国と呼ばれていますが、終戦後一時期はアジアで一番豊かな国だったと言われています。かつては世界一の米の輸出国で、木材、林産物、石油、天然ガス、鉱産物(宝石)、農産物、水産物が豊富でしたが、軍事独裁政権が経済原理を無視し、企業の国有化や貿易・金融の制限、外資の拒絶など閉鎖的な経済運営を行い、軍関係者だけが私腹を肥やして豊かになり、多くの人々は貧困層に転落させられたと言われています[5]。そのため、民主化運動がたびたび起きましたが、軍事政権によって弾圧され続け、人々のあいだでは諦めが支配し、貧困が文化として定着したと言われています。なお、貧困の文化とは一般に、貧困者が貧困生活を次の世代に受け継ぐような生活習慣や世界観を伝承することとされています[6]。

他方、西洋的価値観ではミャンマーは貧しい国ですが、国民の約90%が仏教徒のミャンマーは精神的には豊かな国とされ、それは仏教文化が成熟しているからと言われています。

---

[4] ミャンマーでは電源の7割超を水力発電に依存しているため、特に乾期には雨量が減り、渇水期には発電量が大きく落ち込むという構造的な問題があると言われています。また、「在アジア・オセアニア日系企業活動調査結果」(ジェトロ、2014年10〜11月実施)によれば、投資環境上の問題点として「インフラの未整備」を挙げた企業の割合を項目別にみると、ミャンマーでは電力が83.7%、通信が79.6%、道路が75.5%でした。

[5] また、ミャンマーは英国からの独立当初、アジアで有数の発展可能性を備えた国と見なされ、それは英国式の法律・制度を備え、英国企業が多数進出し、英語の普及度が高かったからと言われています。

[6] なお、ミャンマーでは農村人口が7割を占め、平野部の農村人口のうちの5割は農地を持たない非農民で、いわゆる日雇い労働者のような生活をしているとされています。また、軍事独裁政権下で多くの人々が貧しかった時代と比較すれば、文民政権成立後には一般の人々の間でも貧富の差が拡大しはじめていると指摘されています。

（3）道路と軍閥企業

　トラック貨物輸送は、1990年代から増加傾向にあり、使用用途の広い無蓋車を中心に幌付車やバンボディ車、蓄冷式冷蔵冷凍車、ボトルカーなどが運行されています。営業用トラックの中には、荷台に貨物と一緒に荷役作業員を乗せているトラックもあり、これは安価な労働力となる貧困層が多いことを表していると言われています。

　民主的な国々では物流の効率化が進められていますが、軍事独裁政権下のミャンマーでは、物流の意図的な非効率さが軍関係者の私腹を肥やしていたと言われています。たとえば、トラックの貨物積載量が厳しく規制され、そのためトラック不足や物価の上昇を引き起こし、トラックが増えれば許認可権を持つ軍関係者が潤うという仕組みになっていたとされています。

　また、軍事独裁政権下では政府傘下の企業が幅を利かせ[7]、退役した軍人や退職した官僚は、前職のコネで情報を入手し、旧知の政府機関との取引などで企業を大きく成長させ、他方で現役の軍人や官僚は家族の名義で企業を経営していると言われています[8]。

　2008年の国民投票で承認された新憲法の下で2010年に連邦議会選挙が行われ、選挙結果に基づいて開催された2011年の議会でテインセインが大統領に就任し、国家発展平和評議会（SPDC）が解散したことによって軍事独裁政権に終止符が打たれ、文民政権が誕生したとされています。しかし、新憲法は上院（民族代表院）と下院（人民代表院）の議席の25％を軍人代表議席とし、上下両院議長に退役将軍が就任するなど、軍事政権翼賛政党の連邦団結発展党（旧・国家発展平和評議会）が議会を支配していました。そのため、軍関係者のみが

---

[7] たとえば、携帯電話機は1台1000米ドルで、輸入許可権限を持つ軍が輸入会社を経営しているため民間企業は参入できず、軍が独占的利益をあげていたとされていました。
[8] ミャンマーには、国防省調達局が40％、国防省各連隊が20％、退役軍人協会が20％、退役軍人が20％を出資した投資会社があり、同社は銀行や貿易商社、宝石加工・販売、旅行業、航空会社などを有し、縫製、飲料、タバコ製造、家電組み立てなど外資との合弁企業なども持つ大企業集団と言われています。

私腹を肥やす構造が引き継がれたと言われています[9]。また、1988年に社会主義経済体制が放棄され、自由市場経済体制に転換したとされていますが、実態は軍部が軍閥企業に名前を変えただけとされています[10]。

他方、道路整備の遅れは、道路密度や舗装率の低さに表れ、スコールが降ればすぐに冠水します。道路が整備されなかったのは、道路が公共財であるため援助によるもの以外の道路の建設整備が私腹を肥やす手段にならなかったからと言われています。なお、公共財とは政府(中央政府あるいは地方自治体など)が供給することが社会的に望ましいと考えられる財・サービスとされ、軍隊や警察、あるいは道路や公園などがあるとされています。公共財には、対価を支払わない人の使用を排除できない非排除性と、財・サービスが供給されると同一の数量をすべての人が同時に消費できる等量消費性(あるいは非競合性)という性質があるとされています。

高速道路の建設も進められ、首都ヤンゴンと中部にある第2の都市マンダ

---

[9] 新憲法は、「連邦議会の議席の25%を国軍最高司令官の指名する軍人議員とすること、大統領の資格要件として軍事知識を求めていること、非常事態時に国軍最高司令官に対して全権の委譲を可能としていることなど、1988年以来軍政を敷いている国軍の権力掌握の継続を制度的に保障している」(遠藤聡「ミャンマー新憲法－国軍の政治的関与(1)」『外国の立法』第241号、2009年9月)とされています。また、憲法第20条は「国軍は、憲法を擁護する主たる責任を負う」とし、国軍の権力掌握の継続を保障している憲法改正の阻止を正当化しています。2015年6月25日に、連邦議会は議席の25%を占める非民選の軍人議員団が持つ事実上の「拒否権」をなくす憲法改定案の採決を行いましたが、軍人議員団が全員反対したため改定案は否決されました。

[10] ミャンマーの本当の貧困は、国境地帯の少数民族にみられると言われています。少数民族の武装勢力と政府(軍事独裁政権)の武力紛争は60年以上も続き、政府軍の攻撃を受けた地域の人々は自宅や農地を放棄して山岳地帯に逃げ込んで国内避難民になり、また軍事独裁政権の弾圧のために隣国のタイなどに逃れた「ミャンマー難民」もいるとされています。軍事独裁政権に対して反政府活動をしていた難民たちは、かつては海外の支援団体から物資や資金の提供を受けていましたが、2011年に軍事独裁政権に終止符が打たれ、文民政権が誕生したと理解されているため、約100万人と推定される国内避難民に対する国際連合や各国政府の直接的な支援が難しくなり、民主化のための支援は難民から文民政権(実質は軍事政権)に変更されてしまったと言われています。また、軍による迫害を受けている少数派イスラム教徒「ロヒンギャ」問題に関して、ミャンマーは国際社会から批難されています。

レーを結ぶ中央縦貫高速道路 570km が 2010 年に開通しました。しかし、高速道路上での交通事故が多く、その原因には速度超過のほか、逆走する自動車の存在、自転車や牛車、歩行者の通行などがあると言われています。

2-2　外国人料金と仏教文化

（1）鉄道と外国人料金

　鉄道は、ミャンマー国鉄によって運営され、主要な鉄道路線は英国植民地時代に建設され、第二次世界大戦中に日本軍によって整備・拡張されたものがそのまま使われています。ミャンマー独立後から現在まで、保守・点検と改善・整備がほとんど行われていないため老朽化が著しいと言われています[11]。

　鉄道は非電化で、日本の JR や民鉄会社から譲渡された多くの車両が運行されています。ただし、日本の車両はミャンマーの規格よりも車高が高いため低屋根化改造が行われ、冷暖房機器は取り外され、乗降扉もありません[12]。

　他方、ミャンマー国鉄では外国人には自国民よりも高い運賃（料金）を外貨で課す「外国人料金」制度があります。この制度はミャンマー国鉄だけではなく、外貨という規制はありませんが、観光地への入域料や入場料などでも適用されていて、ミャンマーに限らず発展途上のアジアの国々で一般にみられます。また、2004 年に廃止されましたが、それまでは強制両替制度があり、団体旅行

---

11) 鉄道網は、国土を南北に縦断する路線を基軸として形成され、最大の幹線とされるミャンマーとマンダレーを結ぶ鉄道路線の路線距離は 621km で、所要時間は時刻表上では 15 時間前後と表示されていますが、実際には 18 時間位かかっていると言われています。また、ヤンゴンには環状線があり、約 2 時間 50 分かけて一周し、定時ではありませんが、1 時間に 1～2 本が運行されています。なお、車両の車端部にロープが張られ、その先の座席に座れるのは高齢者、僧侶、外国人とされ、ここに国民の 90％ が上座部仏教徒であるミャンマーの仏教文化がみられると言われています。
12) 車両の譲渡は無償譲渡が多く、輸送費のみを負担すれば譲渡されます。解体すれば費用が掛かり、まだまだ走れる車両なので、有効活用してくれる国があれば譲渡されます。線路の幅（軌間）は、中国と韓国が標準軌、インドとバングラデシュなどが広軌で、東南アジアの国々は日本と同じ狭軌です。そのため、JR の在来線車両などの気動車はそのまま走れます。

客を除く外国人は入国時に強制的に200米ドルを両替させられました。高額な外国人料金や強制両替が軍事独裁政権の収入源のひとつとなり、制度そのものが汚職の温床になっていたと言われています[13]。

　外国人料金は、欧米諸国の経済制裁によって極端な外貨不足に陥っていたため、外貨を獲得するためのひとつの方法でしたが、一方でそれはビルマ式社会主義(仏教社会主義)の下での民族主義政策として展開された外国人と外国資本の排斥政策の延長線上にあったと言われています[14]。

(2) 庶民の足と中古バス

　ヤンゴン市内の主たる交通手段はバスとタクシーで、バスは政府より路線運行免許を取得し、免許を受けた始終点間を何度も往復する形で運行され、規模の大きなバス会社があるわけではなく、大半が個人営業と言われています。地点としてのバス停はありますが、時刻表はなく、バスがバス停で停車すれば車掌が大声で行き先を告げ、乗客を集めています。

　バスの運賃は50～100チャットで、外国人は外貨でしか払えない鉄道や航空

[13) なお、ミャンマーの為替レートは2012年までは公式には1米ドル6チャットとされていましたが、実質市場レートは1米ドル約800チャットで、このような二重為替レートによって国際援助では巨額の使途不明金が生まれ、それが軍関係者のポケットに入っていたと言われています。そのため、援助レートとして1米ドル450チャットが設定されましたが、実質市場レートとかけ離れていたため、やはり援助によって軍関係者は私腹を肥やしていました。二重為替レートによって、民間部門は不当に高いドルを買わされ、一方、不当に安くドルを入手できた軍関係者が大きな利益を得ていたと言われています。為替制度は、2012年4月より管理変動相場制に移行されました。管理変動相場制とは、ミャンマー中央銀行が相場の変動幅を一定範囲内に収める仕組みのものとされています。

14) 外国人と外国資本の排斥は、ミャンマーの人々とりわけビルマ族の人々の英国人に対する不信感によるものとされています。それは、英国の挑発によって引き起こされた1852年の第2次英緬戦争に敗れたビルマ(ビルマ族)は国土の半分を英国に取られ、英国がイスラム教徒のインド人と華僑をビルマに入植させてビルマを多民族多宗教国家に変え、周辺の山岳民族(カレン族など)をキリスト教に改宗させてビルマの統治に利用するという民族分割統治政策を強行し、インド人が金融、華僑が商売、山岳民族が軍と警察を支配し、ビルマ人は最下層の農奴にされてしまったからとされています。これが、ビルマ人には山岳民族(カレン族など)への憎悪として残り、後の民族対立の要因となったと言われています。

機と異なり、現地通貨のチャットで支払いができ、基本的にはミャンマーの人々と同じ運賃で乗車することができます。しかし、路線によっては外国人料金が存在し、倍以上の運賃を請求されることがあると言われています。

　市内バスの多くは、日本から輸入された中古の路線バスで、そのため「ミャンマーは中古の日本車天国」と言われています。日本では自動車は左側通行ですが、右側通行のミャンマーでは日本のバスの乗降扉は使えず、一般に車両右側の中央に乗降扉を設置する改造が行われています。また、ガソリンや軽油価格が上昇しているため、ディーゼルエンジン車の場合には埋蔵量の豊富な国産の圧縮天然ガス(CNG)用のエンジンへの転装も行われています。車両の塗装が日本のままというバスもあれば、企業の広告が塗装されたバスもあります[15]。

　他方、鉄道が発達していないため、長距離移動では全席座席指定の長距離バスが運行されています。長距離バスには一般に、日本から輸入された2列+2列の中古の観光バスが使われ、出発時間は守られていますが、「ミャンマーではバスの到着時刻を聞くのはタブーになっている」と言われるほど、到着は大抵遅れます。それは、バスが途中で故障し、修理に時間がかかるからです。ただし、外国人観光客用には新車の観光バスも使われ、それは海外からの観光ツアー客の受入れは外貨を稼ぐ主要な手段になっているからと言われています。

(3)タクシーと仏教文化

　タクシーは個人タクシーで、多くのタクシーにはメータがなく、運賃は交渉制で、2km程度は1000チャットとされています。メータ付タクシーもありますが、メータを使えば渋滞などによって交渉制の相場より高くなることもあるため、メータを使わずに運賃が交渉されることもあると言われています。タクシーは基本的に相乗りで、運賃交渉制のため後から乗り、先に降りれば「無料」ということもあると言われています。

---

[15] 日本の塗装がそのままなのは、塗装し直す資金がないことと、あえて日本語を残すことが質のいい日本製の証になると言われています。

2-2 外国人料金と仏教文化

　タクシーに乗って驚かされることは、走行中に仏教国ミャンマーの象徴ともいうべき黄金色に輝く仏塔(パヤー)が見えると、ハンドルから手を離して両手を合わせる運転手がいることです。国民の約90％が上座部仏教徒で、上座部仏教は釈迦によって定められた戒律と教え、悟りへ至る智慧と慈悲の実践を純粋に守り伝える姿勢を根幹に据えているとされています。上座部仏教では、出家という行為を優れた「功徳」として高く評価されるため、一時出家する人が多く、短期間ですが、家を離れて僧院で修行しながら僧侶と同じ生活を送るとされています[16]。

　もうひとつ驚かされることは、運転手が道を知らないことで、さらに地図を見せても運転手は理解できません。それは、ミャンマーでは地図の見方や読み方を学校で教えていないからと言われています。ただし、成人識字率はミャンマー教育省によれば、2013年度調査では95.1％で、香港の94.6％、タイの94.1％、ベトナムの92.8％、マレーシアの92.5％より高いとされています[17]。

　他方、運転が乱暴なタクシーもあり、ウインカーを出さずに車線変更したり、

---

[16] 一時的にせよ、少年僧侶としての出家は家族にとっては一大イベントで、それは得度式と呼ばれ、僧院に向かう少年は服装を着飾り、化粧を施し、大勢の行列とともに僧院に向かいます。両親は近所の人々に食事を振る舞い、近所の人々は祝い金を進呈します。なお、出家者の維持・発展に貢献することが最高の善(功徳)であると考えられ、在家の男性は6〜10歳位に集団で得度をして僧院生活を1週間〜10日間経験し、青年期に再度得度して厳しい227の戒律の中で僧侶と同じ生活を1週間から1か月間程度送るとされています。戒律は、してはいけないことを定め、たとえば女性との触れ合い、結婚、音楽演奏・観賞、スポーツ、賃労働、飲酒、昼の12時から翌朝までの食事などがあります。ミャンマーには約20万人の僧侶、27万人の沙弥(見習い僧)、3万人の尼僧がいて、彼らは227の戒律を守り、修行を続け、国民から尊敬されています。

[17] ミャンマーは、所得水準が非常に低く、貧しい国ですが、識字率がかなり高く、成人識字率は男性が95％、女性が89％と、タイとほぼ同じ水準にあり、周辺地域の後発開発途上国と比べてもかなり高いとされています。これは、僧院学校(寺子屋)によるもので、学費面で学校に通えない多くの子供たちのために僧院が学校の役割を果たし、教科書やノート、鉛筆などの文房具、昼食などは寄付で賄われています。政府も僧院学校を正規の学校教育機関と認め、そのため人々は税金を払わなくても僧院には寄付あるいは布施をすると言われています。また、2005年時点での小学校への就学率は99％ですが、中学校への就学率は43％で、その理由として中学校へのアクセスの悪さや学費面の負担が上げられていました。

急ブレーキを掛けたり、割り込みは当たり前と言われています。また、許可を受けていない違法タクシー（黒ナンバーあるいは偽赤ナンバー）も多く、違法タクシーの中には正規のタクシーよりも車両のレベルが高く、運転手が親切で、運賃が安いタクシーもあると言われています。

　多くのタクシーに日本の中古車が使われ、それはアジアの他の開発途上国でもめったに見ることのない年代物の自動車で、自家用車としても使われています。タクシーにはセダン型のほか、日本では貨物車に分類されるライトバンもあり、エアコンもなく、窓も閉まらないものもあります。これらの中古の自動車には渋滞の原因になる故障が多く、大気汚染の原因となる排気ガスの問題もあると言われています。

　また、日本の軽自動車サイズの乗用車を使ったミニタクシーもあり、台数は少ないのですが、比較的年式の新しい車両が使われています。

2-3　僧侶優先社会と恐妻社会

（1）サイカーと信仰心

　ミャンマーの三輪自転車タクシーは「サイカー」と呼ばれ、客席が自転車の横にあるタイプです。2000年にはヤンゴン市内に約5000台のサイカーがありましたが、新規の営業免許証が発行されなくなったため台数は年々減少していると言われています。ヤンゴンではサイカーの営業に市当局の許可が必要で、許可された場所でしか営業できず、それは市当局がサイカーの営業エリアを定め、各エリアの台数を決めているからと言われています。サイカーは、集団で駅前やマーケットの前など人通りの多い場所で客待ちをし、運賃は交渉制で、客との運賃交渉は一般に待機場所に到着した順番に行われます。交渉が成立しない場合には次のサイカーに交渉権が移り、交渉が成立して客を輸送し目的地で降ろせば、元の待機場所に戻って順番を待ちます。サイカーは極めて民主的に運営され、そこには仏教文化に根ざしたミャンマーの人々の争いを嫌うという国民性が表れていると言われています。

サイカーの所有には年間約500チャットの税金がかかり、サイカーの車両価格は約8万チャットと言われています。そのため、誰でも簡単にサイカーの営業を始められるというものではなく、一般に富裕者が複数の営業免許を取得し、営業免許とともにサイカーを賃貸しているとされています。サイカーの営業時間は、基本的には朝6時から夜18時までで、それ以降は台数が減るために営業エリアの規制がなくなり、どこででも営業でき、運賃は1.5倍になると言われています。サイカーの運賃は最低30チャット、1日の収入は約500チャット、年収は年中無休で約16万チャットと言われています[18]。

なお、ミャンマーの人々は僧侶、教師、両親を絶対に敬うべきものと考えているため、十分な収入が得られないサイカーの運転手も収入の1/3を僧院に寄進し、1/3を両親に仕送りし、残りの1/3で生活していると言われています。また、ミャンマーでは、どんなに貧しい家庭でも早朝の暗いうちにご飯を炊き、それは自分たちが食べるためではなく、早朝に托鉢に来る僧侶たちへの供物にするためと言われています。社会での生産を担う労働を一切行わず、ただブッダの教えを学び修行する多くの僧侶の食料を、経済的に貧しい人々が賄っていることにミャンマーの仏教文化の神髄があると言われています[19]。

(2) 軽トラバスと僧侶優先社会

2008年に国民投票を経て発布された憲法は、信仰の自由を規定していますが、「国家は仏教を、大多数の国民が信仰する、特別に名誉ある宗教と認定す

---

18) ミャンマーでは、製造業の作業員の年収が約44万チャット、製造業のエンジニアが約84万チャット、製造業のマネージャーが約197万チャットで、そのためサイカーは一生の仕事ではなく、日銭が入るため新しい仕事が見つかるまでの繋ぎの仕事と考えている人がほとんどとされています。
19) 托鉢について、日本ミャンマー交流協会は「僧侶はダヴェイという托鉢用の鉢をそのまま片手に乗せているか、肩掛けにつるして手で支えており、家の前で待ち構えている信者の前で立ち止まると、鉢の中にごはんやオカズ、おやつのようなものなどが入れられるが、僧侶はお礼は言わない。信者は僧侶に出すことで功徳を積み、僧侶はそれに協力しているという関係なのかも知れないが、僧侶は他人がくれるものを食することで好き嫌いを選択することができない。煩悩を避ける修行のひとつなのかも知れない」としています。

る」と規定しています。そのため、僧侶の地位は高く、バスやタクシーは無料、乗車も優先され、一部の僧侶については鉄道や飛行機も無料（政府が支援）と言われています。また、病院での診察も優先されています。袈裟を着て、誓いの言葉を口にした後は子供といえども僧侶になり、僧侶は人間より一段上の存在とされ、これは子供の僧侶であっても同じで、出家後は尊敬しなければならないとされています[20]。

　乗車に際して、僧侶を無料とする乗り物には市内バスのほかに、軽トラックを使った軽トラバスと、小型や大型トラックを使ったトラックバスがあります。ミャンマーでは、スズキ自動車とミャンマー第2工業省の合弁会社の現地工場で軽トラックが生産されています。軽トラバスは、軽トラックの荷台に屋根を付け、荷台の両サイドに簡易なベンチ状の座席を備えたもので、窓や側板はなく、そのため雨天の場合には屋根に取り付けられたビニールシートを降ろし、雨の吹き込みを防ぐ工夫がされています。

　ただし、ミャンマーでは交通事故が多く、在ミャンマー日本国大使館によれば、道路整備状況、交通マナー、自動車整備状況などは日本とは比較にならないほど劣悪で、交通事故は頻発し、死傷者も多数出ているとしています。その原因は、速度超過、無理な追い越し、急な車線の変更、信号無視などの無謀運転によるもので、バスやタクシーなどでは定員オーバー、速度超過、整備不良を原因とする事故が多発していると、注意を呼びかけています[21]。

（3）トラックバスと恐妻社会

　トラックバスは、トラックの荷台に屋根を付け、簡易なベンチ状の座席を備えたトラックをバスとして運行しているものです。朝夕のラッシュ時には満席

---

20) 袈裟の色は、仏教の発祥の地インドに近いところの赤に始まり、東へ向かってミャンマーで赤茶、タイで黄、韓国では灰色になって日本で黒になったと言われています。
21) 交通状況からは、礼儀作法がしっかりしていて、争いを嫌い、自己主張も控え目という国民性は嘘のように思えますが、仏教に根ざした伝統的な文化や国民性も変わりつつあると言われています。たとえば、2000年代に入ってロンジー（巻きスカート）を嫌い、ジーンズを好む若者が急速に増えたとされています。

のため、車両後部の乗降ステップに立って車体にしがみついて乗っている乗客もいれば、地方では屋根の上に荷物と一緒に乗っている乗客もいます。屋根の上に多くの人を乗せればトラックバスの重心が高くなり、高速で走行すれば横転の危険性が高くなりますが、乗客は屋根の上で平気で雑談したり、食事をしたりしています。しかし、小型のトラックバスによる事故が多く、市内バスの数が増えてきていることから、ヤンゴンでは 2010 年に市内の 6 地区で小型トラックバスの運行が禁止されましたが、他の地区ではこれまで通り小型トラックバスの運行は認められています。

　他方、大型のトラックバスはボンネット型の古い年式のトラックを使ったもので、大型トラックの荷台は地面から高いため車両後部には鉄製の梯子があります。トラックバスには、集金係の車掌が乗務し、市内バスの車掌と同じように、バス停にトラックバスが停車すれば大声で行き先を告げ、乗客を集めています。

　なお、トラックバスでは乗客が多い場合には、女性と子供に座席を譲り、男性は乗降ステップに立って車体にしがみつくか、屋根の上に上がるのが暗黙のルールとされています。それは、女性の社会進出が非常に進み[22]、家庭ではすべての家事をこなし、女性が実権を握っているからと言われています。男性は、女性に逆らうことができない恐妻家で、ミャンマーは恐妻社会と言われています。また、女性はハングリー精神が旺盛で、よく働き、物事に真面目に一生懸命取り組み、男性を重んじる文化があるため、男性に対して従順でよく尽くす

---

[22] 2005 年現在で教育省の職員の 52％、基礎教育分野の教師の 79％（高校教師は 81％）、大学の教員の 83％が女性とされています。女性の社会進出率が高いのは、ビルマ族を中心に女性の社会的地位と社会進出が比較的守られ、父系制でも母系制でもない双系制社会で男女の均等相続が慣習法で守られ、近代以降教育や就業の機会も女性にかなり与えられていたからと言われています。

　しかし、仏教上では女性は男性より下に置かれ、女性だけ入れない場所もあれば、正式の僧侶になることもできません。僧侶（男僧）はバスに乗っても運賃を支払う必要がありませんが、尼僧は払わなければなりません。つまり、上座部仏教では男性のみが出家して徳を積めること、女性を「不浄」な存在としていることから、男性優位の思想が根付いていると言われています。

と言われています。それは、一旦夫婦になれば「一生添い遂げるもの」との根強い考えがあり、出戻りの場合には近所から非難され、「理由の如何を問わず離婚は女の恥」と考えられているからで、それが離婚率の低さを支えていると言われています[23]。

　息子が生まれたら「一度は僧侶に」と莫大なお金をかけて得度式を行い、どんなに貧しくても、お金がなくても布施をし、年老いていても若い僧侶に席を譲ります。このような純粋な信仰心は男性よりも女性の方が強く、僧院などで奉仕活動を熱心に行うのも女性で、ミャンマーの仏教文化は女性によって守られています。

---

23) 若い女性は、「結婚後も働き続けたい」と考えているのに対し、男性は「結婚するなら家庭に入ってほしい」と思っていると言われています。女性の社会進出が進むにつれ、女性の晩婚化、未婚率が上昇し、2000年の35～39歳の女性の未婚率は18.6％で、タイの11.6％、フィリピンの9.5％を大きく上回っているとされています。また、世界銀行によると、特殊合計出生率は1970年の6.08から2011年には1.98に低下し、少子化が始まっているとされています。結婚後に女性が働き続けることに対する男女の価値観の違いが、女性の晩婚化、未婚率の上昇を招いているのかもしれないと言われています。

第3章　タイのトゥクトゥクと微笑み文化

3-1　サムローとトゥクトゥク

(1) サムローと微笑みの国

　サムローとは、サムが数字の3、ローが車輪を表し、小型三輪の乗り物がサムローと呼ばれています。タイの名物で、タイを象徴する乗り物とされるトゥクトゥクもサムローで、サムローにはいろいろな種類があり、時代とともに変化してきています。

　サムローを発展史的にみれば、最初のサムローが自転車型サムロー、次がバイク型サムロー、そして現在の自動車型サムローへと発展・進歩しています。しかし、新しいタイプのサムローが古いタイプのサムローにすべて取って代わったわけではなく、地方ではこれら3つのタイプのサムローが共存しています。

　タイでは、1933年に自転車の横に客席を取りつけたサイドカー型のサムローが発明され、それには幌(屋根)はなく、乗客は雨が降れば自分で傘をさしていたと言われています。その後、客席が自転車の後方に移り、幌(屋根)も付けられ、現在使われている形になったとされています。しかし、首都バンコクでは1959年に自転車型サムロー・タクシーが禁止されたため、今では見かけることはありませんが、地方では現役で活躍しています。

　自転車型サムローに続いて登場したのがバイク型サムローで、バイク型サムローには、客席がバイク(本車)の横、前、後にあるタイプがあります[1]。この3つのタイプの中で最も一般的な形は、客席が後にあるタイプです。また、バイク型サムローには客席が荷台になっているものもあり、飲み物などの移動販売や貨物輸送手段として使われています。

---

1) 客席がバイクの横にあるサムローは、西欧型サイドカー(側車付自動二輪車)と同じですが、客席が簡易な人力車風の作りである点が異なっています。

バイク型サムローの特徴は、自転車型サムローと同じように、開放型の客席にあり、開放型とは車両の上半分が外気に開放され、乗客が外気に直接触れることができるものとされています。客席が開放型になっているのは、タイの気候にもよりますが、むしろ開放型にこそ楽しく面白く、自由に生きるというタイの人々の笑顔に象徴される国民性が表れていると言われ、その国民性からタイは微笑みの国と呼ばれています[2]。

（2）自動車型サムローと感謝の心

バイク型サムローに続いて登場したのが自動車型サムローで、現在一般に「トゥクトゥク」と呼ばれている車両です。初期の自動車型サムローは、形状的には、日本のダイハツミゼットDK型の面影のある車両で[3]、それは日本の郵政省（当時）が郵便収集用に使用していたダイハツミゼットを政府開発援助（ODA）としてタイに輸出したからとされています。

そこには、異なる民族や文化に対し無類の寛容さと歓迎する心を持ち合わせ、感謝の気持ちをもって大切に継承して発展させようとする人々の国民性が表れていると言われています。このような人々の国民性や文化が表すものとして、トゥクトゥク文化という言葉が使われています。

なお、タイでは感謝の心は道徳の中心的な概念のひとつとされ、感謝は慈悲などとともに社会的価値とされています。また、タイの人々の4つの徳目（道徳の基本とされるもの）のひとつに喜の心（ムティター）があり、それは共に喜ぶ心とされ、他人の幸せを喜んだり、他人の痛み苦しみがなくなったりしたこ

---

[2] また、タイは「マイペンライの国」と言われ、タイ語のマイペンライは「気にしない」「大丈夫」「どういたしまして」「かまいません」「問題ない」「なんとかなる」などを表す言葉とされています。たとえば、「気にしないで」と相手に言う場合と、「気にしないさ」と自分のことを言う場合にも使われています。マイペンライは、タイの人々の性格を表す言葉とされ、難しいことや細かいこと考えずに「気楽にいこう」という雰囲気がにじみ出ている言葉と言われています。

[3] ダイハツミゼットDK型は日本では1957年に発売され、1972年の生産中止までに31万7000台が生産され、うち2万台が輸出されるなど、当時のベストセラーカーのひとつにあげられています。

44 　3-1　サムローとトゥクトゥク

とに対して「本当に良かった」と素直に喜べる気持ちと言われています。
　自動車型サムローの修理や改造などを通じて技術蓄積が行われ、また自動車産業の発展もあり、現在では新型のオリジナルな自動車型サムローが生産され、アフリカや中近東、南アジアに輸出され、その機動性と省エネ性から欧州でも注目されていると言われています[4]。
　なお、タイでは1960年代に自動車産業育成基本方針が策定され、それを忠実に守ってきたタイの自動車産業では単に輸入部品を組み立てるだけでなく、組立メーカーを支える部品産業や裾野産業の集積が進むとともに、技術力も向上しています。そのため、日系自動車メーカーのタイ工場で生産された新型セダンなどが日本国内でも販売され、タイは「アジアのデトロイト」としての地位を築きつつあると言われています。このようなタイの自動車産業の発展は、教育水準が高く、勤勉で労働意欲が高いタイの人々によって支えられていると言われています。

（3）トゥクトゥクと貧富の差
　現在、比較的多く使われている自動車型サムローは、ミゼットMP4型やMP5型の面影を残すものです。ミゼットDK型の面影を残す初期の自動車型サムローと比較すれば、ハンドルがバー（棒）ハンドルから丸ハンドルに変わり、運転席がキャビン型になっています。しかし、客席は初期の自動車型サムローと同じように開放型で、この開放型の客席にタイの乗り物の特徴があるとされています。なお、初期の自動車型サムローの生産が終わったわけではなく、現在も生産され、諸外国に輸出されています。
　座席は、初期の自動車型サムローでは前向きの椅子型で、2人用ですが、現在の自動車型サムローでは対面式2列ベンチ型で8人乗りとされています。乗

---

[4]　トゥクトゥクは、バー（棒）ハンドルのため、バイク型サムローと思われることがありますが、差動装置や後退ギヤ、動力伝達用のシャフトドライブが装備され、バイクとはまったく異なる機構を持つ三輪の自動車です。なお、トゥクトゥクという呼び名は、「トゥクトゥク」という軽快なエンジン音に由来すると言われ、この呼び名にもタイの人々の開放的な国民性が表れていると言われています。

車定員の増加は、経済発展に伴う輸送需要の増大を背景にしたものと言われ、車両を長胴化して客席を増やしたタイプもあります[5]。

しかし、2002年に道路交通渋滞を緩和するために、首都バンコクでは自動車型サムロー・タクシーの新規営業免許が付与されなくなり、かつては約7400台あった自動車型サムロー・タクシーも現在では500台程度まで減ってしまったと言われています。

バンコクでの自動車型サムロー・タクシーの減少は、新規営業免許の不付与によるものとされていますが、他方で経済発展に伴う中流層の台頭と普通のタクシーの増加も関係していると言われています。しかし、地方では自動車型サムロー・タクシーは人々の貴重な足として活躍し、このことは都市と地方の間にみられる貧富の差、つまり所得格差を表していると言われています[6]。

なお、所得格差について、たとえば2008年の国連開発プログラム「タイの所得5階層分布」は、人口の上位2割が国民総所得の55.1%を取得し、低位6割は24.7%を取得しているにすぎず、他の東南アジアの国々よりも貧富の差が大きく中南米並みとしていました。このような状況は20年以上変化がなく、そのひとつの要因に相続税や贈与税が存在しなかったことがあげられ、そのため貧富の差が拡大したと言われています[7]。

---

5) 乗車定員の違いから、前向き椅子型の初期の自動車型サムローが貸切仕様型、対面式2列ベンチ型の現在の自動車型サムローと長胴型が乗合仕様型と呼ばれることもあると言われています。
6) 地方とりわけ農村と都市のあいだの所得格差は、反政府デモに象徴される政情不安定に関係していると言われています。民主市民連合と反独裁民主戦線の対立は、表面的には反タクシン派(民主市民連合)と親タクシン派(反独裁民主戦線)という構図になっていますが、実質は都市住民の中流および上流階層(民主市民連合)と、地方の農村部の貧困層(反独裁民主戦線)の貧富の差をめぐる対立で、それは都市部の南部と農村部の北部というタイの南北問題と言われています。
7) 2016年2月1日より相続税が導入され、1億バーツ超の相続税課税対象資産を相続した相続人は10%、相続人が直系尊属または直系卑属の場合には5%の相続税が課税されます。また、歳入法が改正され、贈与税も2016年2月1日より導入されました。たとえば、暦年中に嫡子(養子を除く)が親から贈与または不動産の所有権もしくは占有権の無償譲受を得た場合、その2000万バーツ超の部分に5%の贈与税が課税されます。

3-2　バスと寛容の心

（1）モーターサイと捨の心

　モーターサイとは、タイ語でバイクを意味し、バイクタクシーを表す言葉として使われ、モーターサイは庶民にとって手軽な足になっていると言われています。モーターサイが活躍する理由のひとつに、都市の道路構造があげられています。都市部の道路網は一般に、幹線道路としての大通り（タノン）と、そこから枝別れする奥の深い細長い小路（ソイ）からなり、それは魚の骨のような形になっています[8]。モーターサイは、大通りから枝分かれするソイの入口に待機し、ソイの中に入っていく人の輸送や、都市郊外のバス停から近隣の町や村へ行く人の輸送を担っています。

　モーターサイのライダーは、番号のついたオレンジやピンク、ブルーのベスト（ユニホーム）を着用しています。ベストの色はライダーが所属するグループを表し、それぞれのグループごとに営業エリアが決められ、他のエリア内では客を乗せないと言われています。営業エリアが決められているのは、あらゆる欲を捨てて心を中庸に保つことを大切とするタイの仏教文化によって、他人と競争することを嫌うタイの人々の国民性や、自主的なルールを遵守する教育水準の高さを表していると言われています。

　なお、タイの人々の4つの徳目のひとつに捨の心（ウベッカー）があり、捨の心とは自分勝手な判断を捨てて、あるがままの姿を観ることや、生きとし生けるものを平等な存在として観る心とされています。また、上座部仏教の三福業とされる①布施をすること、②道徳や戒律を守ること、③瞑想によって心を向上させることのうち、布施をすることとは執着を取り除き、物惜しみの心や思い上がりの心を捨てることとされています。

　他方、バンコクのタクシーには、乗る前に運賃を交渉する運賃交渉制タクシーと、距離メータ制タクシーがあります。運賃交渉制タクシーの屋根の表示

---

[8]　バンコクを東西に走るスクンビット通りから北に延びるソイにはソイ3、ソイ5のように奇数の番号がつけられ、南に延びるソイには偶数の番号がつけられています。

灯には「TAXI」、距離メータ制タクシーには「TAXI-METER」と表示されています。タクシーには個人タクシーと会社(法人)タクシーがあり、個人タクシーの車体色は黄色と緑色のツートンカラーで、会社タクシーは青色やオレンジ色、黄色など一色です。

距離メータ制タクシーでは乗車する際に、行き先を告げて乗車の可否を尋ねます。それは、タクシーが乗車拒否をし、それが習慣化しているからとされています。タクシーの乗車拒否に罰金制度が導入されましたが、改善の兆しは乏しく、それは乗車拒否がタクシー制度の問題や運転手の仏教に根づく個人中心主義、農村からの出稼ぎ運転手の地理不案内、争いを象徴するかのような渋滞を嫌う国民性に関係していると言われています。

(2)ソンテオと運賃交渉制

ソンテオとは一般に、ピックアップトラック(ボンネット型の平ボディトラック)の荷台を改造し、屋根とベンチ風の座席を備えた開放型の「トラック改造バス」あるいは「トラックバス」とされています。ソンテオと呼ばれているのは、ソンが数字の2、テオが列の意味で、荷台部分に互いに向き合う2列の座席があるからです。ソンテオにはマイクロバス程度の大きさの中型ソンテオもあり、座席が中央部分にもある3列座席車はサムテオと呼ばれています。なお、ソンテオのすべてがピックアップトラック型(ボンネット型)というわけでなく、中型ソンテオでは一般に、非ボンネット型の平ボディ車が使われています。

ソンテオは、バンコクを除くほとんどの都市とその周辺の農村地帯、バスが運行されていない郊外の住宅地で運行され、バスに代わる(あるいはバスを補完する)安価な乗り物で、人々の最も日常的な交通手段になっていると言われています[9]。停留所はありますが、どこででも自由に乗降できる自由乗降制が

---

9) ソンテオは一般に、路線バスのように決められたルートを走行しますが、タクシーのように客の指示する目的地に向かうものもあり、それはチェンマイなどの地方都市ではタクシーに代わるものとされているからです。タクシーの代替としてのソンテオは、貸切で運

採用され、また乗車定員がなく、朝夕のラッシュ時には車両後部の乗降ステップに立って乗っている人もいます[10]。運賃は、だいたい決まっていますが、基本は交渉制です。

運賃は、決められている方が合理的とされていますが、運賃交渉制にこそ仏教に根ざしたタイの乗り物文化があると言われています。というのは、タイでは僧侶やお年寄りを大切にすることから、運賃交渉制ならば運転手は自分の判断で僧侶やお年寄りを安い運賃で乗車させることができ、そのことが運転手にとっては徳を積むことになるからです。つまり、人々の4つの徳目のひとつに親切（メーター）があり、「他人に親切にする」「他人を労る」という国民性が運賃交渉制にみられると言われています。

その一方で、ソンテオやバスの運転手には無免許運転が多く、検問などで警察にみつかったとしても「袖の下」（賄賂）を渡せば見逃してくれると言われています。役人の汚職は日常茶飯事で、2011年9月にインラック首相（当時）も参加した汚職一掃を訴えるイベントとして、バンコク中心部で1万人行進が行われました。

（3）バスと所得格差

バスが運行されているのはバンコクなど一部の都市だけで、バンコクではバンコク大量輸送公社と民間のバス会社によって早朝5時～夜11時まで運行されていますが、24時間運行している終夜運行路線もあります[11]。運行頻度は10～20分に1本、深夜は1時間に1本程度ですが、時刻表はありません。時刻表がないのはタイに限ったことではなく、開発途上国には時刻表がなく、そ

　行されることもあれば、移動方向が同じならば途中で客を相乗りさせることもあり、そのため「乗合タクシー」あるいは「相乗りタクシー」とも呼ばれています。
10) 地方のソンテオの中には、屋根の上に人が載っていることがありますが、街中では電線に接触したり、看板にぶつかったりする恐れがあるため屋根から降りると言われています。また、屋根の上に荷物を載せているソンテオもあります。
11) また、ラッシュ時のみ運行される急行バスもあり、これは特定のバス停にのみ停車し、高速道路を走行（通行）するバスもあります。

れは時間厳守の意識が低いからと言われています。

　日本のバスの車体色(塗装)の違いはバス会社の違いを表していますが、バンコクでは車体の色分けは運賃によって行われています[12]。同じ路線でもバスの色によって運賃が異なり、ここにバンコクのバスの特徴があります。バスの種類は、まず、エアコンの有無によって分けられ、エアコンの付いたバスが「エアコンバス」、付いていないバスが「普通バス」と呼ばれています。普通バスには赤地に白色の帯のある「赤バス」と、白地に青色の帯のある「白バス」があり、赤バスでは自由乗降制が採用されているため、交差点でも停車中にブザーを鳴らすとドアを開けてくれると言われています。

　他方、観光バスには大型2階建てバスやハイデッカー車などエアコンが装備された比較的新しい車両が使われています。バンコクなど一部の都市を除けば、トラックを改造したソンテオがバスとして運行され、ここに大きな違いがありますが、人々はそのようなことを気にせず、それは仏教の「妬まない」という教えによるもので、人々の無類の寛容さもこの教えに由来していると言われています。

　なお、人々にとっての三福業には道徳や戒律を守ることがありますが、人々の寛容さは汚職を蔓延させ、2011年にアサンプション大学世論調査センターが行った調査によれば、国民の64.5％が個人中心主義者らしく「政府による汚職が自分の利益となるならば受容する」と考えているとされていました。また、タイの上座部仏教では「足るを知ること」が大切とされ、そのため人々には背伸びをして出世競争をし、世の中で偉くなろうという指向性のある人が少なく、このような考え方が所得格差を生み出すひとつの要因になっていると指摘されています。

---

12) タイには色に関連した珍しい文化があります。それは曜日で色が決められていて、日曜日から言えば、赤、黄、桃、緑、橙、青、紫です。タイの人々は自分が何曜日生まれなのかを知っていて、日本でいう星座占いや血液型占いのように、曜日ごとに性格や運勢を占ったりしています。国民にカレンダーが普及していなかった頃には、宮廷に出仕する女性の服の色を見て、人々はその日が何曜日かを判断していたと言われています。

3-3　運河交通と仏教文化

(1)運河交通とタンブン

　バンコクは、チャオプラヤー川下流の豊かなデルタ地帯に位置し、かつては「東洋のベニス」と呼ばれるほど運河と運河交通が発達し、馬車の通れる道路が初めてできたのは1862年と言われています。チャオプラヤー川がバンコクを南北に縦断し、人々はチャオプラヤー川のおかげで豊かな暮らしを送り、国家の近代化の門戸もこの川を起点として開かれたと言われています。

　チャオプラヤー川では高速水上バス(チャオプラヤー・エクスプレスボート)が運航され、普通船と急行船があり、急行船の中には道路渋滞の激しい朝夕のラッシュ時にのみ通勤・通学船として運航されているものがあります[13]。道路が渋滞するのは、歩くことの嫌いなバンコクの人々が自家用車やタクシーを使用し、また学校への子供の送迎に親が自家用車を使い、子供が高校生や大学生になっても送迎するからと言われています。親が子供の送迎をするのは、タイには子供を大切にする文化があり、電車では子供の着席が優先されています[14]。

　高速水上バスの乗降口近くには僧侶専用席や立ちスペースがあり、そこには王室を始め国民の約95%が仏教徒であるタイの仏教文化がみられ、学校教育では仏教を教え、仏教は道徳規範の源泉とされています。なお、仏教徒のほと

---

13) また、チャオプラヤー川ではチャオプラヤー・ツーリストボートと呼ばれる遊覧船(観光船)が高架鉄道スカイトレイン(BTS)社によって運航され、船上から見える観光名所の説明が英語で行われています。ツーリストボートは、高速水上バスと同型の船が使用され、船体上部に「ツーリストボート」と書かれた看板が掲げられ、運航ルートはサートーン〜プラ・アティットまでで、途中の主要な船着き場7か所に停船し、高速水上バスが停まらない王宮のすぐ裏のマハラジャ桟橋に停まることも売り物になっています。

14) なお、仏教でいう愛の概念とは慈・悲・喜・捨とされ、タイの人々の4つの徳目のひとつになっている慈の心(ガルナー)とはすべての生命あるものに対して親愛の心を持ち、相手の気持ちや立場になって考えることとされています。一方、悲の心とは憐れむ心を言い、それは痛みに苦しんでいる人がいたら、その痛みを取り去ってあげたいと思う気持ちで、仏教では情け深いこととされ、また仏教の慈悲という概念は「慈しみ」と「憐れみ」を区別せずに両方を含んだ意味として使われていると言われています。

んどが上座部仏教徒で、その仏教観念にタンブンがあります。タンブンとは、ブン(徳)を積む行為とされ、広義には人や動物を助けする行為、狭義には寺院や僧侶への布施(感謝の気持ちで施し供えること)とされています。

仏教では「善いことをすれば善い結果としての報い(善果・楽)があり、悪いことをすれば悪い結果として報い(悪果・苦)がある」と教え、善い行いをした者だけが楽の多い世界へ生まれ変わることができるとされているため、人々は善果を求めてブンを積むとされています。また、上座部仏教徒の男子は一生に一度は出家するものとされ、それは出家して悟りを開いた者だけが救われるとされているからと言われています。タイの仏教的な考えは、ブンを積んだ者や悟りを開いた者というように個人主義的で、そのためブンは他人に転送可能と考えられ、たとえば布施をする際に親や恋人の名前を書くことで、自分のブンを他人に転送できると信じられています[15]。

他方、チャオプラヤー川には橋も架かっていますが、その数は少なく、橋を渡れば遠回りになったり、自動車を利用すれば渋滞に巻き込まれたりするため、多くの渡し船が運航されています。渡し船は運賃交渉制で、高速水上バスと同じように僧侶専用席があります。船長は、僧侶を安い運賃で乗船させることによってブンを積むことができ、それは布施するもののひとつに運賃を含む移動への援助があるからです[16]。

---

15) 在東京タイ王国大使館は、「タイの仏教は自力仏教とも言えます。現世で起こる現象は、自分自身の過去の行い(善業・悪業)による報いであり、今の行いは未来・来世に影響をもたらすと考え、苦しみや悩みから解き放たれるために、自分自身が修行、心を浄化し悪業を清算すると考えます。修行は布施、瞑想、道徳や戒律を守るといったさまざまな方法があります。最高は、男性の出家です。出家とは生涯において僧侶になるという意味ではありません。短・中期間でも良いし、もしくは長期・永遠でもよいのです。都合の良いとき、得度式を受け、寺で仏門を真剣に学ぶため、出家は何度でも出来ます。ほとんど宗派のないタイでは、どの寺でも出家できます。タイの男子学生は夏休みを、社会人の男性は有給休暇を利用して、僧や見習い僧になったりすることは珍しくありません。女性は僧侶になれませんが、修行する場はいたるところにあります」としています。
16) 布施するものは、①食物、②水などの飲み物、③衣服の布、④運賃を含む移動への援助、⑤花輪や花、⑥線香や蝋燭、⑦石鹸などの身体を清潔にする衛生用品、⑧修行者に必要な寝具、⑨いすやベッドのような僧坊または住まいにあるもの、⑩ろうそく、ランプ、電灯

(2) 乗合船と労働観

かつて運河では多くの運河船が運航されていましたが、バンコク側(チョプラヤー川東岸)では都市化と自動車交通の発達によって運河は次々に埋め立てられて道路になり、運河船は廃止されました。現在では、運河の一部が残っている程度で、数多くの行き止まりのソイ(小路)がかつて縦横無尽に流れていた運の名残と言われています。しかし、道路交通渋滞を緩和するために運河船が復活されました[17]。

トンブリー側(チョプラヤー川西岸)では、運河船は廃止されることなく運航が続けられ、高速水上バスと同じように多くの通勤者などによって利用されていますが、雨期に増水して運河の水位が上昇すると運休することがしばしばあると言われています。

他方、乗合船とは、トンブリー側の細い運河の奥深く入って行く船をいい、一般にロングテイル・ボートと呼ばれています。乗合船には舵がなく、エンジンに直結したスクリュー軸が「長い尻尾」のように船尾から水中に伸び、これを左右に動かして舵を切ります。乗合船は、爆音とともにかなりの高速で運航されていますが、乗客で座席が埋まるまで出航しない運河船もあります。

このような運航形態は利用者には不便ですが、主要な交通手段がバスのみのトンブリー側では多くの通勤客や買物客などによって利用され、それはタイの人々が歩くことを嫌い、無類の寛容さを持っているからと言われています。また、身分はブン(徳)によるものと考えられ、タンブンによる結果としての人格的報い(善果・楽)が経済成長とともに経済的報いに変化し、経済的報いを求める労働観が乗客で座席が埋まるまで出航しないという運航形態を生み出したと

などの明かり、の10種類とされています。
17) 復活されたセーンセーブ運河線はペップリ通りとほぼ平行に走り、ペップリ通りやスクンビット通りが渋滞している時には運河船を利用すればバスやタクシーよりも早く目的地に着けると言われています。

なお、運河を流れる水は生活排水や工場排水などで汚染され、悪臭がすることがあり、また運河船が高速で行き違う時には窓がないため水飛沫がかかり、衣服が汚れることがあり、そのため運河船には水飛沫を遮るビニールシートがあります。政府は運河の水質の改善に努めていますが、改善には時間がかかりそうだと言われています。

言われています。同じように、身分＝徳（人格的報い）が身分＝収入（経済的報い）に変化し、この変化が公務員の汚職の根源にあると言われています。

　一方、乗合船の運航形態には、1932年のタイ民主革命によって廃止されたサクディナー制の名残としての労働観が表れていると言われています。サクディナー制とは、封建制に似た差別的な身分制度の下で、都市に居住する支配者が農村の自由民（プライ）と奴隷（タート）を支配し、身分によって収入（所得）が決まる制度とされています。仏教文化の下で、自由民や奴隷は支配者に温情つまり徳目のひとつの慈の心を求め、同時に自由民や奴隷が憧れる支配者とは仕事をしても机上のみで、不労所得で潤うというものとされています。そのため、不労所得で潤わなくても「ただ働き」をしないという労働観によって、乗合船は乗客で座席が埋まるまで出航しないと言われています。

(3) 水上マーケットと托鉢の商業化

　バンコクには、ワットサイ水上マーケット、タリンチャン水上マーケット、ダムヌン・サドゥアク水上マーケットがあります。都市化と自動車交通の発達によって、運河が次々に埋め立てられて道路になるという状況の中で、政府は自国文化の保護と観光客誘致のために、1967年にダムヌン・サドゥアク運河に新たに水上マーケットを開発しました。それが、ダムヌン・サドゥアク水上マーケットで、現在ではタイを代表する観光地のひとつに数えられています。マーケット内の運河では、観光用の櫂舟が運行され、それに乗船しなければ、アクセスできない店や行商舟もあります。

　運河が主要な交通路であった頃には民家は運河沿いに建てられ、その運河を使って行商舟が各戸を回って物品を販売していました。行商舟が集まり、行商舟同士が売り買いを行っていた場所に、人々が小舟で買物に行くようになり、水上マーケットが誕生したとされています。水上マーケットは、成立形態的には、陸上での市（いち）と同じで、この水上マーケットにタイの歴史と伝統的な生活文化があり、それを保護すると同時に、外国人に紹介する文化外交手段としてダムヌン・サドゥアク水上マーケットが開発されました。

ダムヌン・サドゥアク水上マーケットでは、海外からの観光客も行商舟から品物を購入し、その伝統的な文化を体験できます。ダムヌン・サドゥアク水上マーケットは、外国人に紹介する文化外交手段として開発されたため、観光地化や水上マーケット文化の商業化は必然的な結果と言われています。しかし、他方で仏教文化の商業化も進み、それは観光客の托鉢体験にみられると言われています。

　托鉢とは、仏教を含む古代インド宗教の出家者の修行形態のひとつで、信者の家々を巡り、生活に必要な最低限の食料などを乞い、信者に徳を積ませる修行とされ、それは上座部仏教では物品の所有が禁止されているからです。托鉢は一般に、朝の6時頃から寺院の周辺で1時間ほど行われ、寺院によっては多いときには100名の僧侶が隊列を組んで早足で托鉢に回ります[18]。

　托鉢とタンブンは、人々にとっては仏教文化に根ざした日常生活で、観光客も托鉢とタンブンを見たり体験したりすることによって仏教文化に接することができると言われています。しかし、観光バスで大挙してやって来る観光客を対象にした托鉢体験スペースが予め準備され、僧侶に差し上げる小袋に入った食べ物など供物を販売する人々が観光客を待ちかまえています。そのため、タイの一部の人々によって托鉢とタンブンという仏教文化が商業化されていると言われています。

　なお、ツアーでの托鉢体験ではガイドが女性観光客に僧侶に触れないように注意し、写真を撮影する場合の注意事項も説明しています。しかし、個人の観光客の中には、見せ物でも見るように僧侶や托鉢の写真を撮影している人がいます。僧侶に触れないように女性観光客に注意されているのは、タイの仏教では性交、盗み、殺人、虚言が許されない大罪とされているからです。そのため、

---

18) 僧侶が近くに来たら合掌して「ニモン・クラップ」（おいで下さいの意味）と呼び止め、僧侶が立ち止まり鉢の蓋を開けたら、履物を脱いで用意した小袋に入れられた食べ物などを鉢の中に差し上げ、終われば合掌して屈みます。すると、僧侶は「幸福が訪れますように」との経文を唱え、その間は合掌して屈んでいます。経文を唱え終わると僧侶は立ち去り、これで托鉢のタンブンは終わります。

僧侶は托鉢で供物を受ける場合に女性の手に触れないようにしています[19]。

---

19) 一方で、伝統的に僧侶は金銭に触れるのを禁じられていますが、現代社会でそれはまず不可能で、携帯電話の所有は普通のことと言われています。しかし、僧侶は基本的に禁欲に徹すべきとされていますが、薬物を摂取したり、買春をしたりする僧侶、高級外車に乗る僧侶、プライベート・ジェットに乗る僧侶の問題がたびたび新聞を賑わせています。また、僧侶の一般的なイメージは「質素」「節制」「無欲」などですが、現実には肥満問題を抱える僧侶が約30万人いると言われています。その原因は、信者からの施しにあるとされ、僧侶は供物を拒否することを許されないからとされています。

第4章　カンボジアの地政的孤立と仲間意識

4-1　バイクと小乗仏教

(1)バイクと事故と渋滞

　カンボジアの道路交通の特徴を表すキーワードとして、バイク、事故、渋滞の3つがあげられています。バイクの数は自動車より圧倒的に多く、道路を走っているのはほとんどがバイクで、自動車は少なく、自転車はまず見かけず、歩いている人も見当たらないと言われています。バイクは、運転手自身と家族の移動手段であると同時に、荷物や貨物の運搬手段であり、マイ・バイクで通勤する人、仕事に使う人も多く、また「モトドップ」と呼ばれているバイクタクシーが多くの人によって利用されています。移動手段は一般に、徒歩から自転車、バイク、自動車へと変化してきましたが、カンボジアでは自転車をスキップして徒歩からバイクに変化したようだと言われています[1]。

　自動車よりもバイクが圧倒的に多いカンボジアでは、バイクの交通事故が多く、主な事故原因は速度超過と酒酔い運転とされ、速度超過はバイクの死亡事故原因の約半数を占めているとされています[2]。酒酔い運転については、その危険性に対する認識が低く、結婚式や飲み会などで飲酒した後、自分で運転して帰るのが一般的で、道路交通法は酒酔い運転を禁止していますが、特に検問があるわけでもなく、酒酔い運転で捕まることは稀と言われています。

　また、2007年9月に新道路交通法が施行されるまではバイクの運転に免許

---

1) カンボジアがフランスの統治下にあった時代から人々の足として活躍してきた三輪自転車タクシー「シクロ」は、前二輪後一輪型で、座席には3～4人が乗車でき、運賃は交渉制で、バイクタクシーより若干高いと言われています。バイクタクシーやルーモーが増え、シクロは減少しているとされています。
2) 2015年1月の道路交通法の改正によって、最高速度制限は市街地ではバイク及び三輪車は30km/h、四輪車は40km/h、市街地以外ではすべての車両が90km/hとされ、罰金は速度違反の程度によってバイクが3000～6000リエル、乗用車が5000～12000リエルとされました。

第 4 章　カンボジアの地政的孤立と仲間意識　57

は不要でしたが[3]、免許制が導入された後もバイクの運転手の約 9 割が無免許運転とされ、交通法規も運転マナーも知らないままバイクに乗っていると言われています。そのため、2015 年 1 月の道路交通法の改正によって、無免許運転と酒酔い運転の罰則が強化されました[4]。

　他方、渋滞の原因として、交通安全施設(信号機や道路標識など)の整備が遅れていること、交通関連法規の整備が不十分なこと、法規が適切に執行されていないこと(贈収賄の横行)などがあげられています[5]。また、首都プノンペンでは何年間も舗装や洪水対策のための道路工事が続き、工事中は車道の幅が狭くなり、露店が路上で営業するため渋滞が起きやすく、駐車場が整備されていないため路上駐車が当たり前とされることも、渋滞に関係していると指摘されています。

　このような問題は、カンボジア独特のものではなく、開発途上国とりわけ後発開発途上国では一般にみられます[6]。

---

3)　2007 年 9 月に施行された新道路交通法は、49cc 以上のバイクの運転免許制の導入とともに、運転手のヘルメット着用、バイクへのサイドミラーの取りつけが義務化されましたが、ほとんど守られていなかったため、2009 年 1 月から本格的な取り締まりが行われるようになりました。
4)　酒酔い運転(呼気 1 リットル中アルコール濃度が 0.40mg 以上又は血液 1 リットルのアルコール濃度が 0.80g 以上)は、改正前には 6 日間 ～6 か月間の拘留又は 2.5 万 ～100 万リエルの罰金でしたが、1 か月間 ～6 か月間の拘留又は 80 万 ～400 万リエルの罰金に改正されました。自動車の無免許運転は、改正前には 2.5 万 ～20 万リエルの罰金でしたが、6 日間 ～1 か月間の拘留又は 10 万 ～80 万リエルの罰金に改正されました。
5)　カンボジアでは政治と商業の癒着が激しく、賄賂とその他手数料の支払いなしに起業することが困難で、世界銀行によれば、縫製業界が公務員に非公式に支払う経費(賄賂)は販売価格の 6%とされ、これは中国やバングラデシュなどと比較して圧倒的に高く、このような非公式な支払いが起業家の志気を下げ、経済発展を妨げていると言われています。
6)　在カンボジア日本国大使館は、「カンボジアでは、道路交通、車両運送及び運転免許の関係法令が整備されていますが、運転者側の遵守意識は極めて低いため、交通事故が多発しており、交通事故発生件数が ASEAN 諸国内で最も多いと言われています。年々、車やバイクの台数が増加の一途を辿っており、交通事故の発生に歯止めがかからない状態が続いています。特に、バイクドライバーの運転マナーは劣悪であり、反対車線の逆走、車線からのはみ出し、信号無視、脇見運転、バイクの 3~4 人乗りや蛇行運転が当たり前で、当地の交通事情は劣悪な状況下にあります」としています(「安全の手引き〈カンボジア編〉」2015 年度版)。

（2）モトドップと仲間意識

　モトドップは、「モート」とも呼ばれ、バイクの運転手の後ろの座席に人や荷物を乗せて輸送するバイクタクシーで、短距離移動で使われ、乗客は3人くらい乗ることができると言われています[7]。運賃は交渉制で、もっとも安価なタクシーとされ、また渋滞の多いプノンペンでは車と車のあいだをバイクがすり抜けて行くため、目的地に早く着くことができると言われています。ただし、モトドップの速度超過などによって交通事故に遭遇するリスクがあるため、運転手に「ゆっくり走って」と言えば、速度を落とし、ここに「交渉が苦手で、相手の顔色を伺う」というカンボジアの人々の従順な気質がみられ、このような気質は長い内戦の経験に関係しているとされています。

　モトドップは個人営業で、主要なホテルの前で待機(客待ち)しているものと、街中を流しているものがあります。ホテルの前で待機しているモトドップの運転手は英語を少し理解できるため、運賃は流しのモトドップよりも高いと言われています。運転手の中には、地図が読めない運転手、目印となる建物やホテルの名前が分からない運転手もいるため[8]、乗客が後ろから「真っ直ぐ」「左折」「右折」と言葉で誘導することも多いと言われています。交通安全施設(信号機や道路標識など)の整備が遅れ、そのため右左折時には運転手だけでなく乗客も一緒になって、あるいは乗客が運転手に代わって「手信号」を出すのが一般的とされ、ここにカンボジアの人々の協調的な仲間意識がみられると言われています。

---

7) 2015年1月の道路交通法の改正によって、バイク(自動二輪車)の後部座席の定員は大人1人と子供1人とされ、運転手と同乗者(3歳以上)はヘルメットの着用が義務づけられ、違反すれば運転手は5000リエル、同乗者は3000リエルの罰金が科せられます。
8) 農村地域では仏教寺院が周辺の子供たちに無料で教育を行うなど、学習の場としての機能を担ってきたため、僧侶には教育と自身の修行を行う必要があるとされています。ポル・ポト政権によって破壊された仏教寺院は、内戦後には信仰心の篤い人々の喜捨によって再建され、その数は最盛期とされるシアヌーク王朝時代を超えていますが、僧侶の質は落ちていると言われています。その原因は、内戦による「失われた時代」にあるとされ、指導者となる僧侶がいないため僧侶としての修行を受けられず、若い僧侶にはモラルの低下がみられ、また僧侶の中には貧困から抜け出すためや、教育を受けるために出家した人もいると言われています。

他方、バスや鉄道が発達していないカンボジアでは、「人助け」的な仲間意識によって、小遣い稼ぎ（アルバイト）としてモトドップを運行する人もいると言われ、カンボジアの人々は一般に家族や仲間と過ごす時間を大切にし、役割分担をしたり、皆で助け合ったりしたりすると言われています。一方で、カンボジアの人々は学歴や所得、身なりで相手の身分を判断する傾向にあり、見栄やプライド意識が高いとされています。

（3）小乗仏教と個人主義

　上座部仏教は、大乗仏教から「小乗仏教」と蔑称され、大乗仏教を受け入れた国が大国であることから、大乗仏教では教義が国家権力によって規定され、国家統治のために利用されたと言われています[9]。上座部仏教の教えは、仏教の始祖ブッダが行った修行を通じて個々人が解脱を目指すものとされることから、大乗仏教は上座部仏教を「自分一人しか救われないもの」と批判し、見下しているとされています。「個々人が解脱を目指す」ことは現代的には言えば個人主義的であることから、上座部仏教は大乗仏教のような全体主義的な風潮を嫌うとされています。

　また、在カンボジア日本国大使館が「1970年代後半のクメール・ルージュ政権により、200万人とも言われる国民が虐殺された悲惨な過去を経験したカンボジアでは、政治的な議論に感情的になる人が少なくありません。（中略）また、過去の歴史等から、反ベトナム感情、反タイ感情が強い」（「安全の手引き〈カンボジア編〉」2015年度版）と指摘していることも、人々の国民としての仲間意識を表しているとされています。同時に、反ベトナム感情や反タイ感情は、

9）大乗仏教は、ネパール、チベット、モンゴル、中国、ベトナム、朝鮮、日本などで信仰されていましたが、上座部仏教はタイ、ミャンマー、カンボジア、ラオス、スリランカなどで信仰され、インドから見て南方の地域で普及したため「南伝仏教」と呼ばれることがあります。上座部仏教が主に東南アジアの小国で信仰されるようになったのは、中世にはこれらの地域は気候的に食料資源に恵まれ、支配者は食料生産のために人々を厳しく統制する必要がなく、人々が一人ひとり修行をし、国家全体の倫理観が高まり、治安が安定するのであれば、支配者にとっては上座部仏教であっても問題はないとして受容されたからと言われています。

貧困国ゆえに多額の援助によって中国に隷属しているカンボジアの親中的な立場からの脱却の困難さを背景に、カンボジアの地政的な孤立を決定づけたと言われています。

　他方、カンボジアの人々は一般にプライドが高く、面子を重視するとされ、これは上座部仏教に関係していると言われています。それは、上座部仏教は大乗仏教から小乗仏教と見下されていますが、逆に釈迦の直弟子を自認する上座部仏教は大乗仏教を「大乗非仏」（大乗仏教の経典は釈尊の直説ではなく後世に成立したもの）とみなしているからで、これがプライドを高くしている要因と言われています[10]。個人主義的で高いプライドが、道路交通関係法令の遵守意識の低さに関係していると言われることもあります。

4-2　長距離バスとルーモーと貧困

（1）長距離バスと貧富の差

　プノンペンで市内公共バスが運行されるようになったのは2014年で、日本の国際協力機構（JICA）の支援により3路線（1号線～3号線）で運行されるようになりました。運賃は一律1500リエル、営業時間は午前5時30分～午後8時30分で、10～15分間隔で運行されています。降車時には座席横のボタンを押して知らせますが、車内放送での停留所案内はありません。なお、市内公共バスの整備の遅れによって、都市内でモトドップが発展したと言われています。

　市内公共バスが登場するまでは、バスと言えば、カンボジアでは長距離移動

---

[10] 仏教の概念は、カンボジアの人々の日常生活に生きていて、仏教は国教というだけではなく、クメールの文学、倫理教育、美術、伝統、そしてクメール文明全体の基盤となり、仏教寺院はクメール文化、伝統、国家的財産、環境保護の中心と言われています。なお、クメールとはカンボジアの主要民族とされ、古くからメコン川中・下流域に居住し、言語上はモン族とともにモン・クメール語族を構成するとされています。ほとんどが仏教徒で、6世紀に起こったクメール人王朝の真臘（しんろう）は、アンコール・ワットなどを造営したとされています。

のための乗り物とされ、鉄道がほとんど機能していないため、バスが重要な長距離移動手段になっています。国内に10社以上の長距離バス会社があり、外国人が主に利用する高級バスと、地元の人が主に利用するローカルバスでは運賃やサービスに大きな差があります。高級バスにはリクライニングシート、Wi-Fi、モニターが装備され、映画を見ることができ、おしぼり、水、軽食が提供され、トイレのあるバスもあります。運転手の他にスタッフが乗務し、乗客へのサービスや荷物の管理などを行っています。

　ローカルバスではシートベルトが壊れていたり、冷房が効きすぎていたり、カンボジア音楽が大音量で流されていたりすると言われています。ローカルバスは、定刻通りに発車することがほとんどなく、途中の停留所では地元の多くの人々が乗降し、そのため到着が大幅に遅れることもあり、車両設備やサービスの違いによって、ローカルバスの運賃は高級バスの半額程度と言われています。高級バスとローカルバスに、外国人とカンボジアの人々のあいだの所得格差が表れていると指摘されています。

　他方、ローカルバスを補完し、あるいは競争関係にあるのがミニバスです。ミニバスも長距離路線で運行され、運行時刻表はなく、一定の乗客が集まれば出発します。運賃は交渉制で、ローカルバスより若干安くなる場合があると言われています。乗客を乗せられるだけ乗せるため、車内は人と荷物で窮屈ですが、ローカルバスが通行できない狭い近道を走行するため、ローカルバスよりも短時間で移動することができる場合もあるとされています。ローカルバスとミニバスの競争は、経済的に貧しい乗客の争奪戦と言われています[11]。

(2) タクシーと貧困

　タクシーの台数は増えてきていますが、まだまだ少なく、いわゆる「流しの

---

11) ミニバスのほかにトラックバスもあり、それはピックアップトラック(ボンネット型の平ボディトラック)に簡易なベンチ型の座席を備えた車両をバスとして、ミニバスと同じように主に長距離路線で運行されているもので、運転席横の助手席と、荷台では運賃が異なり、助手席は荷台の倍近くすると言われています。なお、近年には安価なローカルバスやミニバスもあるため、トラックバスの台数は減少しているとされています。

タクシー」はなく、タクシーを利用する場合にはタクシー会社に電話します。プノンペンのタクシーのほとんどがメータ制ですが、道を知らない運転手、住所を言っても分からない運転手、地図を読めない運転手、英語を理解できない運転手が多く、釣り銭を持っていないことも多々あると言われています[12]。運賃交渉制のタクシーでは、外国人観光客に高額な運賃を請求することがあると言われ、これはカンボジアに限ったことではなく、アジアの開発途上国では一般にみられ、それは貧困を象徴しているとされています[13]。

開発途上国ではタクシーは貧困レベルを表す指標とされ、モトドップなどに比べて運賃の高いタクシーを利用できる人が少なければ、タクシーはビジネスとして成立しないとされています[14]。短距離移動ではモトドップやルーモーが

---

[12] カンボジアの教育の現状について、ポル・ポト政権時代には教育は否定され、多くの教員を失い、教育システムは壊滅的な状況になり、教育システムの大規模な破壊が教育復興の足かせとなっていると言われています。カンボジア教育省は、基礎教育の充実を目標に設定していますが、教員の質の低下、都市部・農村部での教育格差、高い退学率・留年率などの問題を抱えているとされています。また、カンボジア憲法では女性は男性と平等で、地位・権利が保障されていますが、伝統的価値観や慣習によって女性が男性と等しい社会的機会を受けることができないのが現状とされています。女子の就学率は男子に比べて低く、男女間の格差は高学年になるほど大きいと言われています。貧困家庭に生まれ、労働力として家族を支えることができる年齢の女子は、村で家族を支えるという伝統的な役割に加えて、出稼ぎに出て生計を支えることが家族から期待されているだけでなく、親や地域の人々の「女子は家庭の重要な労働力」「女子に教育は必要ない」という女子教育に対する意識の低さも、女子を教育から遠ざける大きな要因となっているとされています。

[13] カンボジアの貧困については、プノンペンの経済発展を背景に、地域間及び社会層間の経済格差は年々拡大し、特に国民総生産の30％弱にしか満たない農業に人口の半数以上が従事している状況において農民は低所得の生活を強いられているとされています。

他方、貧困問題によってカンボジアでは児童買春が横行していると言われています。国連児童基金（ユニセフ）の推計によれば、性労働者4万～10万人のうち、約3分の1を子どもが占めているとされています。プノンペン近郊の貧しい漁村のスワイパー村は、「小児性愛者が幼い少女を求めてやって来る場所として世界中に名を知られている」と言われ、カンボジアの農村部や隣国ベトナムから子供たちを乗せた車が集まってきているとされています。児童買春問題の背景には、貧困問題だけでなく、警察の権限の弱さや売春業者との癒着もあると指摘されています。

[14] カンボジアでの航空機利用者は、主に外国人観光客やビジネスマンなど比較的富裕な人々と言われています。空港と市街地を結ぶエアポートタクシーは、空港のカウンターでチケットを購入し、ドライバーに渡すシステムになっているため、運賃を交渉することや、

利用され、タクシーを利用する人が少ないことから、タクシーを1日や半日借り切って利用するチャーター方式が一般的と言われています。チャーター方式では運賃は交渉制になり、車種やチャーター時間、走行距離、乗車人数によって異なります。

　チャーター方式のタクシーに類似したものに、カンボジアには運転手付きレンタカーがあります。車両だけのレンタルもできますが、交通量が多く、郊外では道路が未舗装で、運転マナーが悪く、事故も多く、そのため外国人が運転するのは危険と言われています。

　他方、カンボジアには他国ではみられないタクシーがあり、それは長距離を移動する乗合タクシーです。乗合タクシーは、長距離バス（高級バスとローカルバス）やミニバスの路線がない場所へ行く場合には便利ですが、運賃は交渉制で、車種や時間帯によって運賃が変わることがあります。乗合のため運賃は安いと思われていますが、ほとんどの場合、定員通りの乗客が集まらず、借り切り状態で利用する場合には1人分の運賃ではなく1台分（乗車定員分）の運賃を負担することになると言われています。

(3) ルーモーと犯罪
　ルーモーは、バイクが2輪の屋根付き開放型の客車を牽引する乗り物で、モトドップとともに一般的なタクシーとして利用され、他のアジアの国々では見かけない珍しい乗り物と言われています。運賃は交渉制で、座席には大人2人用とボックス型の4人用があり、2〜4人で利用する場合には便利ですが、雨が降らない限り、1人の場合には運賃の安いモトドップがもっぱら利用されています。

　ルーモーを半日や終日チャーターすることもでき、チャーター利用が多いのがアンコール・ワット観光と言われています[15]。アンコール・ワットは、カン

　　高額な運賃を請求されることはありません。車体に「TAXI」と書かれ、市内と空港間を移動する専用のタクシーで、それ以外では使用することができないとされています。
15) 2012年に観光都市のシェムリアップで初めてメータ制を採用したタクシー会社「アンコー

64 4-2　長距離バスとルーモーと貧困

ボジア北西部に位置するユネスコ世界遺産（文化遺産）のアンコール遺跡のひとつで、その遺跡群を代表するヒンドゥー教の寺院建築物です。アンコールはサンスクリット語で王都、ワットはクメール語で寺院を意味し、大伽藍と美しい彫刻を特徴としたクメール建築の傑作とされ、カンボジア国旗の中央に同国の象徴として描かれています[16]。

　他方、ルーモーを利用する場合には、「背中に3～4桁の数字が入ったジャケットを着用している運転手を選ぶように」と言われています。それは、運賃が交渉制のため外国人観光客とのあいだでトラブルが多発し、それを防ぐために数字の入ったジャケットの着用が2004年に義務づけられたからで、これによってトラブルが減ったとされています。また、チャーターする場合にはチャーター料を最後に支払わないと、観光中や食事中にいなくなることがあると言われています。

　なお、ルーモー運転手と観光客のあいだのトラブルとは別に、ルーモー乗車中に近づいてきたバイクの運転手や同乗者がバックや携帯電話などをひったくるという犯罪が起きています。この背景には、貧困という問題があり、在カンボジア日本国大使館は「カンボジアでは、政治情勢の安定化に伴い、従前と比べて治安状況は改善していますが、内戦の影響による銃器の氾濫、武器入手の容易さ、貧富の差の拡大、若者の失業者増加、更に都市への人口流入により、依然としてプノンペン市内を中心に、昼夜を問わず、住居への侵入強盗・窃盗事案、オートバイや徒歩で移動中の者を狙った強奪・ひったくり事件、性犯罪、

　　ルタクシー」が登場しました。黄色に塗装されたバンタイプの車両で、10人まで乗車可能で、運賃は安く設定されています。シェムリアップでは、過去にも何社かのタクシー会社がありましたが、直ぐに消えてなくなったと言われています。

16) カンボジアは仏教を国教としていますが、ヒンドゥー教の寺院のアンコール・ワットが同国の象徴とされています。それは、カンボジアが仏教とヒンドゥー教の両方を受け容れたからとされています。時の国王がどちらに帰依するかによって、仏教が栄えたりヒンドゥー教が栄えたりしたと言われ、この点で他の仏教国との違いがあるとされています。なお、仏教ではブッダを大事にし、ブッダの教えに従うのが仏教とされているのに対し、ヒンドゥー教には神が「化身」するという考え方があり、ヒンドゥー教で大事な神はブラフマー神、ヴィシュヌ神、シヴァ神の三神で、慈悲深い神のヴィシュヌ神のいくつかの化身の中に仏教の開祖のブッダも入っているとされています。

金品目的の強盗・殺人事件が頻発しています。特に、複数の若者によるオートバイを使用した路上での強盗やひったくりによる外国人被害が多く発生しており注意が必要です」としています。

4-3　鉄道と地政的孤立とスラム

(1) 内戦と鉄道の荒廃

　カンボジアには北線と南線の2つの鉄道路線があり、全線単線非電化で、ともに公共事業・運輸省管轄下のカンボジア王立鉄道(カンボジア国鉄)によって運営されていました。カンボジア内戦の影響で鉄道施設が荒廃し[17]、そのため全線で最高速度35km/h程度で運行され、書類上はディーゼル機関車19両、客車20両、貨車210両が在籍しているとされていますが、車両の荒廃も進み、貨車を代替客車として用いている列車が多いと言われていました。鉄道が荒廃した理由として、内戦で大きな被害を受けたことと、内戦時に軌道敷に地雷が敷設され、内戦終結後には沿線がスラム化し、スラムへの立ち入りが危険なことから保線作業が行われていないことがあげられています[18]。

　なお、スラムとは一般に、農村などからの出稼ぎ労働者などの貧困者が集まって形成された貧困地域(貧困街)とされていますが、カンボジアでは内戦による被災者が集まって形成され、一般的なスラムとは異なると言われていま

---

[17] カンボジア内戦とは、東西冷戦の中で東側諸国に接近したカンボジア王国が1970年に倒れてから、1993年にカンボジア国民議会選挙で民主政権が誕生するまでの戦闘状態とされています。南北に分断された隣国ベトナムでベトナム戦争が始まるとカンボジア国内は不安定化し、1970年に反中親米派のロン・ノル将軍がクーデターによってシハヌーク政権を打倒し、王制を廃してクメール共和国を樹立しました。反米と極端な共産主義を掲げる親中派のクメール・ルージュ(ポル・ポト書記長)の要請を受けて、北ベトナムがカンボジアに対する攻撃を開始し、内戦が激化しました。1975年4月に北ベトナム、南ベトナム共産ゲリラと連合したクメール・ルージュが内戦に勝利してクメール共和国を打倒し、民主カンボジア(ポル・ポト政権)を樹立しました。
[18] カンボジアの地雷について、同国には長年の内戦期間中に埋設された推定400万～600万個の対人地雷が残存し、21世紀初頭でも被害者は毎月50~90人に上っていたとされ、残存地雷は社会・経済開発にとって大きな阻害要因になっていると言われています。

す。

　旅客列車は、北線では1週間に1本(プノンペン土曜日発、バタンバン日曜日発)が運行されていましたが、よく脱線し、速度は歩くより少し速い程度で、運休や遅延が多発し、また治安状況が悪いため沿線の治安状況をみて随時運行が決定されていたと言われています。南線の旅客列車については、旅客の大幅な減少と、山賊に襲撃されるなどの治安問題があり、2002年に運行が休止されました。そのため、貨物列車の貨車に乗車する旅客がいたと言われています。なお、旅客列車は混合列車(貨車を併結)として運行され、それは地雷に接触して爆発した時の旅客への被害を回避するための名残で、客車は貨車の後ろに連結されていました。

　鉄道がこのような状況のため、人々の国内移動では線路に並行した道路を走行する長距離バス(ローカルバス)が利用されていましたが、鉄道を廃止せず、細々と運行が行われていたのは、万一の際の輸送路を確保しておくためとされています。

(2) 鉄道の復活と地政的孤立

　カンボジア王立鉄道の劣悪な施設を抜本的に改善するため、アジア開発銀行、オーストラリア国際開発庁、OPEC基金などの支援(総額1億4100万ドル)を得て、2009年から線路や関連設備のリハビリ工事が行われました。工事完成後の鉄道の運営は、30年間の公共施設等運営権契約で民間のトールロイヤル・カンボジア社(オーストラリアのトール社が55％、カンボジアのロイヤルグループが45％を出資、通称ロイヤル鉄道)に委託され、カンボジア王立鉄道は2009年に廃止されました。

　カンボジア王立鉄道の廃止とロイヤル鉄道の設立は、鉄道の民営化とされていますが、今後重要な役割を果たすと考えられる鉄道の運営主導権をオーストラリアのトール社に握られたことに、「交渉が苦手で、相手の顔色を伺う」というカンボジアの人々の従順な気質がみられると言われていました。また、ロイヤル鉄道の設立は、反ベトナム感情と反タイ感情が強いカンボジアの地政的

孤立によるものと言われ、この地政的孤立が仲間意識や個人主義の根底にあるとされています[19]。

　線路や関連設備のリハビリ工事が行われ、ロイヤル鉄道が運行を始めましたが、一般に旅客輸送では人々は運賃が安く、所要時間の短い移動手段を選択するため、鉄道の復活は困難視されています。しかし、貨物輸送では大量輸送が要求されるため鉄道に優位性があり、南線のリハビリ工事により、プノンペン〜シアヌークビル間で 2013 年 1 月から 1 日 1 便程度の貨物列車がセメント、石炭、石油製品、米などの輸送を開始し、2014 年にはコンテナ輸送も開始されました[20]。計画では平均速度 50km/h、5 時間半で結ぶ予定でしたが、実際の平均速度は 19km/h で 12 時間を要しているため、橋梁などの改修と安全設備の導入などによって速度の向上を図るとされています[21]。

---

19) 反ベトナム感情は、民主カンボジア（ポル・ポト）政権を 1979 年に打倒したのがベトナム軍で、そのベトナム軍を後ろ盾にヘン・サムリンを元首とする政権が樹立され、以後約 10 年間カンボジアが実質的にベトナムの支配下に置かれていたことに主に由来するとされています。なお、ベトナムの支配下にあったカンボジアでは、反ベトナム勢力の「民主カンボジア三派連合」と呼ばれるクメール・ルージュ、王党派（シハヌーク派）、クメール人民民族解放戦線（ソン・サン派）と、ヘン・サムリン政権のあいだで内戦が繰り広げられたとされています。

反タイ感情は、タイに領土を侵略されてきたことに加え、2003 年にタイの人気女優が「カンボジアはアンコール・ワットを盗んだ」と発言したと報道されたことに、カンボジアのフン・セン首相がその女優を「アンコール・ワットを盗もうとする『泥棒スター』だ」と酷評し、一挙にカンボジア国民の反タイ感情に火がついたと言われています。

20) なお、シアヌークビルは、カンボジア南部のタイランド湾に面した港湾都市で、カンボジア唯一の深海港があり、コンテナターミナルが整備され、カンボジアの数少ない輸出拠点とされています。1990 年代後半から活発な開発が行われていますが、昼寝をしたり、仕事をさぼったり、怠けるのが当たり前というお国柄も相まって進捗は緩慢と言われています。

21) プノンペンとタイ国境のポイペトを結ぶ北線では、リハビリ工事の一部が完成しただけで、資金不足により工事が中断したままですが、政府はタイと鉄道で連結することを目指すとしていました。フン・セン首相は 2015 年 12 月にタイを公式訪問してプラユット暫定首相と会談し、2016 年末までに鉄道輸送を再開することで合意したと言われています。なお、このルートは将来、ミャンマーの経済特区ダウェーまでつながる「南部経済回廊」の一部で、タイ東部の沿岸地域に製造工場が集まる日本企業にとってプラス要因となりそうだと言われていました。南部経済回廊とは、ベトナム（ホーチミン）〜カンボジア（プノンペン）〜タイ（バンコク）を結び、将来的にはミャンマー（ダウェー）からインド洋にまで繋がるルートとされています。

（3）ノーリーとスラム

　カンボジア王立鉄道の時代から、線路を無断使用したノーリーと呼ばれるトロッコ列車が運行され、観光客や旅行者から「バンブートレイン」と呼ばれています。車輪の上に竹製の床板を載せ、エンジンで駆動する自作の乗り物で、ブレーキは棒を車輪に手で押しつけるという原始的なものですが、運賃を徴収して旅客や貨物を不定期で輸送し、シェムリアップの西方にあるバタンバン周辺では観光用のノーリーも運行されています。また、プノンペン付近ではバッダング駅からプノンペン国際空港付近の踏切まで最高速度20km/h程度、所要時間90分で走行するノーリーもあり、空港連絡トレインとしての機能を果たしています[22]。

　ノーリーは、鉄道が衰退し見捨てられていた中で、必然的に生まれたものですが、鉄道リハビリ工事の進展に伴って、ノーリーを排除するためにノーリーの運行者に補償金が支払われていると言われています。アジアの国々では、貧困や停滞というイメージを払拭するために、三輪自転車タクシーが政策的に首都から排除された歴史があり、ノーリーの排除も同じ構図とされています。

　なお、プノンペンの線路沿いには、土地を持てず住むところのない貧しい人々が廃材で家を建て、勝手に住み着き、一種のスラム街が形成されています。これまでは列車の運行は1日に3～4回で、そのため線路上で昼寝をしていても、線路に座っていても危険はなかったと言われています。軌道敷きにテーブルと椅子を並べた食堂もあり、警笛が聞こえてからテーブルと椅子を片付けても十分に間に合ったと言われています。スラムもノーリーとともに、カンボジアの貧困を表すものとされています[23]。

---

22) 線路は単線のため、列車と対向した時には必ず線路上から車両を撤去して列車に進路を譲り、ノーリー同士が対向した時には荷物や旅客の少ない方が線路を譲るというルールがあります。

23) 他方で、プノンペン市政府は市内の交通渋滞を緩和するため、カンボジア初となる自動案内軌条式旅客輸送システム（AGT）の建設を計画し、2020年までに着工し、2023年の開通を目指しているとされています。導入を計画しているAGTは、自動運転で高架式専用軌道を走行する旅客輸送システムで、総投資額は5億8600万ドルと見積もられています。プノンペン市政府は、「専門家が地下鉄やモノレール、ライトレール、路面電車などにつ

いても検討した結果、プノンペンには AGT が最も相応しいという結論に達した」として
います(「華商日報」2015 年 8 月 4 日)。AGT の建設は、交通渋滞の緩和には有効と思われ
ますが、都市内で貧富の差を助長する可能性もあると言われています。

第5章　ベトナムの家族主義とムラ社会

5-1　バイクと貧富の差

(1) 自転車と貧富の差

　ベトナム国民1人あたりの名目 GDP は、2015年現在、2088ドルとされ、1人1日あたり5.7ドルになり、世界の貧困基準の1.25ドルからすれば、貧困者はいないことになります。しかし、実際には1日あたりの所得が0.45ドルに満たない国民が約1000万人（全人口の約12％）存在し、他方で自家用ジェット機や世界で最も高価な自動車を保有する人もいると言われています。

　貧富の差は年々拡大し、最貧層20％と最富裕層20％の所得格差でみた貧富の差は1994年の4.1倍から2008年には34.4倍に拡大したと言われています。米国の貧富の差は2009年には14.5倍で、ベトナムの貧富の差は世界最大の資本主義国である米国の2倍以上になっています。

　貧富の差は、都市と地方で鮮明に表れ、貧困率は年々低下してきているとされていますが、2010年の貧困率（全国平均14.2％）は都市部の6.9％に対して、農村部では17.4％と指摘されています[1]。

　国民が日常的に使っている交通手段は、中・大量輸送機関が未整備であることから、バイクと自転車です。都市では自転車よりもバイクが多く、農村では自転車が主流で、都市と農村では日常的な交通手段にも貧富の差が表れていま

---

[1] 2006年の貧困率（全国平均16.0％）は都市部の3.9％に対して農村部では20.4％で、1人あたりの平均月収は都市部の105.8万ドンに対して農村部では50.6万ドンと、両者のあいだには2.1倍の格差が認められると言われていました。また、貧困の割合は一般に、高地、遠隔地、孤立地域、少数民族の住む地域で相対的に高く、貧困層の64％が北部山岳、北部中央、中央高地、中央沿岸に居住しているとされています。

　他方、ベトナムの民族は、キン族（越人）が約86％を占め、残り約14％は53の少数民族から構成され、ベトナムは多民族国家とされています。少数民族で比較的人口が多いのがタイー族、タイ族、ムオン族、クメール族などとされています。クメール族とホア族（華人）以外の大半は、山地に居住しているとされています。

第 5 章　ベトナムの家族主義とムラ社会　71

す。なお、首都ハノイとベトナム最大の都市ホーチミン・シティ（旧サイゴン）でも歩道上に自転車修理屋がかなりの密度で店開きし、それは自転車が貴重な交通手段であることを物語っています。

　他方、「シクロ」と呼ばれる三輪自転車タクシーがあり、前二輪後一輪で、客席が前にあります。シクロは、「ホーチミンの名物」と言われていますが、ハノイにも観光客向けのシクロがあり、運賃が交渉制のため、観光客とのあいだでトラブルが起きていて、日本の旅行誌などでは悪質なドライバーもいるとして注意を呼びかけています。シクロのドライバーは、農村からの出稼ぎ労働者や都市の貧困層と言われています[2]。

（２）バイクと資産と汚職
　2014 年末現在、ベトナムでの登録バイク台数は 4300 万台とされ、バイクの普及率は約 2.1 人／台とされています[3]。ホンダ車が大きなシェアを占め、それはスーパーカブやドリームの扱いやすさや燃費の良さ、修理のしやすさだけでなく、想定範囲を超えた異常な酷使や過積載にも耐えるという高い信頼性があるからと言われています。そのため、バイクを生活の道具として重視するユーザーからは、現在でもホンダのバイクは支持されています。ホンダのカブが使いやすいのは、お蕎麦屋さんの出前用に「草履履きの片手運転」が可能なように開発されたからで、異常な過積載とは重量貨物の搭載とバイクの 3 人乗りや 4 人乗りを言います。

2）出稼ぎ労働の職種のひとつに荷運び労働があり、それには都市近郊の農村の女性が従事し、彼女たちは農作業の合間を縫い、育児や家事などを配偶者や親戚に頼んで都市へ出稼ぎに行き、その回数は 1 週間に 1 回から 1 か月に数回とされています。一般に、出稼ぎ労働での就業は地縁や血縁の知人を介して行われ、地縁や血縁のネットワークは継続的な雇用機会あるいは高収入、あるいは好条件の職種への転職に重要な役割を果たすと言われています。ただし、荷運び労働に関しては、地縁者や血縁者による仕事の仲介等は行われていないとされています。
3）2015 年のバイク販売台数は、ホンダが約 200 万台、ヤマハが約 72 万台、台湾 SYM が約 60 万台、伊ピアジオが約 5 万台、スズキが約 2 万台で、計約 285 万台とされ、ホンダが全体の約 70％ を占めています。

道路密度が低く[4]、車両密度の高い都市部では渋滞が発生し[5]、ハノイとホーチミン・シティには渋滞が頻繁に発生する箇所が 100 か所以上あり、雨の日の夕方のハノイ中心部ではタクシーで 2km の距離を移動するのに 1 時間かかることもあると言われています。

　バイクが多く使用されているのは、排気量 50cc 以下のバイクの運転には免許が不要なこと、市域が 3~5km と狭いため生活圏内の移動や通勤にはバイクが便利なこと、それにバイクの新車価格と中古車価格に大きな差がなく、バイクが資産になることがあげられています[6]。

　他方、バイクの信号無視は罰金 5 万ドンが相場ですが、金額が決められていないために外国人は 50 万ドンを請求されることがあると言われています。たとえば、汚職・腐敗防止のために活動する国際非政府組織のトランスペアレンシー・インターナショナルの「ベトナム汚職調査」(2010 年)によれば、62％の人がこの 3 年で汚職が増加したと考え、汚職を経験した主要な分野は警察 49％、教育 36％、医療 29％、税関 29％と警察がもっとも多く、また教育分野での汚職は低所得者よりも中所得者の方が多く経験しているとしていました。ハノイ市民に限れば、教育 70％、警察 60％、医療 52％で、教育分野で著しく高いのはハノイが学歴競争社会であることに関係していると言われています[7]。

---

[4] 都市における道路面積の割合は、世界主要都市の 12~25％に対して、首都ハノイでは 6.8％と非常に低く、また私的交通に依存しているため道路交通渋滞が激しく、大きな社会問題になっていると言われています。

[5] ハノイ市内の道路 1km あたりの平均通行量は 2010 年現在、自動車 107.3 台／h、バイク 646.5 台／h で、ハノイ市登録台数は政府機関や軍用車両を除いて、自動車が約 30 万台、バイクが約 365 万台とされています。

[6] たとえば、ベトナムで最も人気のあるホンダのドリーム II の新車価格は約 3570 万ドン、中古車価格は約 3100 万ドンで、そのためベトナムではバイクは一戸建て住宅(不動産)、金製品に次ぐ資産形成手段になっていると言われています。なお、価格が約 2600 万ドンと少々安いホンダの新車もありますが、それでも国民の平均的な年収に相当するとされています。

[7] ベトナムの学歴競争社会は、バイクによる子供の学校への送迎に表れ、下校時間帯には周辺道路で交通渋滞が発生しています。また、「教師の日」には親は先生に花や現金などを

なお、ベトナムでは1976年の南北統一以降、一貫してベトナム共産党中央委員会書記長、国家主席（国家元首）、首相の3人を中心とした集団指導体制と、共産党を最上位とする階層が形成され、共産党は階層秩序の維持を自己目的化し、社会からの共産党批判を強権的に封じ込めているため汚職の撲滅が進まず、汚職が支配する社会になっていると言われています[8]。経済発展の遅れた国や、共産主義国家で汚職が多いのは、政府にあらゆる許認可権などの権力が集中するとともに市場が独占支配され、汚職のための構造ができているからで、また共産主義国家は人治国家で、人治国家である限り汚職はなくならないと言われています[9]。

　　　プレゼントとし、公然と贈収賄が行われていると言われています。「教師の日」は韓国にもあり、ベトナムと韓国（朝鮮）はかつては支那の冊封体制下に置かれ、このことが「教師の日」の贈収賄に関係していると言われています。
　　　他方、富裕層の子弟は、幼少期からシンガポール、オーストラリア、米国、英国、フランスなどの外国で教育を受け、そのまま国外の大学に進学すると言われています。つまり、貧富の差が教育の差として顕在化しているとされています。また、強固な血縁社会のベトナムでは、富裕層の子弟は勉強して高学歴を修めなくても、将来親の財産を受け継ぎ裕福になれることが確約されているため、富裕層の一部の子供は勉強しないと言われています。
8)「サイゴンエコノミックスタイムズ」（2012年1月12日付）は、2011年に行われた汚職に関する調査結果を紹介し、「回答者の38％が良い職場に入るため賄賂を支払う用意があるとしたのは、ベトナム社会では汚職が普通のことと考えられているからで、高学歴ほど汚職を認める傾向にある」としていました。これは、約1000年にわたって支那の属国として支配されていたベトナムでは、儒教（統治思想）の影響によって権力が指向されるようになり、一方で儒教の理論的欠陥によってベトナムが血縁・地縁のコネ社会となったことによるもので、ベトナムでは「コネを以って尊しとする」という精神が「白（能力）より赤（コネ）」と呼ばれています。ベトナムのコネは、同族、同郷、同窓、同獄とされ、同族（家族や親類）や同郷、同窓は日本でもみられますが、同獄はベトナム特有のもので、仏植民地時代やベトナム戦争時代に逮捕され、同じ政治犯収容所に入っていた仲間を意味するとされています。また、ベトナムでは汚職は普通のことと考えられ、それは「勝てば王、負ければ賊」「勝者が歴史を作る」という諺が表すベトナムの人々の国民性によるものと言われています。
9) 日本国外務省は、「1986年の第6回党大会にて採択された市場経済システムの導入と対外開放化を柱としたドイモイ（刷新）路線を継続、構造改革や国際競争力強化に取り組んでいる。他方、ドイモイの進展の裏で、貧富の差の拡大、汚職の蔓延、官僚主義の弊害、環境破壊などのマイナス面も顕在化している。党・政府は、汚職防止の強化、行政・公務員改革等を進めている」としています。

（3）セオムと貧困層の生業

　バイクを保有できない人々は、「セオム」と呼ばれるバイクタクシーを利用していると言われています。セオムは、バイクの後部座席に客を乗せて輸送するというもので、人々の安価な足として定着し、都市ではスーパーマーケットなどで買物をした人が帰宅するのにセオムを使っています。セオムは、スーパーマーケットの前などに待機していて、乗客と一緒にその荷物も運びます。なお、荷物や貨物だけを運送する貨物バイクがあり、バイクメーカーの想定を超えた異常な過積載が行われています。

　セオムを始めるのに許可は不要で、50cc以下のバイクは運転免許も不要なことから、バイクさえあれば容易にセオムを開業でき、そのためほとんどのセオムが個人営業と言われています。セオムには決められた運賃はなく、その都度ドライバーと客の交渉によって決められます。人々にとってセオムは格安の交通手段ですが、外国人旅行者とのあいだでは運賃をめぐるトラブルが数多く報告されています[10]。

　他方、前一輪後二輪の三輪バイクを使った「セラム」と呼ばれる三輪バイクタクシーがあり、セオムと同じように運賃は交渉制です。セオムに積みきれないほどの荷物がある場合には便利な乗り物ですが、都市ではその数は減ってきていると言われています。

　三輪自転車タクシーのシクロやバイクタクシーのセオム、三輪バイクタクシーのセラムのような交通手段は、ベトナムに限らず多くの開発途上国にあり、それは一般に農村からの出稼ぎ労働者や都市の貧困層の生業になっていると言われています。また、ベトナムでは男尊女卑的なムラ社会の中で定職に就こうとしない男たちが、シクロやセオム、セラムで小遣い稼ぎをすることがあるとされています。

　なお、ムラ社会とは、農村などでみられる男尊女卑などの身分階層性や強い連帯感のある共同体性などの特殊な思想や文化のある社会とされています。男

---

[10] また、レンタバイクが街のあちこちにあり、50cc以下のバイクなら運転免許を必要としないために手軽に借りられる交通手段になっていると言われています。

尊女卑とは、男性を重くみて女性を軽んじることや、そのような考え方や風習、あるいは男女平等を否定し、女性を独立した人格とは認めない思想や、女性の人間的な劣性を前提に経済的、政治的、社会的、文化的な差別の存在を容認する思想とされています[11]。

5-2　バスと階級秩序と妬みの文化

(1)バスと階級秩序

　バスの輸送分担率は10％程度とされ、1980年代前半の25～30％と比較して大きく低下し、それはドイモイ政策以降には公益事業への補助金の削減によって多くの路線が廃止され、運行本数も削減されたからとされています[12]。そのため、バイクと自転車が日常的な交通手段になったと言われています。ドイモイ政策によって市場経済が導入されましたが、バス事業については規制者である行政当局が事業者としてバス事業を独占し、そのためベトナムの市場経済は共産党の一党独裁の上に成り立つ擬似市場経済と言われています。

　行政当局による規制者兼事業者としての市場の独占は、共産党の一党独裁体制の特徴とされていますが、そこにはベトナムの歴史的な制度や文化も関係していると言われています。ベトナムの諺で「王の法律も村の垣根まで」と言われるように、支那の属国だった頃には、ベトナムの村落は国家に対して相対的な自立性を獲得していたとされています。村落の会議は、階層最上位の官吏や科挙の合格者、村役人と、階層第3位の普通の成年男子全員で行われていまし

[11) 奴隷制社会や封建制社会では、男尊女卑が一般的でしたが、人権思想をその基本に持つ現代の資本主義社会でも男尊女卑は根強く存在しているとされています。男尊女卑の傾向が非常に強い国として、イスラム主義国とアジアの国々があげられていますが、そのすべてが西洋的発想での女性差別ではないと言われています。
12) ドイモイ政策(ベトナム語で「刷新」の意)とは、社会主義路線と産業政策の見直し、市場経済の導入、国際協力への参加という政策とされ、いわゆる計画経済から市場経済に転換し、それは共産主義からの事実上の離脱を意味していますが、共産党の一党独裁支配体制を堅持しつつ、価格の自由化や対外開放(国際分業型産業構造の形成)など新しい方向への転換を目指すというものとされています。

たが、最上位者に異議を唱えることができず、また階層第２位の長老階級と階層最下位の未成年者と女性は排除されるなど、ムラ社会の階層秩序が形成されていたとされています。現在のベトナムは、歴史的な制度や文化を引き継いだ、共産党を最上位とする階層に姿を変えただけと言われています。

　バスには、1990年代からは韓国製や日本製の中古車が使われ、1994年からは自国で組み立てられた新車のバスが使われるようになりました。路線バスには車掌が乗務し、客が乗車すればすぐに切符を売りに来ます。運賃は安価ですが、バス停案内などの車内アナウンスはなく、車内にはスリが多く、必ずしも決まったルートを走るわけではないと言われています[13]。

　他方、ハノイにはありませんが、ホーチミン・シティには軽トラックをバスとして使用している「ダイハス」と呼ばれる軽トラバスがあり、これは軽トラックの荷台に簡易な屋根を付け、簡単なベンチを備えただけのものです。このほか、長距離バス、寝台バス、近郊バスがあり、長距離バスは主要な町を結び、近郊バスは100km以内の距離にある町を結んでいます。

(２)長距離バスと外国人料金

　鉄道はベトナム国鉄によって運行され、主要な路線はハノイを起点とした南北線、ハイフォン線、ラオカイ線、ドンダン線の４路線です。「統一鉄道」と呼ばれている南北線は、ハノイとホーチミン・シティを結び、路線距離は1726kmで非電化、所要時間は最短で29時間30分とされています。ラオカイ線とドンダン線は、中国国境まで伸びている路線です。鉄道の旅客輸送分担率は2007年現在で約9％、貨物輸送では約4％とされ、貨客混合列車が運行され

---

13)「ホーチミン・シティには泥棒天国という別称がある」と言われるように、ホーチミン・シティをはじめベトナムにはバイクを使ったひったくり事件(犯罪)が多く、日本の外務省の渡航スポット情報(2012年３月11日)は「ホーチミン市内中心部においてバイクによるひったくり事件が多発しており、被害件数が増加しています」「ベトナム警察当局によると、ひったくり犯人の多くは麻薬中毒者である例が多く、その手口は凶悪化しており、刃物で刺され負傷する被害者もいるようです」としていました。このような犯罪は、ベトナムに限らず、多くのアジアの国々みられますが、ベトナムに麻薬中毒者が多いのはフランスによる植民地支配とベトナム戦争の負の遺産と言われています。

ています。

　鉄道が発達していないため、長距離の移動には長距離バスや寝台バスが利用され、それらは国内の主な町のバスターミナル間を結び、ハノイやホーチミン・シティを発着するバスは複数のバス会社によって運行され、バスの種類や発着時間、運賃はさまざまです[14]。かつて鉄道と長距離バスや寝台バスでは、自国民とは別体系の法外な言い値の運賃を課す外国人料金が採用されていましたが、現在は廃止されたとされています。しかし、長距離バスや寝台バスでは地方やバスターミナル、窓口のスタッフ、ドライバーによっては言い値の外国人料金が請求されることがあると言われています。

　外国人料金制は、ベトナムのムラ社会を表していると言われています。ムラ社会のベトナムでは、運命共同体的な統制によって基本的には自国民の結束が固く、そのため外国人など「よそ者」に対しては排他的となり、外国人料金制はその排他的な考えに基づくものとされています。外国人料金は、交通以外の分野では現在も存在し、それは基本的には人々の排他性によるものですが、それ以外にも人々の「明日の100万ドンより今の10万ドン」という金銭感覚（経済観）、官僚や公務員の汚職を認めるという国民性、儒教の影響による社会的な道徳規範の希薄性によるものと言われています。

　また、ムラ社会では外に対する自立性の主張に対して、内に対しては結束力を高めるために運命共同体的な規制が行われ、ムラ社会に反発する者や食い詰め者の排除、つまり「村八分」による秩序維持が自立性と考えられていたとされています[15]。

---

14) 車内にベッドを装備した寝台バスは、国内の夜行長距離バスや国際バスとして運行され、車内にはテレビとトイレがあり、食事が付いているバスや、ミネラルウォーターとスナック菓子が提供されるバスもあります。ベッドの仕様には、上下2段横3列独立型と上下1段2人用横2列型があります。ハノイとホーチミン・シティを結ぶ寝台バスの所要時間は、最短35時間で、ベトナム国鉄の列車より時間がかかりますが、寝台バスの運賃は全食事付きで73万ドンと、鉄道のもっとも安価な3段ベッド上段の79万ドンより安価です。

15) 村八分とは、日本では江戸時代以降に村落で行われた私的制裁とされ、村の掟に従わず村の秩序を乱した者やその家族に対して村民全体が申し合わせて絶交することとされていますが、ベトナムの村八分にはライダイハン差別によるものもあると言われています。ライ

（3）タクシーと妬みの文化

　タクシーは、多くの会社によって運行され、使われている車両の種類もさまざまです。タクシーの車体には社名と電話番号が書かれていますが、営業許可を得ていない違法タクシーもあり、それには社名が書かれていません。

　また、ハノイには日本の軽自動車クラスの乗用車を使ったミニタクシーがあり、日本の旅行誌などではミニタクシーでは運賃トラブルが多発しているため極力利用しないように呼びかけています。しかし、トラブルがなければ1～2人で使う場合には安価なタクシーと言われています。

　都市のタクシー運転手の中には、しっかりと教育され、礼儀正しい人も多くいますが、外国人旅行者に対してはメータを倒さずに走行して法外な運賃を請求する運転手、メータを倒してもメータに細工のしてあるタクシーもあれば、遠回りをする運転手、「会社の規則で一律料金だ」と言ってメータ以上の金額を請求する運転手もいると言われています[16]。

　悪質な運転手がいるのは、「ベトナムの人々には外国人の顔はお金に見える」と言われるように、欧米人や日本人を金持ちと考え、金持ちから金品を騙し取ることに対して罪悪感がなく、日本の政府開発援助（ODA）についても「先進国が援助するのは当たり前だ」と考えているからと言われています。ベトナム国鉄や長距離バスで外国人料金がかつて存在し、廃止されたにもかかわらず一部の長距離バスでまだ残っているのも、罪悪感がないからとされています。なお、「外国人の顔はお金に見える」というのは妬みを表し、それは共産党の一党独裁体制の下で人々が経済的に貧しい状態に置かれているからと言われてい

　　ダイハンとは、ベトナム戦争時に韓国軍兵士による強姦などによって生まれた子供とされ、彼らは韓国軍の撤退と南ベトナム政府の崩壊によって「敵軍の子」として迫害され、ここにムラ社会の運命共同体性がみられると言われています。その一方で、ベトナム戦争で配偶者を亡くした女性が私生児を産んでも、国家が面倒をみるとした法令が制定されたと言われています。

16）空港のタクシー乗り場での営業は、認可を受けたタクシー会社に限られ、空港から市街地までの運賃は決められているためカウンターでチケットを購入すれば安心して利用できると言われています。しかし、共産党一党独裁のため空港タクシーの許認可の不透明さが指摘され、賄賂の温床になっていると言われています。

ます[17]。

5-3　家族主義とかかあ天下

(1) 女性と階層社会

　ベトナムでは、就業人口の約半数が第一次産業とりわけ農業に従事し、農業は依然として重要な産業で、精米、コーヒー生豆、カシューナッツ、乾燥天然ゴム、とうがらしなどの農産物が輸出されています。農業が主要な産業であるベトナムでは、菅笠を被り、天秤棒を担いで農産物などを売り歩く女性の姿が、ベトナムを象徴するひとつの風景になっています。

　ベトナムのムラ社会では、儒教的な思想(五倫＝父子の親、君臣の義、夫婦の別、長幼の序、朋友の信)によって女性は階層最下位に置かれ、現在でも男尊女卑の考え方が根づいていると言われています。女性は、階層最下位に置かれていますが、多くの戦争に徴兵された男性に代わって農村社会を維持し、仕事をこなし、家を切り盛りしてきました。そのため、女性の地位は高くなり、女性を優先するようになって主婦は「内主」と呼ばれ、「主人の命令も内主の言葉に負ける」「奥方が家の主人」と言われています[18]。

---

[17] ベトナム政府は低賃金政策を堅持し、そのため農業従事者以外では一般に夫婦共働きが普通で、ひとつの仕事だけでは生活できないため、複数の副業も持っていると言われています。また、少しでも収入を増やそうとするため、不正や腐敗がはびこる可能性があるとされています。

[18] ベトナムには「男性の日」はありませんが、3月8日の国際女性の日と10月20日のベトナム女性同盟創立記念日が「女性の日」とされています。この日には女性に贈り物をする慣習があり、この慣習はベトナム戦争後に生まれたと言われています。男尊女卑社会の中で、女性が妻、母、労働者として一人三役をこなしているため、この日は女性に感謝する日になっていると考えられています。

　なお、「ベトナムでの女性の地位は高い。ベトナムでは女性の土地・財産所有は15世紀から認められている。家計管理は古くから妻の責任であるし、子に対する母親の威信は家長的なものである。女性の地位の高さとともに日常の活動も活発である。農家の主婦は収穫の一部を現金化しようと商売に才を発揮する」とされています(高橋伸一「耳の世界と眼の世界」『佛教大学学報』第45号、1995年10月)。

働き者の女性は、徒歩に依存した天秤棒行商よりも多くの商品を遠くまで運んで売り歩くために、自転車を使った自転車行商を行うようになりました。こうして稼いだお金を貯めて、定職に就こうとしない夫のために自転車やバイクを買い与え、小遣い稼ぎをさせていると言われています。主人(男性)が黙って従っているのは、ベトナムには「辛くない唐辛子はない。旦那に嫉妬しない妻はいない」という諺があるほど女性が強いからで、男性は「妻に頭の上がらない」恐妻家とされています。ベトナムでは頻繁に阿部定事件が起き、地方紙の社会面を賑わせていると言われています。

なお、2012年現在のベトナムの出生性別比は、女性100に対して、男性は110.3で、中国の116.0、インドの110.8よりは小さいものの、結婚できない男たちも存在し、彼らの中には自転車やバイクでの輸送を生業としている人々もいます[19]。

(2) モーターセロイと家族主義

ベトナムには、「溜池の水を浴びる龍も、敵の手中に落ちた虎も、能力が劣ったものになる」という諺があります。これは、「自分に合った環境を離れれば、能力を発揮できない」という意味とされ、このような考えによって家族主義が形成されたと言われています。家族主義には、自然に恵まれた生活環境によって社会(組織)に頼らずとも家族だけで生きていけるという思いがあり、それがドイモイ政策によって農村では家族主義として定着し、それを支えているのが働き者の女性であることから、ベトナムは「かかあ天下的家族主義社会」と呼ばれています[20]。

---

19) 前一輪後二輪の三輪貨物バイクもあり、ハノイの三輪貨物バイクは幌の屋根のある年数の経過した古い車両が一般的ですが、ホーチミン・シティでは前一輪後二輪の新型車のほか前二輪後一輪の荷台が前にある三輪貨物バイクもあります。

20)「王の法律も村の垣根まで」「家主の留守に鶏が海老を食べる」という諺があるように、ベトナムの人々には管理されたり規制されたりしなければ自由に好き勝手なことをするという国民性があると言われ、それはムラ社会の家族主義を表していると言われています。他方、ベトナムではバイクの交通事故が多発し、たとえばホーチミン・シティ交通安全委員会がまとめた2009年の交通事故状況によれば、同市で発生した交通事故の69.7%にバイ

家族主義は、主人がバイクを運転し、内主と荷物を乗せて移動販売しているバイク行商にみられると言われています。もちろん、内主ひとりで行っているバイク行商もあります。また、ホーチミン・シティにはバイクがリヤカーのような二輪の荷車を牽引する「モーターセロイ」と呼ばれるものがあり、ここでも主人がバイクを運転し、荷車に内主と荷物を乗せています。

　ホーチミン・シティの人々は、バイクのデザインよりも機能や使いやすさを重視するとされ、そこからホンダのバイク（カブ）に対する人気という、スーパーカブ文化あるいはカブ神話が生まれたと言われています。なお、バイクはホーチミン・シティではカブ型、ハノイではスクーター型が多く、ここに統一前の非共産主義の拠点で、経済活動が活発なベトナム最大の商業都市ホーチミン・シティと、統一前の共産主義の拠点で、現在では官僚・公務員の汚職が蔓延しているとされる政治の都市ハノイの違いが表れていると言われています[21]。

　他方、ベトナムでは「信仰・宗教法令」（2004年施行）によって、信仰及び宗教の自由が保障されていますが、公的に認められた宗教は仏教、カトリック、プロテスタント、イスラム教、カオダイ教、ホアハオ教とされています[22]。ベトナムは、東南アジアでは大乗仏教が伝わった珍しい国で、厳しい戒律のある上座部仏教ではないため、顕著な仏教文化はみられず、また国民の81.8%が無宗教と言われています。無宗教では宗教的コミュニティが形成されず、そのた

　　クが関係し、死者数ではバイク乗車・乗用中が69.6%、負傷者では75.1%を占め、バイク同士の衝突事故がバイクの関係する事故の80.3%を占めていました。バイクの交通事故も、管理されたり規制されたりしなければ自由に好き勝手なことをするという国民性に関係があると言われています。

21）バイクの世帯普及率は都市部では約120%、農村部では約80%で、また地域別ではハノイのある紅河デルタでは約90%、ホーチミン・シティのある南東地域では130%を超えていると言われています。

22）公認された宗教の信徒数は、仏教1000万人、カトリック550万人、カオダイ教240万人、ホアハオ教160万人、プロテスタント100万人、イスラム教6.5万人とされ、ホアハオ教とカオダイ教はベトナムで生まれたベトナム独自の宗教とされています。また、共産党員にはホー・チ・ミン元国家主席のみを信仰するホー・チ・ミン信仰があり、個人崇拝は共産主義国家で一般にみられると言われています。

め無宗教が家族主義の形成に関係していると言われています。

　社会主義国のベトナムで公的に認められた宗教があるのは、それらの宗教がベトナム固有の土俗信仰と結びついていたからとされ、無宗教とされる人々のあいだでも儒教と死霊信仰（土着の精霊信仰の上に成立した亡霊信仰）に基づく先祖崇拝と先祖祀りが現代も息づいていると言われています。

（3）戦争と農業とかかあ天下

　農業は米の生産に強く依存し、それがひとつの特徴になっています。農業は、1986年以降のドイモイ政策の下での配給制と管理価格の縮小と廃止、家族主義的な個人農家の導入などによって飛躍的に発展したと言われています。このことは、ドイモイ政策以前の農業は立ち遅れていたことを意味し、政策面以外でのその大きな要因に第一次インドシナ戦争、ベトナム戦争、中越戦争、中越国境紛争という戦争が挙げられています[23]。このような戦争によって、ベトナムでは運命共同体的な文化つまり共同体文化が一層顕著になったとされています。

　中越戦争時には、正規軍だけで170万人の兵力があったとされています。長い戦争が終わり、兵力の大幅な削減によって退役した勇敢で誇り高き男たちには、戦争によって経済的な発展が遅れていたベトナムでは兵士以外に喜んでする仕事がなく、そのため仕事もせずブラブラするようになったと言われています[24]。

---

23) 第一次インドシナ戦争は、1946年から1954年にベトナム民主共和国の独立をめぐるフランスとの戦争で、ベトナム戦争は1960年から1975年にベトナムの南北統一をめぐる戦争とされています。中越戦争は、1979年の中国によるベトナムへの侵略に対するベトナムと中国のあいだの戦争で、中越国境紛争は1984年にベトナムの領域と認識されていた中越国境の高地への中国による侵略によって起こったベトナムと中国のあいだの大規模な軍事衝突とされています。

24) なお、男たちが兵士以外に喜んでする仕事がないと考えるようになったのは、100年にわたる戦争でベトナムがほぼすべての戦争で勝利したことによる男たちの誇りの高さに関係していると言われています。そのような男たちは、日本人からは「髪結いの亭主」と呼ばれることがあります。

また、中越戦争後には人口の増加によって農村では労働力が過剰になり、都市への出稼ぎ労働者や「村八分」としてムラ社会から放り出された流民が大量に生み出されたと言われています。そのため、人口増加の抑制を目的に、1981年から「二人っ子政策」が実施され、3人目の子供が誕生すれば罰金などの厳しい罰則が科されていました[25]。

　他方、ベトナムの女性は、結婚すると亭主に悪い虫がつかないように亭主の監視をはじめ、少しでも疑わしいことがあれば獅子に豹変すると言われています。また、子供が生まれたら、家庭を守る大黒柱として強い女性に変貌し、自分の家族に危害を加えようとするものを徹底的に排除するとされています。ここに、ベトナムの家族主義とかかあ天下がみられると言われています。

---

[25] 1954年以降は中絶が合法とされていたため、「二人っ子政策」下の父系中心主義のムラ社会では、跡継ぎの息子を生まなければならないという精神的圧迫から女児を中絶することが多かったと言われています。なお、二人っ子政策は2002年に緩和され、小家族の国民は合法的に第3子が認められましたが、2008年に人口抑制政策として第3子出産夫婦を対象に取り締まりが強化されたと言われています。

第6章 マレーシアのイスラム教と民族主義

6-1 バイクとインシャラー意識

(1) トライショーと「のんびり性」

　トライショーは、アジアの多くの国でみられる運賃交渉制の三輪自転車タクシーで、マレーシアではマラッカとジョージタウン(ペナン島)で主に観光客向けに運行されています。客席が前にある前二輪後一輪型(ジョージタウン)と、客席が横にあるサイドカー型(マラッカ)があり、トライショーという呼び名(名称)とサイドカー型はシンガポールと同じです[1]。なお、シンガポールはマレー連邦から追放される形で都市国家として独立しましたが、現在ではマレーシアはシンガポールの影響を強く受けていると言われています。

　マレー半島西海岸南部に位置し、東西交通の要衝マラッカ海峡に面する港湾都市マラッカのトライショーは、ジョージタウンのトライショーや、他のアジアの国々の三輪自転車タクシーと比較して、大きな違いがあります。それは、車両が装飾されていることと、大音量の音楽を流しながら走行していることです。車両の装飾は、ドライバーが工夫を凝らして飾りつけ、ハローキティちゃんやアナ雪、マリオ、ドラえもんなどのキャラクターを使ったものや、色鮮やかな花で飾ったものなどがあります。大音量で流す音楽は、地元の曲もあれば、米国のスーパースターのヒット曲もあり、ドライバーが自分の好みで選曲し、車両に搭載したスピーカーから流されています。また、電飾された車両もあります。

　マラッカのトライショーは、大通りでは車が来ようがお構いなしで割り込ん

---

[1] トライショーの起源は日本の人力車と言われ、明治時代に東京で普及していた人力車は低コストで便利な乗り物として中国で広まり、中国で「リクショー」と呼ばれていた人力車は、東南アジアやインド、アフリカまで広まったとされています。シンガポールにリクショーが入ってきたのは19世紀後半で、中国人移民が持ち込んだとの記録が残されていると言われています。

第6章　マレーシアのイスラム教と民族主義　85

でいきますが、一般的には超ノロノロ運転で、このノロノロ運転にマレーシアの人々の国民性がみられると言われています。その国民性として第一にあげられているのが「のんびり性」で、約束の時間もおおよそのくらいの時間とされ、一般にマレー系とインド系は時間へのこだわりは少なく、約束の時間に30分～1時間くらい遅れることも珍しくないと言われています。

なお、イスラム圏では「インシャラー」という言葉が、何かを約束をするときに使われ、それは「アッラーの神の思し召しによって……」というような意味とされ、現実社会では「ちょっとくらい約束の時間に遅れるかもしれないが、それはアッラーの神が遅れるようにしたのであって仕方のないことだ」という意味になると言われています。これが、「のんびり性」の根源にあるとされています。

(2) ブミプトラ政策と民族主義

　クルマ社会のマレーシアでは、「この国では自転車なんて誰も乗らない」「自転車に乗っている人なんて見たことない」と言われるように、自転車に乗る人は極めて少なく、その理由はただひとつ「非常に危険で自殺行為に等しい」からと言われています[2]。

　マレーシアの一般的な交通事情について、在マレーシア日本国大使館は、生活習慣として道路では車が優先で、朝・夕の通勤時間帯と昼休みの時間帯及び雨天時には主要道路は渋滞し、割り込みや無理な追い越し、急な車線変更など運転マナーは悪く、バスやバイクでは無謀運転が多く、また車優先のため歩行者の急な飛び出しや無謀横断が多いとしています[3]。

---

2) しかし、ペナン島のジョージタウンではレンタサイクルが密かなブームになり、レンタサイクル店もありますが、自動車の交通量が多いため、自転車の通行できる道路は限られ、その道路には自転車の絵が描かれています。
3) 交通事故の主な原因は、交通ルールが守られていないこと、未熟な運転技能、運転モラルの欠如などとされ、近年には車が急増したことも交通事故を誘発する要因になっていると言われています。また、マレーシアには、英国植民地時代の名残のようなラウンドアバウトと呼ばれる信号のない円形交差点があります。ラウンドアバウトには3～5本の入出路があり、周回方向は時計回りです。交通量が少ない場合には有効な交差点交通流制御方法で

他方、自転車が貨物(荷物)運搬用に使用され、また荷台が前にある前二輪後一輪型の三輪貨物自転車も行商などで使われていますが、他のアジアの国々と比較すれば、その数は非常に少なく、それは乗用の自転車が少ないのと同じ理由と言われています。しかし、非常に珍しい四輪自転車があり、それは後輪が3つある荷物運搬用の自転車で、形状的には台湾の福祉スクーターの自転車版のようなものです。

　自転車を使用した貨物(荷物)の運搬が少ないのは、自転車に乗ることが「非常に危険で自殺行為に等しい」という交通事情とともに、危険な仕事は自分たちの仕事ではなく、出稼ぎ労働者の仕事と考えるマレー系民族の身分意識も関係していると言われています[4]。

　マレー系民族の身分意識は高く、いわゆる3K(きつい・汚い・危険)の仕事は自分たちの仕事ではなく、非マレー系民族や外国からの出稼ぎ労働者の仕事と考え、それはマレー系民族を経済的に優遇するブミプトラ政策が関係していると言われています[5]。民族と宗教の関係では、マレー系の100%、インド系の3.8%、中国系の1.0%がイスラム教徒とされ、インド系や中国系の人の中にはイスラム教へ改宗した人がいるとされています。イスラム教へ改宗すれば、イ

　　すが、交通量が増加したマレーシアでは渋滞と交通事故の原因になっていると言われています。
4)　マレーシアでは出稼ぎの外国人労働者にはワーカービザ(正確にはソーシャルパス)が発給され、それは就労ビザ(エンプロイメントパス)とは別のものです。就労ビザは大卒以上で、マレーシア人を指導できる専門知識や高度な技術を持つ外国人が取得でき、ワーカービザはインドネシア、ネパール、バングラデシュなど政府が協定を結んだ国の国籍を持つ人々だけが取得できるというもので、就ける職種や滞在期間が制限されています。
5)　ブミプトラは「土地の子」を意味し、マレー人、オラン・アスリ(マレー半島にマレー人がやって来る前から暮らしていた先住民族)、ボルネオの先住民など、もともとマレーシアに暮らしていた人々と、中国人やインド人など主に英国植民地時代に移民として来た人々を区別する用語として用いられていると言われています。多民族国家のマレーシアでは、民族融和と国民の統合が独立以来の重要課題となり、1969年の中国人とマレー人の衝突という民族暴動を踏まえ、政治経済社会の安定政策として、最大勢力であるブミプトラの主導的地位の確保と経済状態の引き上げを通じて民族間の経済的不均衡を是正するため、ブミプトラをさまざまな面で優遇する社会・経済政策が行われるようになり、それがブミプトラ政策と呼ばれています。

スラム教徒＝マレー系という暗黙の合意の下で、ブミプトラ政策による経済的優遇など一定の特権が付与されると言われています[6]。ブミプトラ政策は、マレー民族主義を具現化したものとされ、民族主義とは一般に自らの民族を政治・経済・文化などの主体と考え、その価値観を至上のものとする思想や運動とされています[7]。

(3) バイクとインシャラー意識

　バイクの保有台数は 2014 年現在、1173 万台、人口 1000 人あたり保有台数（普及率）は 395 台で、アジア（ブルネイを除く）では台湾の 696 台、ベトナムの 479 台に次いで多いとされています。マレーシアが他のアジアの国々と異なる点は、人口 1000 人あたり自動車保有台数（普及率）が 395 台で、日本の 599 台に次いで多く、バイクと自動車の普及率がほぼ同じことです。

　バイクの運転マナーは悪く、一部の高速道路にはバイク専用道とバイク専用料金所がありますが、幅員が狭いため自動車レーンを走行し、ほとんどが無謀運転で、「我が物顔で偉そうにビービーと警笛を鳴らしながら猛スピードで車と車の間をすり抜けていく」と言われています。その際、自動車のサイドミラーに接触して壊しても無視して逃走し、このようなことは日常茶飯事で、そのためサイドミラーの壊れたままの自動車も多く、修理しないのは修理しても

---

[6] イスラム教への改宗には公的な手続きが必要で、その手続きはイスラムに関する事項を担当する役所へイスラム教徒の保証人 2 人を伴って行き、担当官吏の前で信仰告白（「アッラーの他に神なし」「ムハンマドはアッラーの使徒なり」）をアラビア語で唱え、書類に署名し、その書類を持って身分上の登録を行う役所に行き、手続きをします。身分証明書には信仰する宗教を示す欄があり、改宗した場合はこの欄の記述が変更されます。このような手続きが必要なのは、イスラム教徒になれば一定の特権が付与されるからと言われています。
[7] マレーシアでは民族と宗教・職業の結びつきが、顕著にみられると言われています。マレー人はイスラム教徒で、元来自給的な農・漁業に従事するか、公務員の職に就いていましたが、ブミプトラ政策の下で実業の世界にも進出し、中国人は製造業や流通業、事務職に多く就き、宗教は仏教、道教、キリスト教で、インド人は小規模な商業やサービス業、農園などの労働に就き、ヒンドゥー教徒が大半とされています。

また壊されるからと言われています[8]。

　また、バイクには信号無視、逆送、暴走、サーキット遊び、乗車定員の超過などもみられますが、運転マナーが悪いのはバイクだけではなく、自動車も同じで、急な車線変更、割り込み、幅寄せ、直進レーンからの右折や右折待ち、違法な路上駐車などは普通のことと言われています。さらに、マレーシア道路交通局によれば、バイクや自動車を運転するドライバーの10人に3人が無免許とされ、その中には交通違反の罰金を支払っていないため免許更新ができず、免許が失効したまま乗り続けている人が多いとされています。

　マレーシアの人々には「のんびり性」があるとされていますが、バイクや自動車に乗ると豹変する彼らは揶揄的に「自己中で、見栄坊で、法に縛られるのが嫌いで、不法を使命と勘違いしている」と言われています。それは、ブミプトラ政策による身分意識つまり特権意識と、何事も「神の思し召し」とするインシャラー意識に関係していると言われています[9]。

　なお、バイクにはバックミラーが両側にある車両と、右側にしかない車両があり、ライダーにはジャンパーなどを後ろ前に着て乗車している人がいます。ミラーについてはインド、ジャンパーの後ろ前の着用については台湾や中国でも見られます[10]。

---

8) マレーシアの英字紙「ザ・スター」が2015年に実施した世論調査によれば、寛容性が薄れ、回答者の55％が民族間の関係が良好ではなく、その中の73％は悪化していると回答したとされています。政府は、若者の間で民族意識が高まり、国民の間での敵対意識が強まっているとしています（「ザ・スター」2015年5月4日20時30分JST配信）。

9) マレーシアでは、通常の法律はコモンローに基づいていますが、司法制度についてはコモンロー裁判所のほかに、シャリア法と呼ばれるイスラム法とイスラム法廷を持ち、一国二司法制度が採用され、イスラム法の執行機関として宗教裁判所と宗教警察があります。
　他方、マレー人の集落には、必ずモスクまたはスラウ（小さな礼拝所）があり、巡礼のための積立金制度も確立され、毎年多数のマレー人が巡礼に旅立っています。巡礼を終えると、男性はハジ、女性はハジャの称号を与えられ、白いハジ帽をかぶった彼らは他の人々から尊敬を受けると言われています。

10) 他方、荷物（貨物）運搬用に、バイクの後部座席の上に大きな荷台を取り付けたバイクがあり、荷台前方の両サイドには停車時の荷物の積み降ろしを容易にするための特製のセンタースタンド棒が取り付けられています。また、サイドカー型の三輪貨物バイクもありますが、数は少ないと言われています。

第6章　マレーシアのイスラム教と民族主義　89

6-2　バスと貧富の差

（1）バスと文化のずれ

　首都クアラルンプールの市内バスは、多くの路線で運行され、市内中心部をくまなく網羅しています。車両にはエアコンがありますが、詳細な路線図や時刻表はなく、路線が複雑で車内アナウンスがないため、観光客が乗りこなすには時間がかかると言われています。市内バスにはラピッドバスとメトロバスがありますが、利用する上で違いがあります。

　ラピッドバスでは、プリペイド式ICカード「touch'n go」を利用でき、乗車時にカードをかざすと運賃以上の金額が差し引かれますが、降車時にかざすと差額が返金されます。それは、運賃に均一制と距離制の2種類があるからです。現金の場合には運転手に行き先を告げ、指示された料金を料金箱に入れ、乗車券を受け取りますが、両替機がないためお釣りはありません。車内にはテレビがあります。

　メトロバスは、ラピッドバスに比べて老朽車両が多いと言われ、「touch'n go」は使えません。乗車後、車掌に行き先を告げ、指示された運賃を支払い、乗車券を受け取り、小額であればお釣りはあります。降車する場合は、押しボタンを押して運転手に知らせます。これは、ラピッドバスも同じです。

　なお、ラピッドバスは近代化された先進的なバス、メトロバスはラピッドバスと比較すれば時代遅れ的なバスと言われています。近代的なバスと時代遅れ的なバスの併存は、発展途上のアジアの国々では一般にみられ、それは「文化のずれ」（cultural lag）と呼ばれています。また、これは富裕層のためのラピッドバス、貧困層のためのメトロバスという、貧富の差を表していると言われています[11]。

---

[11] 2012年の民族別世帯平均月収は、中国系が6366リンギット、インド系が5233リンギット、マレー系が4457リンギットで、中国系で月収が多いのはマレーシア経済で支配的な立場にあるからとされています。マレーシア統計庁が2015年6月に発表した「家計所得調査2014」は、平均月家計所得は2014年6141リンギットとなり、2012年の5000リンギットに比べ10.3％増加したとしていました。これを都市別にみれば、クアラルンプールが

他方、高速道路が整備されているマレーシアでは長距離バスが発達し、主要都市間を結ぶ長距離バスの運行本数は多く、ほとんどのバスにエアコンやリクライニングシートが装備されています。また、隣国のシンガポールやタイへ向かう国際バスもあります[12]。

(2) クアラルンプールと観光ツアー

2010年に発表されたマレーシア第10次計画では、2011年から2015年までの5年間の目標として、クアラルンプールの首都としての機能強化やツーリズムなどが経済産業分野の重点目標として掲げられていました。マレーシアの豊かな自然と文化、諸経費の安さは世界的に評価され、観光産業はマレーシアの経済発展を支える成長分野とされています[13]。

10629リンギットと最も高く、それに続くプトラジャヤ、セランゴール、ラブアン、ジョホール以外の州では国の平均を下回り、都市と地方の貧富の差は拡大したとされています。

[12] クアラルンプールから各都市への所要時間と料金の目安は、マレーシア政府観光局(2015年11月現在)によれば、マラッカ2時間、8リンギット前後、ジョホールバル6時間、20リンギット前後、ペナン7時間、25リンギット前後、シンガポール7時間、25〜30リンギット、ハジャイ(タイ)10時間、35リンギット前後とされています。

他方、長距離バスの中には豪華なバスもあり、たとえばクアラルンプールからシンガポール行きの大型バスの座席は16席で、座席はマッサージ機能付きのリクライニングチェア、座席毎に音楽や映画も楽しめ、ランチも付いています。航空機でのクアラルンプールからシンガポールまでの所要時間は45分で、バスより速いのですが、国際線となるため出発2時間前に空港に到着する必要があります。

[13] 一方で、2016年6月28日深夜に、クアラルンプール市郊外プチョン地区のショッピングモール内の飲食店で爆弾テロ事件が発生し、8人が負傷しました。マレーシア国家警察は7月4日に、マレーシア国内で初のイスラム過激派組織「イスラム国」によるテロ事件であると発表し、7月6日現在、実行犯2人を含む関係容疑者15人を逮捕し、2人を公開手配しました。これを受けて日本国外務省は2016年7月6日付で、注意喚起のスポット情報として「マレーシアに渡航・滞在される方は、上記情勢に留意の上、最新の関連情報の入手に努めるとともに、テロ事件等不測の事態に巻き込まれることのないよう、十分注意してください。特に、テロの標的となりやすい場所(オープン・カフェ、欧米関連施設、警察・政府・軍関係施設、ショッピングモール、デパートや市場、公共交通機関、金曜礼拝等の宗教関連行事・施設、観光・リゾート施設など不特定多数が集まる場所)を訪れる際には、周囲の状況に注意を払い、不審な状況を察知したら、速やかにその場を離れるなど自らの安全確保に努めてください」を発出しました。なお、スポット情報とは、特定の国や地域で日本人の安全にかかわる重要事案が発生・または発生する可能性がある場合に、速報的

第 6 章　マレーシアのイスラム教と民族主義　*91*

　クアラルンプール(マレー語で「泥川の交わるところ」という意味)は、1800年代に錫鉱山の発見とともに発展し、地元の人々には「KL(ケーエル)」の愛称で親しまれています。旧中央駅を中心に広がる美しいムーア建築(イスラム式の幾何学模様と文字装飾を特徴とする建築様式)やペトロナス・ツインタワーをはじめとする近代建築が自然と調和した美しい都市とされ、主要な観光スポットへは整備された公共交通機関でアクセスが可能です。

　主要な観光スポットを巡回するバスが KL ホップオン・ホップオフバス(KL HOP-ON HOP-OFF)で、1 日券を購入すれば、市内 23 か所の観光スポット(停留所)で何度でも乗り降りが可能です。2 階建てのセミオープントップバスなどが使用され、車内では 9 つの言語でクアラルンプールの歴史と観光地の説明が行われています。レイクガーデンや王宮など、最寄りに鉄道駅のない観光地へのアクセスに便利で、運行時間は 9 時～20 時、約 30 分間隔で運行されています[14]。なお、団体客用にはカラフルな塗装の貸切バスが運行されています。

　クアラルンプール市内無料循環バス「GoKL バス」は、市内中心部への通勤・通学者向けに 4 つのルートで運行され、上手に乗りこなせば観光にも便利でお得と言われています。運行時間は、平日は 6 時～23 時、土日休日は 7 時～23 時、運行頻度は平日ピーク時の 7 時～10 時と 16 時～20 時は 5 分間隔で、その他の時間帯は 10 分間隔です。通勤・通学者向けの運行のため、オフィスエリアにバス停が多く、クアラルンプール・シティセンターやブキッビンタン、ムルデカ広場、KL タワーにも停車します。

　他方、クアラルンプールのムルデカ広場周辺の歴史的建造物や街並みを馬車に乗って観光するツアーが「馬車ツアー」と呼ばれ、所要時間は 20 分で、車

　　に出される情報のこととされています。
14) 23 か所の観光スポット(停留所)は、マレーシアツーリズムセンター、KL タワー、KL シティウォーク、コンベンションセンター&アクエリア、クラフト・カルチュラル・コンプレックス、ビンタンウォーク、テンカット・トン・シン、チャイナタウン、セントラルマーケット、リトルインディア、KL セントラル、国立博物館、ナショナル・パレス、レイクガーデン、バードパーク、国立モスク、ムルデカ広場、メダン・マラ、ラジャ・ラウト、ブラタン・パハン、パレス・オブ・カルチャー、シティバンク／アンパンパーク、ペトロナス・ツインタワーです。

よりゆっくり、徒歩より少し速い速度で街並みや風景を楽しむことができ、クアラルンプールの歴史を満喫できると言われています[15]。また、ムルデカ広場とレイクガーデンを乗降自由のトラム（小型バッテリーカー）に乗って巡るツアーが、「KL ヘリテージ & ネイチャートレイル」と呼ばれています[16]。「馬車ツアー」と「KL ヘリテージ & ネイチャートレイル」に、マレーシアの「のんびり性」がみられると言われています。

（3）タクシーと貧富の差

クアラルンプール市内を走るタクシーには、一般タクシー（パジェットタクシー）と、エグゼクティブタクシー（ブルータクシー）と呼ばれる青色のタクシーがあります。両タクシーともメータ制ですが、一般タクシーには交渉制もあり、ここにもラピッドバスとメトロバスのように、「文化のずれ」と、富裕層のためのエグゼクティブタクシー、貧困層のための一般タクシーという貧富の差がみられます。

定額制のクーポン（前払い制）タクシーもあり、それは KL セントラル駅などの主要な駅にあるクーポンタクシースタンドで行き先を告げてチケットを購入し、乗車後に運転手にチケットを渡すというものです。クーポン制は、渋滞な

---

[15] ムルデカ広場は、クアラルンプールの中心部にある広場で、「ムルデカ」とはマレー語で「独立」を意味しています。1957 年 8 月 31 日にマレー連邦の独立が宣言され、国旗が掲げられた場所です。毎年 8 月 31 日には、独立を記念して、盛大な式典が行われています。この時、独立したのはボルネオエリアを除くマレー半島エリアで、ボルネオエリア（ボルネア島）はインドネシア、マレーシア、ブルネイの 3 か国の領土であり、世界で最も多くの国の領地がある島とされています。

[16] KL ヘリテージ & ネイチャートレイルでアクセスできる国立モスク「マスジット・ネガラ」は、8000 人の信者を収容できる礼拝所を持つ東南アジア最大級のモスクで、伝統的なイスラムの様式と近代的な建築が融合したイスラム教徒の祈りの場とされています。ターコイズブルーの屋根は、14 角形という独特な形で、イスラム教の五行とマレーシアの 13 州と首都クアラルンプールを表していると言われています。なお、五行とはイスラム教徒に義務として課せられた 5 つの行為、信仰告白（シャハーダ）、礼拝（サラー）、喜捨（ザカート）、断食（サウム）、巡礼（ハッジ）とされています。喜捨とは、仏教では進んで金品を寄付・施捨することとされていますが、イスラム教では困窮者を助けるための義務とされています。

どで時間がかかっても追加料金は不要で、法外な運賃を請求されることもない
ため、旅行者は安心して乗ることができると言われています[17]。法外な運賃を
請求する悪質なタクシー運転手は、発展途上のアジアの国々では一般にみら
れ、その背景には貧困問題があると指摘されています[18]。

　また、タクシー運転手の多くは渋滞を嫌い、渋滞する方面に行くと、メータ
制のタクシーでもいきなり交渉制になって高い運賃を請求したり[19]、「そこには
行きたくない」と拒否されたりすることがあると言われています。交渉制では、
渋滞時には相場の倍以上の運賃を要求することもあると言われています。幸運
にも、渋滞する通勤ラッシュの時間帯にメータ制のタクシーに乗車できたとし
ても、その時間帯には相乗りの習慣があるとされています。渋滞だけではなく、

---

17) 他方、クアラルンプールには、スマートフォンにアプリをダウンロードし、専用アプリを利用して現在地をタップすると、一番近くにいる登録運転手を探してくれるタクシー配車サービス「MyTeksi」があり、市内14か所のスポットにこのサービスを利用できる専用機械が設置されているとされています。このサービスを利用すると、タクシーのナンバーと運転手の名前、目的地までのおおよその運賃が表示され、別途呼び出し料として2リンギットが加算されますが、安全で便利と言われています。なお、タクシーではなく、自家用乗用車を使った同様の配車サービスはグラブカー（GrabCar）と呼ばれています。自家用乗用車にはメータはなく、そのためアプリで表示された金額が確定した運賃となるとされています。

18) マレーシアには良い運転手と悪い運転手がいて、良い運転手はメータを使い、交通マナーや法律を守り、メータが客席から見えるところにあり、顔写真入りのプレート（身分証や社員証）を掲げているとされています。メータを帽子やタオルで隠し、無謀運転をするような運転手は悪い運転手と言われ、悪い運転手には乗車拒否、ぼったくり、遠回り、迷子、連れ去りなどの危険があると言われています。

19) 在マレーシア日本国大使館によれば、「請求された法外な運賃を持っていなかったので財布やバックまでも取り上げようとした」「タクシーの外に出ようとしたが、ドアロックが外れず降りることができず、人気のないところまで連れていかれ、携帯電話を盗られた」「請求した運賃を支払わなければ殺すと脅かされた」「自分はやくざだなどと脅され、チョコレートショップに連れて行かれた」などの被害が寄せられているとされています。タクシー運転手の事業認可を担当しているマレーシアの起業家・協同組合開発省車両免許登録局は、不幸にして事件に巻き込まれた場合は、無理に抵抗すると強盗事件等に発展する可能性もあるので、助手席の許可証にある氏名・会社名・車のナンバー、車の色、被害内容を警察及び起業家・協同組合省車両免許登録局へ届けて下さいとしています。なお、マレーシアには個人タクシーはなく、すべて会社タクシーで、運転手は会社から車両を賃借して営業しています。

イスラム教徒の運転手は「お祈り」や「帰宅の時間」などの理由で、乗車拒否をすることもあると言われています。

6-3 鉄道と民族的優越性

（1）長距離列車と貧富の差

　マレーシアの鉄道路線には、クアラルンプールを基点としたKTMコミューターと呼ばれる近郊路線と、北はタイから最南州のジョホールバルまでマレー半島を縦断する「マレー鉄道」と呼ばれる長距離路線があります。鉄道事業では、下部（所有と管理）と上部（運営と運行）を別々の事業主体とする上下分離方式が採用され、所有と管理は鉄道資産公社（PAK）、運営と運行はマレーシア鉄道公社（KTMB）によって行われています。PAKとKTMBは、1992年にマレーシア国有鉄道（MRA）から鉄道事業を受け継いで設立された公社で、いずれも政府が管理しています。

　長距離路線には、ウエスト・コースト線とイースト・コースト戦、サウス線があり、ウエスト・コースト線はタイのハジャイ～クアラルンプール～ジョホールバルを結び、複線電化が進められています。イースト・コースト線は、トゥンパ～グマス～ジョホールバルを結び、トゥンパ～グマス間は単線非電化です。

　座席クラスには、AFC（プレミア一等）、ASC（スーペリア二等）、AEC（エコノミー三等）があり、夜行便（寝台車）にはADNFB（プレミア一等）とADNFS（スーペリア二等）があります。クアラルンプール～ジョホールバル路線には、ADNFBとADNFSのほかに、ADNFD（プレミアデラックス）があります。寝台車はベッドの上段と下段で運賃が異なります[20]。このような座席クラスは、

---

20) 運行本数は、ウエスト・コースト線のクアラルンプール～タイのハジャイ間が1日1便、料金は64～129リンギット、クアラルンプール～ジョホールバル間が1日2～3便、34～149リンギット、イースト・コースト線のトゥンパ～ジョホールバル間が1日1便、73～86リンギット、サウス線のクアラルンプール～トゥンパ間が1日1便、76～135リンギットとされています。

第6章 マレーシアのイスラム教と民族主義 95

開発途上国では一般にみられ、それは乗客の貧富の差に対応するものと言われていますが、マレーシアでは長距離バスとの競争もあると言われています。

他方、シンガポール～マレー半島縦断～タイ間で国際観光列車のイースタン＆オリエンタル・エクスプレスが運行され、雰囲気やサービス、食事も豪華と言われています。運行は、英国領バミューダに本社を置くベルモンド社によって行われ、PAKとタイ国鉄は同社に線路を貸しているだけです。

（2）KTMコミューターとイスラム教

KTMコミューターとは、クアラルンプール近郊の交通渋滞解消を目的とした近距離旅客輸送に特化した都市型電車とされ、運行区間は全線複線電化されています。1995年8月に最初のKTMコミューターがラワン～クアラルンプール間で運行を開始し、その後、徐々に運行範囲が拡大され、現在3路線で運行されています。KTMコミューターは、鉄道路線の電化複線化と新駅の設置によって高速大量輸送を実現したとされています。

時刻表はなく、約10～15分間隔で運行され、車両は冷暖房完備の3両固定編成を基本とし、ラッシュ時には2編成6両で運行される列車もあります。3両編成では中央の車両1両、6両編成では2両が終日設定の女性専用車とされています。女性専用車の設定は、イスラム教では男女の同席が忌避されるという宗教上の理由からとされています。また、車内での飲食など多くの禁止事項が設けられています。

なお、マレーシアの憲法は、信教の自由を保障していますが、同時にイスラム教を国教と規定してイスラム教に特別な地位を付与し、首都クアラルンプールには国立モスク、各州には州立モスクがあります。マレーシアの行政単位である州は、前近代期のマレー諸王国に起源を持つものが多く、そうした州では伝統に従いスルタン（君主の称号、世俗権者）がイスラムの首長になるとされています。

他方、マレーシアのジョホールバルとシンガポールのウッドランド間で、シャトル電車がそれぞれ1日7便、計往復14便（朝・夕・夜）が運行され、所

要時間は約 5 分です。4 両編成で、座席は 268 席（チケット販売上限 320 枚）で、チケットは乗車日の 60 日前より購入が可能とされています。なお、シャトル電車は、マレーシアとシンガポールの緊密性を表すものと言われています。

（3）都市鉄道と地域格差

　クアラルンプール市内を網羅する都市鉄道に、高架鉄道と KL モノレールがあり、それは市民にとって便利な交通機関で、観光客にとっては市内の主要な観光スポットにアクセスができる乗り物とされています。乗車方法はいずれも、駅の自動券売機で IC 入りのコイン型切符を購入し、改札でかざして入場し、降車の際は改札口にある回収口に投入します。

　高架鉄道は、LRT（Light rail transit）あるいは Rapid KL と呼ばれ、LRT とは一般に輸送力が軽量級の都市旅客鉄道とされ、Rapid KL はクアラルンプールで列車やバスを運行する政府出資の会社名です。高架鉄道にはアンパン線（スター LRT、東西線）とクラナ・ジャヤ線（プトラ LRT、南北線）があります[21]。高架鉄道は、マレーシアの近代化を表す代表的な乗り物で、マレーシアの発展を表しているとされています。

　他方、KL モノレールは、クアラルンプール・セントラル駅とティティワンサ駅を結び、路線距離は 8.6km、所要時間は 19 分、全線複線、直流 750V、営業最高速度は 80km/h（運行速度は約 30km/h）、運行時間は 6 時から 24 時で、時刻表はなく、約 5〜10 分間隔で運行されています。車両は貫通式 2 両編成と 4 両編成があり、車両長は 10m、車幅は 3m、高さは 4.3m で、全車両に全面ラッピングが施されています。2 両編成の車両定員は 244 人（座席 48 人、立席

21）アンパン線にはセントゥル・ティムール駅からアンパン駅を結ぶ路線と、セントゥル・ティムール駅からスリ・プタリン駅を結ぶ路線があります。クラナ・ジャヤ線は、ターミナル・プトラ駅からクラナ・ジャヤ駅までを結ぶ路線で、クアラルンプール中心部では地下線を走行しますが、他はすべて高架線です。アンパン線の路線距離は 27km、クラナ・ジャヤ線の路線距離は 29km で、ともに軌間は 1435mm、直流 750V、最高速度は 80km/h です。運行時間は 6 時から 23 時 30 分で、時刻表はなく、約 5〜15 分間隔で運行されています。

196人)です[22]。

　マレーシアでは、貧富の差など貧困問題が大きく報道されることはありませんが、クアラルンプールでの高架鉄道やモノレールは、交通インフラ整備の差という点で、都市と地方の貧富の差を表わしていると指摘されています。

---

22) なお、KLモノレールは、1997年に日立製作所の技術で建設工事が始まりましたが、アジア通貨危機の影響で同年12月に建設が凍結され、翌1998年7月に車両を自国製にするなどコストを削減し、工事を再開しました。自国製車両の採用は、コストを削減するためのものですが、そこにはマレーシアの民族主義がみられると言われています。計画当初は第1期区間(8.6km)と、第2期区間(12km)に分けて建設される予定でしたが、第2期区間の建設は中止されました。1998年よりKLインフラストラクチャグループの子会社のKLモノレルシステム社が建設・経営を行っていましたが、2007年5月に破産宣言をしたため、同年11月に政府100％出資のナショナル・インフラストラクチャ・カンパニー(SPNB)に売却され、同社子会社のRapid KL社が運営を引き継ぎました。

第7章　シンガポールの厳罰主義と超多民族社会

7-1　交通機関と超多民族社会

(1)都市鉄道と厳罰主義

　シンガポールには、MRT(Mass Rapid Transit)と呼ばれる都市鉄道が5路線あり、南北線、東西線、環状線をSMRTトレインズ社、北東線、ダウンタウン線をSBSトランジット社が運営しています。都心部では地下線を走行し、他では高架線を走行していることから、地下鉄と紹介されることがあります。軌間はすべて1435mmの標準軌ですが、電化方式は北東線のみが直流1500Vの架空電車線方式で、他の4線は直流750Vの第三軌条方式です[1]。

　2003年に開業した北東線では鉄輪方式の鉄道としては世界初の無人運転が採用され、環状線とダウンタウン線も無人運転が行われています。工事中および計画中の路線には、トムソン線(2018年開業予定)、イースタン・リージョン線(2020年開業予定)、ジュロン・リージョン線(2025年開業予定)、クロスアイランド線(2030年開業予定)があります。

　MRTの乗車券は非接触型ICカード式で、下車駅の自動改札機では回収されません。このため、乗車券購入の際に表示された運賃には1シンガポールドルのデポジット料金が含まれていて、下車後に自動券売機に使用済みの乗車券を挿入すると、デポジット料金が払い戻される仕組みになっていますが、払い戻しは乗車券購入後30日以内に制限されています。また、改札内での不必要な長居を規制するために、乗車券には有効時間があり、同じ駅では改札通過後20分以内、4駅以内の移動では40分以内などと決められ、これはシンガポー

---

[1] 第三軌条方式とは、電車の集電方式のひとつで、走行用のレールとは別に並行して第三の給電用レール(第三軌条)を敷設し、車両に取り付けた集電靴で集電する方式とされています。架空電車線方式に比べ、建設コストが安く、架線により景観を損ねない利点でありますが、地上に高圧線を敷設するため人の侵入が容易な路線では感電の危険があり、採用できないとされています。

ルが管理社会であることを表していると言われています。

　他方、シンガポールは厳罰主義の国として知られ、MRTにも多くの禁止事項があり、列車内や駅構内での喫煙はもとより飲食も罰金の対象とされ、車内や駅構内をブラブラ歩き回ることも禁止されています。また、水洗トイレの流し忘れや紙屑のポイ捨て、水道水のムダ使いにも罰金が科せられ、ガムはポイ捨てをする人がいるため販売が禁止されています。これらの罰金額は1000シンガポールドルとされています[2]。

　厳罰主義が採用されているのは、シンガポールが多民族・多宗教国家で、狭い国土に価値観や生活習慣、公衆道徳レベルの異なる多くの国民や旅行者、駐在員、移民や出稼ぎ労働者が生活しているため、民族や宗教などに囚われない法律を制定して等しく遵守を求め、それによって治安と秩序を維持し、迷惑行為を抑制し、街の衛生と景観を保とうとしているからと言われています。このようなシンガポール社会が、超多民族社会と呼ばれています。なお、罰金だけではなく、禁固刑やムチ打ち刑（50歳以上の高齢者と女性は免除）もあり、海外からの旅行者にも適用されます。

（2）LRTと移民の管理・制御

　シンガポールにはLRT（Light Rapid Transit）と呼ばれている交通機関があり、それは自動運転（無人運転）によって案内軌条を走行する交通システムで、ゴムタイヤを使用し、案内軌条に併設された第三軌条から集電してモーターで走行します。日本でいう新交通システムで、一般的にはAGT（Automated

---

[2] シンガポールは治安のよい国ですが、その背景には犯罪に対する厳しい姿勢（刑事手続き）があります。そのポイントは、以下の通りです。①日本では犯罪でない行為でも、シンガポールでは犯罪とされる行為が多い。たとえば、自殺未遂は犯罪とされます。②「知らなかった」という弁解が通じない。日本では、故意や認識は検察官に立証義務がありますが、シンガポールでは被告人にあります。③事件化されやすく、刑罰は一般的に厳しい。日本のような執行猶予の制度はありません。④死刑や鞭打ち刑などの厳しい刑罰がある。一定量を超えた違法薬物を持ち込んだ場合、死刑です。オーバーステイは鞭打ち刑です。⑤未成年者に甘くない。シンガポールでは、16歳以上は成人として扱われます。男子の場合には、事案によっては10回以内の鞭打ち刑が科されることがあります。

Guideway Transit)と呼ばれています。LRTにはブキ・パンジャン線、センカン線、プンゴル線があります。ブキ・パンジャン線はSMRTトレインズ社によって運営され、路線距離は7.8km、中央案内方式が採用され、車両はカナダのボンバルディア社製のCX-100で、1両編成で運行されています。センカン線とプンゴル線はSBSトランジット社によって運営され、路線距離はセンガン線が10.7km、プンゴル線が10.3kmで、側方案内方式が採用され、車両は三菱重工業が海外輸出用に独自開発したクリスタルムーバーで、それぞれ1両編成で運行されています[3]。

　LRTは、MRT駅と大規模高層住宅団地のあるニュータウンを結び、車両が住宅に接近する場所では住民のプライバシーを守るために、車両の窓に自動的にスモークがかかります。プライバシーとは、個人や家庭内の私事・私生活、個人の秘密とされ、またそれが他人から干渉・侵害されない権利とされています。プライバシーの保護は当然のことですが、シンガポールでは文化や習慣の異なる人々が大規模高層住宅に居住しているため必要な対策とされています。

　高度成長期に政府が大規模高層住宅団地を建設して国民の居住を推進したことから、80％以上の国民が団地住まいと言われています。そのため、シンガポールは他の人口密度の高い国と異なり、面積の50％以上が公園や自然保護区の緑で覆われ、魅力的なガーデンシティを形成しています。大規模高層住宅団地は、都市中心部を取り囲むように島全体に配置され、その数は増加傾向にあり、そのためMRTの整備が計画的に進められています。

　他方、女性の高学歴化と晩婚化によって深刻な少子化問題に直面し、政府は子供を出産しやすい環境整備として、独身者に出会いの機会を提供する結婚支援、有給出産休暇期間の拡大、出産奨励金の支給、子育て支援補助金の支給などを行っています。その効果はみられませんが[4]、人口は増加しています。そ

---

3) また、チャンギ国際空港にも「スカイトレイン」と呼ばれるLRTがあり、三菱重工業製の個性的なデザインのクリスタルムーバーが運行されています。
4) シンガポールの合計特殊出生率は2014年現在1.19で、諸外国と比較してかなり低く、少子化は国力低下につながる切実な問題とされています。天然資源が豊かな農村地帯も持たないシンガポールにとって、活用できるのは限られた人的資源しかなく、これを最大限に

れは、移民(在留外国人)の増加によるもので、政府は持続的な経済成長のためには人口増が必要であると考え、制御が可能な移民受入政策を進めています。シンガポールの人々が嫌う道路工事やメード、工場作業などの仕事は、短期就労ビザによる外国人労働者に委ねられ、そのため外国人が増え過ぎたと言われれば、外国人労働者へのビザ発給の厳格化や、永住権取得の規制が強化されると言われています[5]。

(3)路線バスと超多民族社会

路線バスは、SBSトランジット社とSMRTバス社の2社によって運行され、その路線は市内のほとんどを網羅しています。ただし、市内全域をくまなく網羅するように路線が設定されているため、路線によっては終点の目的地まで最短距離を走行せず遠回りをするものもあります。

SBSトランジット社は、世界第2位の規模を誇る運輸業者コンフォート・デルグロ社の子会社で、265路線で3000台のバスを運行しています。SMRTバス社は、シンガポールではコンフォート・デルグロ社に次ぐ規模のSMRTコーポレーション社の子会社で、幹線47路線と支線20路線を運営し、このほか一部の停留所に停車しない急行バス、ナイトバス(深夜バス)、通勤時間帯に運行される着席保証のプレミアムバス、セントーサ島行きのシャトルバスも運行しています。

活用するためには、すべての人に機会(チャンス)が平等に与えられるという能力主義の方針が確立されました。男女の別に関係なく、教育や就業の機会が与えられ、女性の社会進出が進んでいます。フルタイム就業者(正社員・正職員)の男女間の賃金格差も小さく、女性に働きやすい環境が形成されています。また、1978年に働く女性に代わって家事や育児、介護を担う外国人家事労働者を近隣諸国から受入れています。しかし、能力主義を前提とする教育システム(超学歴社会)が少子化に強く影響していると言われています。

[5] たとえば、2012年に高価なスポーツカーを運転していた中国人の若い投資家(移民)が、信号無視で事故を起こし、追突されたシンガポール人の運転手が死亡したため、国民の怒りが移民政策への不満拡大につながり、その後の補欠選挙での人民行動党の敗北の一因になったと言われていました。そのため、政府は移民政策の見直しに着手し、富裕層移民については1000万シンガポールドルの金融資産の持ち込みによって永住権がすぐに取得できる優遇政策を廃止しました。

両社によって運行されているバスには、一般的なシングルデッキ車のほかに、ダブルデッキ車(2階建てバス)と、ロングバスと呼ばれている連節バスもあります。ほとんどのバスにエアコンが装備され、バス停もよく整備されています。しかし、バス停に名称がなく、車内アナウンスもありません。それは、多民族国家のシンガポールでは英語、マレー語、標準中国語、タミール語(タミル語)が公用語とされ[6]、これらの言語が平等に扱われているため、車内アナウンスをこれらの公用語すべてで行うと、バス停を通り越してしまうからと説明されています。

なお、多民族国家であるシンガポールは、民族問題に敏感にならざるを得ず、そのため民族の対立を煽るような言論や表現を「煽動法」や「宗教調和維持法」などによって厳しく取り締まり[7]、厳罰主義によって民族紛争のない国造りを行っているとされています。また、厳罰主義の根本には「人間の本性は動物と変わらず、人間には訓練を施して規律を身につけさせることができる」という考え方が政府にあると言われています。そして、多民族国家のシンガポールを超多民族社会として形成し維持する手段が厳罰主義とされ、そのため厳罰主義を基幹とする超多民族社会は管理社会と呼ばれることがあると言われています。

他方、シンガポールと隣国マレーシアを結ぶ国際バスがあり、シンガポール島北部のMRT南北線クランジ駅前のバスターミナルとマレー半島南端のジョホールバル間では約10分間隔で運行されています。国際バスが頻繁に運行されているのは、マレーシアから多くの人々がシンガポールに通勤しているからで、ジョホールバルでの出入国は平日の朝夕には通勤ラッシュによって混雑

---

6) タミール語は、南インドのタミール人の言語とされ、インド憲法の第8付則に定められた22の指定言語のひとつで、タミール・ナードゥ州の公用語とされ、スリランカでも公用語のひとつとされています。

7) たとえば、「煽動法」では民族・人種憎悪にとどまらず一党独裁政府への不満表明も取締りの対象とされ、5年以下の懲役または5000シンガポールドル以下の罰金が科されています。

し、手続きに 3 時間位かかることもあると言われています[8]。

7-2　交通管理と自己責任

（1）自家用車の抑制と交通管理

　シンガポール市内の交通渋滞は深刻な社会問題で、政府はその対策として自家用車の保有と利用に厳しい制限を設けています。保有については、国内の道路整備状況によって自動車の新規登録可能台数が定められ、有効期限 10 年の車両購入権（COE）の価格が入札によって決定されます。入札はインターネットを通じて行われ、入札価格は小型車や中型車など車種によって異なりますが、全車種共通の車両購入権の価格は 2010 年 1 月には約 2 万シンガポールドルでしたが、2011 年 1 月には約 7 万 1000 シンガポールドルに高騰するなど、経済の状況によって大きく変化します。

　新車を購入する時には、輸入関税、市場価格の約 150％に相当する物品税と登録料、道路税などが課せられ、それに車両購入権を合わせると車両価格の 4～5 倍程度の資金が必要になると言われています。自家用車登録台数が管理されているため、自家用車の世帯普及率は約 15％と低く、「自家用車に乗れるのはステータスだ」と言われています。

　自動車の利用については、特定地域への車両の流入を抑制するため、立ち入りに際してはクーポン購入を義務づけるロード・プライシングが 1975 年に導入され、1998 年 3 月からは世界初のプリペイドカードを利用した電子式道路料金徴収システム（ERP：Electronic Road Pricing）が導入されました[9]。

8）シンガポール北部とジョホールバルの間にはジョホール海峡があり、そこにはジョホール・シンガポール・コーズウェイと呼ばれる全長 1056m の橋梁が架けられています。道路鉄道併用橋で、その鉄道路線を利用してイースタン＆オリエンタル・エクスプレスが運行されています。また、水道管が併設され、それはシンガポールがマレーシアから水を購入しているからです。

9）当初のロード・プライシングは、商業中心地区を制限区域に指定し、朝の通勤車を抑制するために午前中のピーク時間帯だけで実施され（1989 年と 1994 年に時間帯が拡大）、制限区域へ進入する車両から通行料を徴収するという入域許可証制度でした。制限区域に進入

ERPの対象区域は、商業中心地区の制限区域と制限区域につながる幹線道路などで、対象車両は乗用車、タクシー、貨物車、バス、二輪車です。車載器にICカード式のキャッシュカードを差し込み、制限区域の入口に設置されたガントリー(架空式ゲート)を通過すると、カードから料金が自動的に差し引かれます。課金額は30分ごとに設定され、料金体系は3か月ごとに改定されます。カードは銀行や郵便局、ガソリンスタンドなどで購入でき、銀行のATMやスーパーマーケットに設置されている専用機でチャージすることができます。

自家用車の保有と利用に関する交通管理は、シンガポールが管理社会であることを表していると言われています。

(2) タクシーと交通管理社会

物価の高いシンガポールではタクシーの運賃に割安感があり、多くの人々によって利用されています。シンガポールでは、タクシー乗車時に全席でシートベルトの着用が義務づけられ、乗客が違反した場合には運転手も乗客もそれぞれ罰金が科せられます。そのため「シンガポールは厳罰主義の国だ」「管理社会だ」と言われることがありますが、シートベルト着用の義務化は安全を考えれば当たり前のことで、罰金が科せられるのは人々が規則を守らないからと言われています。タイや香港でも、シートベルト非着用に罰金を科しています[10]。

する場合には、ドライバーは事前に紙製の入域証を郵便局や自動車登録事務所、境界線付近に設けられた販売所などで購入し、自動車のフロントガラスに貼り付け、それを制限区域の入口(33か所)で監視員がチェックしていました。入域証には1日券と1か月券があり、監視員が識別しやすいように車種別に形や月ごとに色が変えられていました。入域許可証制度は、商業中心地区の混雑緩和に一定の効果がありましたが、渋滞地域の拡大や渋滞の程度に応じた課金徴収に対応できないため、ERPが導入されたと言われています。

10) なお、管理社会とは一般に、人間が生活のあらゆる面にわたって管理される社会とされ、人間疎外が深刻化している現代社会を批判的にとらえた概念、あるいは人間が管理の対象となる統制が進んだ社会の否定的側面を表現する概念とされています。他方、管理とは組織を統制して施設を良い状態に維持すること、あるいは一定の規準などから外れないように全体を統制することとされています。交通が管理された社会は交通管理社会と呼ばれ、

タクシーはメータ制で、時間距離併用制が採用され、深夜割増もあり、これらは先進国のタクシーでは一般的なことですが、シンガポールには独特の割増料金と追加料金があります。割増料金にはピーク時割増があり、それは通勤・帰宅時間帯には割増料金になるというもの、追加料金にはシティエリア(商業中心地区)料金と予約料金があります。シティエリア料金とは、シティエリアで乗車した場合には一定額の追加料金が加算されるというもので、ピーク時割増とシティエリア料金は自動車を抑制して混雑を解消するためのものとされています。予約料金とは、電話でタクシーを予約した場合には一定額の追加料金が加算されるというものです。なお、タクシーがERPガントリーを通過すれば、乗客がその料金を負担することになります。

　他方、タクシーの運賃はタクシー会社によって決められますが、タクシーのサービスの質については政府(シンガポール政府陸運局)が決定します。たとえば、2004年にシンガポール・タクシーアカデミーが創設され、快適で安全かつ能率的なサービスを提供できるように、タクシードライバーの養成・教育が行われています。タクシードライバーになるための資格には、運転免許を持っていることは当たり前ですが、30歳以上のシンガポール市民であること、1年以上の運転経験があり無事故であること、簡単な英語を読むことと話すことができること、英語のほかに公用語をひとつ話せることなどがあります。これは、タクシー利用者の立場に立った対策で、シンガポールが高度に発展した交通管理社会であることを表していると言われています[11]。

　　それは現代社会を批判的にとらえた概念や、統制が進んだ社会の否定的側面を表現する概念とは異なるとされています。シートベルト着用規制は、厳罰主義的な管理社会を表すものではないとされています。
11)　シンガポールとマレーシア間には専用の国際タクシーがあります。国際バスの場合には、イミグレーションチェックポイントで下車してチェックポイントに並ばなければなりませんが、国際タクシーでは乗車したままイミグレーションカードとパスポートを提出するだけで済みます。国際タクシーには、マレーシア国籍のタクシー(黄色)とシンガポール国籍のタクシー(青色)があり、24時間営業していて、シンガポールの国際タクシースタンドからジョホールバルまでの所要時間は45分です。相乗りとチャーター(貸切)があり、チャーターでは1人で乗っても2人で乗っても4人分の料金を支払うことになります。

(3) ダックツアーと自己責任

　ガーデンシティと呼ばれる美しいシンガポールを訪れる海外からの観光客は多く、彼らに人気のツアーがダックツアーと言われています。ダックツアーは、ベトナム戦争で使用されていた米軍の軍用車両を改造し、可愛いアヒルの顔を描いた水陸両用車「ダック号」による約1時間のミニツアーで、市内中心部の主要な観光スポットを陸上からと海上から見ることができます。ダック号は、ベンジャミン・シアーズ橋のたもとから勢いよく入水し、テーマパークや遊園地のアトラクションのようなダックツアーは、欧米人とりわけ冒険好きの米国人観光客に人気があると言われています。また、ダックツアーの人気は、ダック号に乗務するガイドの「欧米風のもてなし」にもあると言われています。

　シンガポールの国民は中国系が約77％、マレー系が約14％、インド系が約8％、その他が約1％で、公用語は英語、マレー語、標準中国語、タミール語ですが、ビジネスや行政などでは一般に英語が使われ、そのため初等教育の授業では必須科目の各民族語以外は英語で行われるなど、これは多民族を超えた超多民族文化が形成されていることを表しています。また、英語が公用語とされているため、シンガポールは欧米の文化や価値観の影響を強く受けているとされています。なお、欧米風文化と価値観の浸透による道徳規範の低下も、厳罰主義導入のひとつの要因になっていると言われています[12]。

　シンガポールで話されている英語には独特のアクセントと、英語にはない語彙があり、他言語の文法もそのまま編入された独特の「シングリッシュ」と呼ばれるシンガポール英語と言われています。政府は、正しい英語を話すように国民に求め、大学にはシングリッシュ矯正講座もありますが、シングリッシュも超多民族社会で定着しています。

---

[12] なお、徹底した英語教育によって、欧米風文化と価値観が根づき、経済発展の産物として波及した物質主義が若者たちの道徳規範の低下と文化の消滅を招く恐れがあると考えられていました。そのため、伝統文化やそれに付随する価値観を継承させるために、1984年に中等教育において道徳教育のための宗教知識科コースが導入されました。しかし、宗教熱が高まり、布教活動が活発化し、また政府が意図した儒教倫理よりも聖書知識を多くの生徒が選択したため、1990年に廃止されました。

他方、ダックツアーとともに人気のあるツアーがヒッポツアーです。これは、2階建てのセミオープントップバスを利用したツアーで、ヒッポとは動物のカバを意味し、バスの後部側面には大きなカバの絵が描かれています。このバスは、路線バスとして運用されていた車両の天井の一部や窓を取り除くという改造を施したバスで、観光客が自己責任で自由に楽しめるようになっています。
 なお、シンガポールは多民族国家であるため、伝統的に自己責任という価値観があり、厳罰主義も自己責任の延長線上にあるとされています。自己責任という価値観は教育分野にもみられ、能力別教育制度は各人の能力に合わせ適切なレベルの教育を提供することを目的としていますが、同時に「エリート養成」も意図したものと言われています[13]。政府がエリート養成に取り組むのは、人的資源がシンガポールにある唯一の資源だからとされています。

7-3 汚職の撲滅と国家資本主義

(1) 観光開発と汚職の撲滅
 世界的に有名なラッフルズ・ホテルやグッドウッド・パーク・ホテル、ザ・フラトン・シンガポールなどのホテルが立地し、航空ネットワーク的に優位性があります。しかし、近隣のタイやマレーシアと比較すれば、国家としての歴史が浅いため歴史的な観光資源に乏しく、またビーチなどの自然の観光資源にも恵まれていないため、政府と民間が協力して人工的な観光資源の開発を進めています[14]。
 たとえば、2008年3月に世界最大の観覧車「シンガポール・フライヤー」

---

[13] シンガポールは、自己責任と管理社会が融合した競争社会と言われています。たとえば、子供たちは10歳になるとテストを受け、最優等、優等、普通のグループに振り分けられ、普通グループの子供たちは工場やサービス業の職にしか就くことができないと言われています。そのため、競争に敗れた子供たちは貧困層へと追いやられ、「ガーデンシティ」と呼ばれる美しいシンガポールにも貧民街があります。
[14] 人工的な観光資源の開発やデザインコンセプトは、アジア的と言うよりもむしろ欧米的で、それが外国人観光客に占める欧米人の割合を高くしているひとつの要因とされています。

がマリーナエリアに完成し、同年9月に市街中心部の公道を利用してF1初の夜間レース「F1シンガポールグランプリ」が開催されました。また、セントーサ島にある複合リゾート「リゾート・ワールド・セントーサ」(RWS)のホテル群が2010年1月に、ショッピングモールと巨大カジノリゾート施設「マリーナベイ・サンズ」が同年2月に、テーマパーク「ユニバーサル・スタジオ・シンガポール」が同年3月にオープンしました。

セントーサ島は、シンガポール島の南にある東西約4km、南北約1.5kmの島で、レジャー施設が多数開発され、一大観光スポットになり、島の北側には遊園地や水族館が並び、南側にはビーチが続いています。セントーサ島へは橋を渡ってバスやタクシー、徒歩でも行くことができますが、いずれも入島料が徴収されます。このほか、モノレールとケーブルカー（日本でいうロープウェイ）でも行くことができます[15]。

なお、小国で天然資源がなく、多民族のシンガポールが発展したのは、通信網と交通網を整備して外国資本を誘致し、英語を公用語のひとつに定め、上級官僚に高額の報酬を支払って効率的な政府をつくり、個人の自由を厳しく制限して汚職を撲滅したからと言われています[16]。

---

[15] モノレールは跨座式で、「セントーサ・エクスプレス」と呼ばれ、セントーサ開発公社によって運行されています。シンガポール島南端のハーバーフロント地区にある大型複合施設「ヴィーヴォシティ」3階のセントーサ駅〜ウォーターフロント駅〜インビアー駅〜ビーチ駅間2.1kmを約5分で結んでいます。ウォーターフロント駅はRWSの最寄り駅で、ビーチ駅はセントーサ島の玄関口にあたり、ビーチトラムなど島内を網羅する複数の交通機関への乗換ができます。

[16] シンガポールの汚職行為防止法(1993年法第241号改正版)は、一般的な汚職行為禁止条項（シンガポール国内における外国公務員等に対する贈賄、及びシンガポール国民による外国公務員等の贈賄を含む）について、10万シンガポールドルを上限とする罰金又は5年を上限とする拘禁を科し、犯罪行為が政府からの受注契約又は議会若しくは公的機関のメンバーが関与する場合には、10万シンガポールドルを上限とする罰金又は7年を上限とする拘禁を科すとしています。

他方、シンガポールの官僚の給料はトップクラスでは年収1億円程度で、給料は民間企業の業績と国内総生産(GDP)成長率と連動し、民間企業の業績とGDPが伸びたときには給料は高く、下がったときには低くなるため、官僚たちは民間企業の業績を上げ、GDPを伸ばすために必死に働くと言われています。

（２）環境保全と民族的迷信

シンガポールのウォーターフロントを海上から観光するリバークルーズには、ヒッポ・リバークルーズとシンガポール・リバークルーズがあります。ヒッポ・リバークルーズでは、一層の平甲板構造の船が使われ、船首部分には屋根がなく、簡単な構造の船ですが、太陽電池を採用した地球に優しい船で、ガイドが乗務しています。

シンガポール・リバークルーズでは伝統的な船型のバムボートが運航されています。バムボートは、木造の平底の船で、かつてシンガポール川などを行き来する行商船や、埠頭に接岸できないために沖合に停泊した大型船から積荷を物揚場まで運搬する艀、あるいはシンガポール島周辺の小島との間を行き来する貨物船として使われていました。バムボートは、英国植民地時代から150年以上活躍してきましたが、1983年に始まった「川の美化運動」によって中心部での貨物の運搬が禁止され、そのためシンガポール川とマリーナベイを行き来する観光客向けのリバークルーズ船として運航されるようになったとされています。バムボートは、歴史的な観光資源のないシンガポールでは味わいのある船として観光客に人気があると言われています。バムボートは、2008年に航行域の水質保全のために動力機関がディーゼル機関から電気機関に置き換えられました。

他方、リバータクシーもあり、シンガポール最大の夜遊びスポットと呼ばれているクラークキーと、シンガポール川河口間などで運航され、船尾のオープンデッキ部分を除き、屋根のある部分には赤い提灯が飾られています。

バムボートやリバータクシーの船首には「目」が描かれていて、これは迷信ですが、「幸運のシンボル」と言われています。なお、迷信とは自然現象などに対する観察・経験・解釈から起こり蓄積された知識あるいは俗信のうち、合理的根拠がなく、社会生活に実害を及ぼすものや道徳に反するような知識あるいは俗信とされています。西欧の心理学では、迷信は非科学的な考えに基づく信念もしくは行動で、機能的な精神特性を非精神的な事象に求める考え方とさ

れています[17]。ただし、迷信と呼ばれているものの中には、科学的に正しいものもあると言われています。迷信を信じる人が多いのは、中国系の国民が多いからとされていますが、シンガポールが管理社会だからこそ、精神的な安らぎを求めて迷信が信じられていると言われることがあります[18]。

(2) トライショーと国家資本主義

　三輪自転車タクシーはトライショーと呼ばれ、客席が自転車本体の横にあるサイドカー型です。トライショーがシンガポールに入ってきたのは1914年とされ、1920年代に本格的に普及し、当時のトライショーのドライバー職は中国系移民の就業の受け皿になっていたと言われています[19]。

　トライショーは、シンガポールの人々の貴重な生活交通手段でしたが、1965年8月のマレー連邦からの独立後の経済発展によって、バイクや自動車が普及するとトライショーが減り始めました。トライショーの減少を惜しむ声があがり、政府観光局は「シンガポールの歴史を伝える重要な乗り物」として、トライショーの保存に乗り出しました。トライショーを事業として運営する企業を公募し、認可を受けたトライショー・アンクル社が2010年9月よりトライショーの運行を始めました[20]。

　なお、三輪自転車タクシーは、アジアの国々では現在でも人々の貴重な生活交通手段になっていますが、自然消滅した国や、政策的に廃止されたり、都市部から排除されたりした国もあります。政策的に廃止・排除されたのは、三輪

[17) 他方で、迷信は古い宗教の信仰形態が断片的に残存したものとされ、また自己を正信とする既成宗教は民間信仰や新興宗教などを迷信や邪信と呼ぶことがあるとされています。
[18) また、迷信は識字率の低さに関係していると言われ、シンガポールでは英語を公用語とし、英語での教育による英語の識字率の上昇によって英語の迷信がなくなり、マレー系の人々の「黒魔術」(他人に危害を与えるための技や、自己の欲求・欲望を満たすために行われる魔術のこと)もなくなったと言われています。
[19) トライショーの名称の由来は、三輪の「3」を表す「Tri(トライ)」をリクショー(人力車)につけて、「トライショー」と呼ばれるようになったとされています。
[20) トライショー・アンクル社は、旧来型の車両に換えて、ドライバーの肉体的負担を軽減するためにバッテリーを搭載した電動アシスト機能付の車両を導入しました。

自転車タクシーが植民地時代の「停滞するアジア」「アジアの貧困」を象徴していると考えられ、停滞や貧困というイメージを払拭するためと言われています。しかし、シンガポールでトライショーが保存されたのは、シンガポールが国家資本主義体制の国家だからこそ可能であったと言われています[21]。なお、シンガポールが国家資本主義体制を維持しているのは、「アジアにはアジアの価値観があり、欧米流の人権や民主主義はシンガポールには馴染まない」との考え方によるものと言われています。

他方、多民族国家のシンガポールでは、それぞれの民族の文化や生活様式、言語が平等に尊重され、政府が宗教的中立性と宗教的平等性を掲げているため人々が信仰する宗教も多様で、いろいろな宗教建造物が破壊されることなく残されています[22]。

---

21) 国家資本主義とは一般に、国家が経済活動を主導することによって推進される資本主義とされ、共産主義(社会主義)の計画経済から市場経済への移行期にあるロシアや、国際競争力の強化を図るインドやブラジルなどの新興国および中東産油国などでみられるとされています。市場原理に基づいて企業が競争する西欧型の自由主義経済とは異なり、国営企業や政府系ファンドを通じて政府の政治的意向が経済に大きく反映されると言われています。

22) たとえば、1928年に建造されたサルタン・モスクはシンガポール最大最古のイスラム教寺院で、スリ・マリアマン寺院は1827年に完成したシンガポール最古のヒンドゥー教寺院です。

第8章　インドネシアの貧富の差とアパアパ文化

8-1　鉄道とアパアパ文化

(1)国有鉄道と遅延の常態化

　インドネシアの国鉄(PJKA)は、1991年に公社化され、1999年に上下分離方式を採用し、政府が株式の100％を保有するインドネシア鉄道会社(PT. Kereta Api)が設立され、車両や駅設備の運用・管理を行い、軌道などインフラ部分は政府が保有・管理するようになりました。鉄道路線があるのはジャワ島とスマトラ島だけで、スマトラ島では貨物鉄道ですが、首都ジャカルタのあるジャワ島では大半が旅客鉄道で、ジャカルタ首都圏の通勤電車網以外は全線非電化です。ジャワ島内の旅客鉄道は、島内の主要都市を結び、客車の等級にはスペシャル(特等)、エグゼクティブ(一等)、ビジネス(二等)、エコノミー(三等)があり、特急列車や急行列車も多く設定され、この等級が貧富の差が表していると言われています。

　ジャカルタとバンドンを結ぶパラヒャンガン号と、ジャカルタとスラバヤを結ぶスルヤジャヤ号以外では、遅延が常態化していると言われています。それは、全線が単線のため1本の列車が何らかの理由で遅延すると他の列車も遅延するという施設上の問題や、車両の故障が多いという設備上の問題、それに鉄道員の時間厳守という意識の低さなどによるものとされています[1]。

　他方、ジャカルタ首都圏の通勤電車網(愛称・KRLジャボタベック)は、インドネシア鉄道会社の子会社のジャカルタ首都圏鉄道会社によって運営され、路線には中央線(9.9km)、ボゴール線(44.9km)、ブカシ線(18.5km)、タンゲラン線(19km)、セルポン線(56km)、ナンボ線(18km)があり、4方向に伸びています。急行(冷房付)とエコノミー(冷房なし)の通勤列車が運行され、運用され

---

[1]　雨期には線路の冠水や土砂崩れなどによって運休することもあり、そのため時間に追われるビジネスマンは鉄道ではなく飛行機や自動車を利用しています。

ている車両には日本の東京メトロ、JR東日本、東京都交通局、東京急行電鉄などの中古車両が多く使用されています。それは、線路などインフラ整備には膨大な資金と時間を必要とすることから、車両製造コストを削減するために1/10程度のコストで調達できる日本の中古車両を導入し、同時に輸送力の増強を図ろうとしていると言われています[2]。

なお、インドネシアの鉄道を象徴するものに、スラム街を通過する列車への投石と線路への置き石があげられています。列車は、スラム街を通過する時には警笛を鳴らしながら徐行し、投石による被害を防止するために車両前面(運転席の窓)には金網がとり付けられ、客車の側窓にはガラス破片の飛散防止フィルムが貼られています[3]。投石には、「どうってことないよ」というインドネシアのアパアパ文化が見られると言われています。

(2)無賃乗車とアパアパ文化

首都ジャカルタの鉄道は、「ジャカルタ名物生き地獄、満員すぎる列車」と言われるように、非常に混雑しています。ジャカルタ首都圏鉄道会社は、ジャカルタで働く約50万人の通勤客を輸送するために、毎日300両の車両を運行しているとされています。しかし、冷房のないエコノミーでは混雑する車内を避けて屋根の上に乗る乗客が続出し、またスリルを味わうために屋根に上る乗客もあり、屋根から転落したり、感電したりして死亡した人がいると言われています。

列車が混雑するのは、供給に対して需要が多すぎるという需要過多の状態にあるからで、そのため鉄道の施設・設備の増強が必要とされ、線路や信号の改良、車両増強と運行管理の改善・向上によって数倍から10倍程度の輸送力を

---

[2] 輸送力を増大するために、窓や扉を開けたまま運行されているものもあります。なお、日本の中古車両を使えば、日本の車両は高床のため、ホームと車両の段差が大きくなったり、ホームと車両のあいだの隙間が大きくなったりするという問題があります。

[3] 投石が多いのは、ブルプッ~ブルブス間、ガンドゥルンマグ~カウンガンテン間、クブメン~ゴンボン間とされ、私服の鉄道保安警察官が巡回して警備に当たり、投石犯を捕まえて法的措置をとっているとされています。

8-1 鉄道とアパアパ文化

確保することが可能とされていますが、財政的に対処できない状態にあると言われています。需要が多いのは、エコノミーの運賃が政府によって低く抑えられ、運賃がバスよりも安い鉄道は庶民の貴重な足になっているからとされています。また、車内よりも快適な屋根の上は無賃乗車をする人々（ルーフライダー）の指定席になっていると言われています[4]。

鉄道会社は、ルーフライダーの排除に乗り出し、屋根の上の乗客に向けて放水しましたが、レインコート姿の乗客が続出して失敗し、滑って屋根に上れないように油を塗りましたが、電気系統がショートして火事になる恐れがあるため取りやめ、有刺鉄線を張ったり宗教指導者から注意喚起をしてもらったりしましたが、いずれも失敗に終わりました。そのため、非電化路線では直径約 10cm、重さ約 5kg のコンクリート製の球体を吊り下げる「ゴールボール作戦」を打ち出し、線路を覆う形のサッカーゴールのような鉄製の枠を設置し、列車の屋根と球体との間隔が 25cm 程度となるように球体を 12 個吊り下げました。屋根に乗客が乗っていれば、球体にぶつかるため「屋根に乗る乗客は激減した」とされていますが、ヘルメットを被って屋根の上に乗車する者がいたと言われています。

このほか、列車が通過する時、屋根すれすれの位置に鉄板を取りつけた枠を設置する「疑似トンネル作戦」や、汚水を浸したモップによる「悪臭作戦」が実験中や検討中とされています。しかし、日本の鉄道会社から譲り受けた天井型の冷房装置のある車両では、装置から出る熱風によって屋根の上に乗車する乗客はほぼ自然消滅したと言われています。

スリルを味わうために屋根に上る乗客や、面白半分に屋根に上る乗客には、「とにかく楽しく生きよう」と笑って済ませるインドネシアの人々の国民性が表れ、これを象徴するのが「どうってことないよ」「大丈夫だよ」という意味の「ティダ・アパアパ」とされ、そのような国民性によってアパアパ文化が形

---

[4] 毎朝の通勤時間帯に、乗客が団体を組んで車掌と交渉し、運賃を大幅に割引させていると言われ、そのため列車は混んでいても儲かっていないと言われています。

第 8 章　インドネシアの貧富の差とアパアパ文化　115

成されていると言われています[5]。

（3）高速鉄道と貧者的駆け引き

　ジャカルタと西ジャワ州の州都バンドンを結ぶ高速鉄道計画（全長 142km）を、日本は官民一体で協力・支援してきましたが、2015 年 9 月に中国との受注競争に敗れてしまいました。インドネシアは「どうってことないよ」「大丈夫だよ、平気、平気」（アパアパ）と言っていましたが、日本では「インドネシアは恩知らず」「一度痛い目に遭えばいい」と反インドネシア感情が高まり、アパアパは文化の違いにより、ビジネスの面では不信感を生むことがあると言われています。

　中国が受注した高速鉄道の建設工事は、2015 年中に着工する予定でしたが大幅に遅れ、2016 年 1 月 21 日に何とか起工式は行われました。起工式後の 1 月 29 日に調印される予定だった事業契約は、インドネシア政府と、高速鉄道の建設と運営を担う合弁会社の「インドネシア・中国高速鉄道会社」（KCIC）の双方の見解の違いから締結が見送られる事態になりました[6]。整備計画では、2019 年前半の開業を目指し、総工費は約 55 億ドルで、インドネシア政府は負担や保証はせず、事業権期間を 50 年とし、経過後は政府に引き渡すとされて

---

5)「ティダ・アパアパ」は、東南アジア人の持つ気質のひとつとされ、起きたことに寛容で、諦めがよく、執着せず、諦観主義的かつ楽観主義的な人生観につながっているとされています。「ティダ・アパアパ」に似た言葉に「アパアパ・サジャ」があり、これは「何でもあり」の意味で、公衆道徳心の低さ、汚職への寛容さなどは「アパアパ・サジャ」によるものと言われ、「アパ・ボレ・ブアット」は「何とかなるさ」の意味とされています。なお、タイ語の最も知られた有名言葉は「マイペンライ」で、その意味は「仕方がない」「気にしない」「何でもない」「大丈夫」という意味とされ、「ティダ・アパアパ」と同様に使われています。また、フィリピン語には「バハラナ」（どうにかなるさ）、中国語には「没法子」（メイファーズ：仕方ない）、朝鮮語には「ケンチャナヨ」（まあいいや）、日本語には「仕方がない」という言葉があります。そのため、東南アジアや東アジアには共通する気質があると言われていますが、そこには「楽観的な諦め」と「悲観的な諦め」の違いがあるされています。
6) KCIC は、インドネシアの国営企業 4 社からなる「インドネシア国営企業連合」（PSBI）が 60％、「中国鉄道コンソーシアム」が 40％を出資し、2015 年 10 月に設立され、総工費の 75％を中国開発銀行からの融資で賄うとされています。

いました[7]。

　インドネシア政府は、工事期間中にトラブルが生じた場合の責任を中国が持つこと、中国が途中で工事を放棄した場合の責任（原状回復など）を持つことを契約書に明記することを要求したと言われています。それは、フィリピンのマニラ郊外での鉄道建設では中国が工事の延期を繰り返した挙句に、現地業者への支払いをしないまま鉄道建設を途中で放棄した前科があるからとされています[8]。

　インドネシア運輸省は2016年2月に、KCICに対し、地震対策を強化し、鉄道の耐用年数をKCICの主張する60年から100年に延ばすなどの改善や、一部駅舎の移転を求め、事業費が膨らんで計画が頓挫しても国家財政による救済はないことへの承諾を求めたと発表しました。これは、中国の受注を取り消したいが、中国に「NO」とはっきり言えないインドネシアの人々の性格の弱さから、いろいろな屁理屈を並べ立てていると言われています[9]。

---

7) 事業契約で両者の見解が対立したのは、50年とされている事業権期間の開始時点をいつにするかで、インドネシア政府は契約調印時からと主張し、KCICは運行開始時と主張していたと言われています。契約調印時では、KCICは無収入の工事期間が事業権期間に含まれ、大きな損失となりますが、インドネシア政府には工事が遅れていつまでも開業できないという事態を回避し、予定どおりに建設を終わらせたい思惑があったとされています。

8) 2004年頃からフィリピン政府と中国政府は、マニラ首都圏の北方ブラカン州マロロス市からマニラ市ツツバンを結ぶ南北通勤鉄道建設の協力方法について話し合いを開始し、中国政府が無償資金協力による支援を提案したため、フィリピン政府は提案を受け入れ、建設を開始しました。しかし、工事の度重なる中断が相次ぎ、支援契約の内容の一部に不備・不法な疑いがあることが判明したため、アキノ大統領の判断により計画は実質的に凍結されました。結局、日本のODAで工事が続行されることになり、2021年完成の予定とされています。

9) 他方、ジャカルタでは年々深刻化する交通渋滞を解消するため、2004年に30年間のBOT（Build Operate Transfer）方式によってモノレールの建設が始まりました。都市開発の進むビジネスゾーンや既存の交通拠点を結ぶ2路線、路線延長約27km（30駅）、総工費6億3000万ドルの事業で、将来的にはバスウェイや都市高速鉄道（MRT）などと連結する計画とされていました。しかし、着工後の経済環境の変化や事業計画のずさんさ、事業請負共同企業体の建設資金不足によって計画は中断し、建設半ばの高架橋脚が錆びたまま放置されていました。ジョコ大統領は、ジャカルタ州知事時代に中断していたモノレールとMRTの建設に再着手しましたが、結局、モノレールの建設は中止されてしまいました。
　また、MRTが2018年頃の開通を目指して進められています。次の大統領選挙が2019

第8章　インドネシアの貧富の差とアパアパ文化　117

8-2　バスと国民性と公衆道徳

(1) トランスジャカルタと国民性の三悪

　トランスジャカルタは、主要幹線道路（両方向4～12車線）の車道中央部に両方向2車線のバス専用レーンを確保した高速バス輸送システム（BRT：Bus Rapid Transit）で、12路線（総延長210.31km）で運用されています[10]。地下鉄などの軌道系の都市交通機関のないジャカルタは、世界一と言われるほど渋滞が激しく、そのため全路線で1日約32万人が利用し、路線の新設や市域外への延伸が計画されています。

　乗客の多い路線では連節バスも運行され、車両前方が女性専用エリアですが、女性は後方に乗ることもできます[11]。優先席があり、優先席でなくても、お年寄りや妊婦が乗ってくれば無言で席を立ち、譲るのがインドネシアのマナーとされ、混雑時などには乗務員が「誰か席を譲って下さい」と声をかけてきます。車内にはエアコンが完備され、女性の声の車内アナウンス（インドネシア語と英語）と電光掲示板で次の停留所の案内があります。問題点としては、

　年に予定されているため、2018年に開通すれば、ジョコ大統領の手柄になるという目算があると言われています。MRT整備プロジェクトには、三井物産と住友商事をそれぞれ中心とする日本の2つの企業連合が、信号・レールなどの基盤設備と車両を受注し、日本政府が国際協力機構（JICA）を通じた円借款で支援していると言われています。日本の2つの企業連合が受注したのは、第1期区間のジャカルタ中心部のブンダラン・ハイと住宅が集積する南部郊外ルバックブルス間の15.7kmを約30分で結ぶMRT南北線です。日本から持ち込まれた2台のシールドマシンが、24時間体制で毎日10～12m を掘り進んでいます。南北線向けの車両16編成（1編成6両）、96両を住友商事と日本車輌製造が共同で受注しました。

10) 運賃は、全区間一律の1回3500ルピアで、専用の磁気乗車カードを購入して乗車し、複数路線を乗り継いだ場合には非常に安価と言われています。
11) 女性専用エリアの設定は、痴漢に対する苦情は少ないのですが、形式上痴漢防止対策とされています。車内には、禁煙、飲食禁止とともに、痴漢禁止のシールが貼られています。2016年に、運転手も女性の女性専用車が登場しました。
　　鉄道では、2010年に女性専用車両が登場し、2012年に全車両が女性専用の列車も登場しましたが、ラッシュ時以外は乗車率が低く、男性客からの反発もあり、女性専用列車は2013年5月に廃止されました。女性専用車両の導入は、鉄道会社幹部が日本の鉄道を視察して導入を決定したと言われています。

運行時刻表がなく、何本ものバスが続けて到着することもあれば、20分以上到着しないこともあると言われています。

また、車両不足問題のほかに、渋滞時にはタクシーやバイクなどの一般車両がバス専用レーンに侵入するなどの問題もあると言われています。そのため、BRT本来の機能を発揮できず、鉄道と同様に、運行管理体制や手法の改善などによる安全性や利便性、快適性などの向上が求められています。なお、車両不足や一般車両のバスレーン侵入は、アパアパ文化の延長線上にあるインドネシアの人々の国民性（性格）の三悪とされている「怠ける」「さぼる」「むさぼる」に関係していると言われています[12]。

（2）バスと道路混雑

ジャカルタの市内バス（路線バス）には、市営バス、公社バス、民営バスがあり、大型バス、中型バス、小型バスが運行されています。

大型バスは、ジャカルタのバスターミナルと郊外長距離バスターミナルや周辺都市の主要ターミナル間を結び、座席配置は2列＋3列で60〜70人乗りのバスが使用され、冷房車と非冷房車があり、また有料道路を走行するか否かで運賃が異なります。大型バスに限ったことではありませんが、ラッシュ時の都心ではバスは乗用車やオートバイに取り囲まれ、動くことができないことがあると言われています。

中型バスは、「コパジャ」や「メトロミニ」などと呼ばれる乗車定員30人程度のバスで、比較的距離の短い都市内路線で運行され、どこでも乗降できる機動性に富んだ乗り物とされています。しかし、小型バスなどを含め、主要路線では供給過剰で、そのため競争が激しく、主要交差点などで客集め・客待ちなどをするため、バスが渋滞を引き起こす要因になっていると言われています。バスがいつ発車するか分からないにもかかわらず、乗客は慣れと諦めから、発

---

[12] 他方で、インドネシアの封建的身分関係は今の官僚組織にそのまま残り、かつての国王や貴族が大統領や大臣、知事や将軍に替っただけで、上におもねる公務員は庶民には威張ると言われています。

第 8 章　インドネシアの貧富の差とアパアパ文化　119

車の遅延を気にしていないと言われ、これは「どうってことないよ」というアパアパ文化によるものと言われています。

　他方、長距離バスは、ジャカルタと地方都市を結び、長距離バスターミナルは中心部から離れた位置にありますが、運賃は飛行機や鉄道と比べて安く、運行本数の多い路線もあります。夜行バスも運行され、昼行便より時間的に 3 割程度早く着く可能性もあり、地方都市への移動に重宝されていると言われています。車両には、エアコン付きの PATAS AC とエアコンのない EKONOMI があり、PATAS AC は定員制で座席以上の人を乗せませんが、EKONOMI は乗客を詰め込み、また乗客が集まるまで発車しないこともあると言われています。PATAS AC と EKONOMI は、乗客の貧富の差を表していると言われています。

　なお、EKONOMI は道路が混雑している場合には対向車線を走行し、対向車が来れば強引に走行車線に戻り、また対向車が路側帯に回避するのを期待して対向車線を高速で走り続けると言われています。それは、営業路線認可をバス事業者（車両所有者）が取得し、運行（営業）は運転手へ車両をレンタルして行われているため、多くのバスが競争する中で、EKONOMI は発車時間の遅れを取り戻すためや、他のバスよりも先に到着して一人でも多くの乗客を確保するためと言われています[13]。

（3）アンコットと公衆道徳

　小型バスは、「ミクロレット」や「オプレット」と呼ばれる、乗車定員 12 人前後のバスで、幹線道路から細い街路まで走行し、鉄道やトランスジャカルタ、大型バスから乗り継いで、勤務先や学校まで、あるいは自宅付近まで利用するフィーダー交通機関とされ、最も便利な公共交通機関と言われています。小型

---

[13] バス車両には、トラックのシャーシにバスのボディを載せた改造車両や、古い車両も多く、黒煙をまき散らしながら走行しているため、老朽化や不良整備による二酸化炭素排出の削減に向けた対策として、車両の検査や点検などの整備制度の構築が求められていると言われています。

8-2 バスと国民性と公衆道徳

　バスも供給過剰で、集客競争が激しく、大型バスや中型バスなどからの乗り換え客を集めるため交差点付近や道路中央で停車し、また乗客が集まるまでノロノロ運転（最徐行運転）をするため、利用者にとってはどこでも乗ることができるため便利ですが、それが渋滞のひとつの原因と言われています。供給過剰は、車両価格が安価なため新規参入が容易だからと言われています。

　他方、アンコットはインドネシアが誇る公共交通機関と言われ、ワゴン車の後部スペースを客室にしたもので、エンジンは1000~1300cc、最大乗車定員は20人とされています。ジャカルタ中心部などを除いて、街中の細い路地を走行するため、便利な乗り物と言われています。それぞれのアンコットには、それぞれの路線があり、種類によって行き先やルートが異なり、そのため車両の前や後ろの窓ガラスに大きな文字で始点と終点の地名、経由地点の地名が書いてあり、ルートによって車種や色、模様などが異なります。

　インドネシアの交通渋滞の主たる原因は、鉄軌道系公共交通機関の未整備にあると言われていますが、大都市以外の規模の小さな都市では都市高速鉄道（MRT）の建設は不向きで、アンコットをより安全で使いやすくすることが最も妥当かつ適切な方法とされています。しかし現実には、乗客はどこでも自由に乗り降りでき、運転手は道路に長時間バスを止めて客待ちをするため、それが交通渋滞を引き起こす原因になっているとされています。また、運賃が明示されていないため、外国人などは不当に高い運賃を請求されるという問題や、車内で運転手や乗客が喫煙し、車内にごみを捨てる乗客が多いという問題があると言われています。

　車内でのごみ捨てなどの公衆道徳の悪さも、「どうってことないよ」というアパアパ文化によるものと言われています[14]。

---

14) インドネシアの人々の常套句は「私に関係ない」で、「関係ない」と言えない状況でも自分の過ちを認めず、「ディア・センディリ（勝手にそうなった）」と言い訳をし、たとえば車内でのごみ捨てでは「ごみが勝手に落ちた」と主張すると言われ、これは言い訳文化を表していると言われています。この言い訳や、「何でも他人の責任にする」「分かったと言って、本当は分かっていない」のは、インドネシアの人々の性格を表すキーワードとしてあげられているバンガ（誇り）、ゲンシ（見栄）、マンジャ（甘え）によるものと言われています。

8-3　バジャイとベチャと貧富の差

（1）タクシーと所得格差

　ジャカルタ都心部の一部の道路では、7時～10時と16時～19時のラッシュ時に「Three in One」と呼ばれる乗車人数規制が行われ、乗員3人未満の車両の通行が禁止されています。しかし、タクシーは適用外とされ、そのためタクシーはラッシュ時には機動力のある手軽で便利な乗り物と言われています[15]。

　タクシー（個人タクシーを除く）はメータ制ですが、メータを倒さない運転手もいると言われ、そのような中で安心して乗車できるタクシーとして、ブルーバード社とエキスプレス社のタクシーがあげられています。

　ブルーバード社のタクシーには、エグゼクティブクラスの「シルバーバード」、レギュラークラスの「ブルーバード」と「プサカ」があります。シルバーバードは、高級中型車のベンツやトヨタ・アルファード、トヨタ・カムリを使用し、車体色は黒で、すべての運転手が英語を話せます。迎車、路上での乗車を問わず、5万ルピアのミニマムペイメントが設定され、外国人観光客や富裕層向けとされています。ブルーバードとプサカは、小型乗用車を使用し、車体色はブルーバードが水色で、鳥のマークがあり、プサカは青色で、ともにジャカルタ市民愛用のタクシーと言われています。外国人観光客向けのエグゼクティブクラスと、ジャカルタ市民向けのレギュラークラスは、外国人とインドネシアの人々のあいだの所得格差を表していると言われています。なお、ブルーバード社は知名度の高い会社で、そのため同じ色で偽装した個人タクシーがあり、外国人観光客が騙されることがあると言われています。

　エキスプレス社のタクシーは、白い車体に青文字で「Express」と書かれ、黄色のヘッドサインが目印で、必ずレシートを発行するためビジネスでの利用

　　また、アジアでは車内での飲食を禁止している国が多く、それはごみを車内に捨てるからと言われています。
[15]　ジャカルタは「歩けない街」と言われ、それは街中に大きな道路がありますが、歩道が少ないからと言われています。

には便利と言われています[16]。

　他方、レンタカーは日本では車両だけの賃貸ですが、インドネシアでは運転手(インドネシア人)付きで、海外からの駐在員やその家族が利用し、それは多くの会社では駐在員やその家族に運転を禁止しているからと言われています。それは、日本のように交通規則やマナーが通用せず、危険だからと言われています。インドネシアでは、「飛ばす」「待たない」「割り込む」「我先に」が当たり前で、互いに譲り合うことはほとんどなく、これも渋滞のひとつの原因になっていると指摘され、一方で渋滞するから運転が乱暴になり、マナーが守られなくなっているとの指摘もあります。海外からの駐在員などが利用する運転手付きレンタカーの存在も、外国人とインドネシアの人々のあいだの所得格差を表していると言われています。

(2) バジャイとプーラン文化

　インドネシアの人々がよく利用するのが、オレンジ色の三輪自動車タクシーのバジャイで、運賃は交渉制ですが、通常の小型タクシーより少し安く、市民にとっては手軽な乗り物と言われています。しかし、走行速度が遅く、交通流を阻害しているとされ、主要幹線道路からは閉め出されています。

　1970年代からバジャイが普及し、細い路地の奥まで入っていけるなど小回

---

[16] スマートフォンの利用者数とバイクの利用者数がアジア屈指と言われ、スマートフォンにアプリをダウンロードしてバイクタクシーやタクシーを予約するサービスが人気上昇中とされています。2016年3月にジャカルタで、タクシーやバスの運転手らはスマートフォン・アプリを使った一連の配車サービスの禁止を訴える大規模なデモを行い、デモに参加していないタクシーや、ジャカルタのバイクタクシー市場を圧巻しつつあるGo-jekの運転手らを標的とした破壊・暴力行為などに発展したと報じられていました。デモのメインターゲットはUber社とGrab Car社で、ともにインドネシア国外からやってきた配車サービス会社です。そのサービスは、ブルーバード社やエキスプレス社などのタクシー会社の運賃と比べ、格安で利用勝手のよい配車サービスとして認知されつつありましたが、自家用車を営業車登録せずに運用するなどの問題もあり、グレーゾーンでの営業が続いていたと言われています。デモの背景には、既存の大手タクシー会社と新興IT系配車サービス会社の競争があり、それは旧ビジネスモデル(所有独占経済)から新ビジネスモデル(共有経済)へのシフトに伴う不可避な衝突と言われています。

りの利く乗り物ですが、けたたましいエンジン音と排気ガスのため、排気ガスの多いガソリンタイプのオレンジ色のバジャイから、LPG（液化石油ガス）を燃料とするエコタイプの青いバジャイへの切り替えが推奨されています。しかし、切り替えはあまり進んでいないと言われています[17]。その一方で、四輪型のバジャイ（カンチル）が登場し、三輪型のバジャイにとって代わろうとしていると言われています。

　なお、インドネシアの人々は歩いて5～10分ぐらいの移動にも乗り物を使い、それは歩くのが嫌いな国民性によるもので、世界中で「歩くことがスポーツ」になっている国はインドネシアだけと言われています。インドネシアで陸上競技の長距離走や短距離走のレベルが低いのは、走るという習慣のない国だからと言われています。彼らは雨が降りだしても走らず、急に降り出したスコールには走っても間に合わないという事情もあり、彼らは雨の中を悠々（プーラン・プーラン）と歩き、スコールにあって走っているのは日本人と言われています。

　インドネシア語の「プーラン・プーラン」は「ゆっくり」という意味で、人々の走る姿を見ることはなく、もし走っている人がいれば泥棒か、それを追いかけている人と言われています。インドネシアの人々は、国民性的には南国特有のプーラン・プーランとされていますが、本当はかなりの「せっかち」とも言われています[18]。また、昼下がりになると男たちは、屋台でのんびりコーヒーを飲みながら、とりとめのない雑談をして時間をすごし、夕方になると玄関の前に立って意味もなく道行く人を眺め、このようなプーラン・プーランは風土に適応するための生理的なものと言われていますが、一方で働き者の女性4人

---

17) 切り替えが進んでいないのは、青いバジャイの価格が1台7700万ルピアと高く、バジャイのオーナーたちは7000万ルピア以下でないと手が出ないからと言われています。また、登録受付けの遅延もその要因とされ、使用許可申請時に「手数料」を支払わないと数か月待たされることもあり、この「手数料」については一体何が根拠なのか、誰も知らないと言われています。
18) 日本では、自動車がバイクに対してクラクションを鳴らすことがありますが、インドネシアではバイクがクラクションを鳴らしながら自動車と自動車の狭い隙間に割り込み、追い越し直後の左折や追い抜き直後の右折は常識とされています。

までを妻にすることができる一夫多妻制が認められているためプーランすることができると言われ、いずれにしてもそれがプーラン文化と呼ばれています。なお、一夫多妻制はイスラム法的制度とされています。

(3) ベチャと貧富の差

　オジェックは、最も機動性のあるバイクタクシーで、運賃は交渉制ですが、通常の小型タクシーの半額ぐらいで、タクシーに乗って渋滞に巻き込まれた人の中には、オジェックに乗り換える人もいると言われています。ターミナルや交差点付近に「OJEK」と書かれた手作りの看板を掲げて客待ちをし、安全上、乗客用のヘルメットも用意されています。オジェックは、バイクが取得しやすくなったために台数が増え、ほとんどが個人営業と言われています。なお、バイクは一家に1台が所有され、法律上の乗車定員は2人ですが、3人乗り、4人乗り、5人乗りのバイクもみかけます。

　他方、ベチャは、日除け・雨除け用の屋根の付いた客席が前にある前二輪後一輪型の三輪自転車タクシーで、2人までは乗車でき、料金は交渉制です。ジャカルタではベチャの営業が禁止されましたが、首都圏の周辺都市や地方都市では現在も運行されています。ベチャは、混雑した狭い場所でも操作性が良く、客席には200kgまでの重量物を搭載でき、長尺の荷物や背高の荷物も狭い路地の奥まで運べることから、荷物(貨物)輸送でも重宝されていると言われています。ベチャは、大通りでは自動車やバイクと一緒に走り、「チャリン、チャリン」とベルを鳴らして、他の乗り物や人に道を開けさせています。

　なお、ベチャの運転手は最低の職業と言われ、とにかく道を知っていてペダルをこぐだけで、学歴は必要とされないからと言われています。稼ぎ時は、通勤通学時とパサールへの買い物時間帯のため、それ以外の時間帯には仕事がなく、毎日の食事に事欠くこともあり[19]、ここにインドネシアの貧困をみること

---

[19] ベントゥルは、客席が前や横にある三輪バイクタクシーで、ベチャにエンジンを搭載したようなものから「ベチャマシーン」とも呼ばれ、運賃は交渉制ですが、オジェックと同程度とされ、庶民の足として親しまれていると言われています。また、地方都市ではドッカ

ができると言われています。

　一方、ジャカルタで自家用乗用車として人気が高いのは、トヨタのイノーバやアバンザというミニバンタイプで、富裕層に人気が高いのはリモコンで開閉する自動ドアで注目されているアルファードと言われています。一般に7人乗りの車に人気が集まり、それは日本の高級車を好むのはもちろん、子供1人（小学生低学年以下）に対して1人のベビーシッターを雇い、買い物など何処へ行くのにも一緒に連れて行くためと言われています。また、雨が降ると道路が冠水してしまうため、スポーツ用多目的車（SUV）のような車高の高い車にも人気があると言われています。

　自家用乗用車のない家庭では、子供が何人いても荷物が多くても1台のバイクで移動することが多く、さらに低所得層の人々は中・小型バス、バジャイ、オジェックなど運賃が安い交通機関を利用し、ここに貧富の差がみられると言われています。

　　ルと呼ばれている馬車が一般の交通機関として使われ、庶民の足として親しまれ、運賃は交渉制です。なお、馬車は一般に四輪ですが、観光客向けのドッカルは二輪で、四輪馬車はアンドンと呼ばれています。

第9章　フィリピンの貧困とハロハロ文化

9-1　バイクとハロハロ文化

(1) トライシクルと排気ガス問題

　トライシクルは、バイクの横に客席があるサイドカー型の屋根付き三輪バイクタクシーで、首都マニラやセブ州都セブなどの大きな都市では下町や郊外でしか見かけませんが、地方の町や村では後述のジプニー(いわゆる乗合バス)とともに、人々の近距離用の乗り物とされ、350万台あると言われています。トライシクルは、ジプニーの運行ルートから外れた場所や、ジプニーでは入れない細い路地などへの移動で使われ、ジプニーを降りてトライシクルに乗り換えています。

　客席は2～4人用程度の広さですが、運転手後ろの後部座席を合わせ、1台に10人位が乗車していることがあると言われています。一般には乗合ですが、貸切もあり、運賃は交渉制(一応の相場のようなものはあります)で、貸切料金は車両単位となり、「乗った人数」ではなく「乗れる人数(空いている座席)」分の料金を負担することになります。客席と運転席の屋根が一体化されたトライシルクでは、屋根の上に乗車している大人や子供もいれば、サイドの客席が二階建てになったトライシルクもあります。

　客席には色々な形やデザインがあり、一般に企業が経営するトライシクルではデザインや色が統一されていますが、個人経営のトライシルクはジプニーと同じように派手で個性的なものが多くみられます。

　他方、ガソリンを燃料とするトライシクルの排気ガスが、道路交通部門全体の排出量の67％を占め、交通渋滞が慢性化しているマニラ首都圏では呼吸器系健康被害の一因と考えられています[1]。そのため、2017年末までに10万台の

---

1) トライシクルに使用されている旧式のエンジンは燃費が悪く、トライシクルによる排気ガスは道路交通部門全体の67％を占め、次いでジプニー23％、バス6％、自動車4％とされ

トライシクルを、リチウム電池搭載のEトライシクル（電動トライシクル）に置き換える大規模なプロジェクトがアジア開発銀行からの融資を受けて展開されています。このプロジェクトは、大気汚染の緩和と、トライシクル事業セクターの改革（運転手の労働環境の改善と事業収益性の向上など）を目的としたものとされています。トライシクルの乗車定員は一般には2～4人ですが、Eトライシクルは8～9人の乗車が可能な客席が後部にあるデザインになっています[2]。

（2）バイクと賄賂と「いい加減文化」

フィリピンではバイクに乗車する場合には、ヘルメットと靴の着用が義務づけられていますが、多くの人がサンダル履きに短パンという格好で乗車しています[3]。地方ではヘルメットはほとんど着用されず、乗車定員を無視して1台に4人が乗っているバイクもあります。このような状況はフィリピンに限ったことではなく、多くのアジア諸国でみられます[4]。

フィリピンの人々は、「時間を守らないのが当たり前」と言われるように、普段はのんびりしていて時間にルーズとされていますが、バイクや自動車を運転する時には人が変わったように、無茶な追い越し、強引な割り込みなど無謀運転をすると言われています。フィリピンでは「とにかく強引に突っ込んで相

ています（新エネルギー・国際協力支援ユニット新エネルギーグループ「フィリピン：2年目を迎える3輪ガソリン・タクシーの電動化プロジェクト」『IEEJ』2014年2月）。
2) 自転車の横に客席のある乗り物は、パジャあるいはペディキャブと呼ばれ、それはシンガポールやマレーシアでトライショーと呼ばれる三輪自転車タクシーと同じ型式のものです。トライシクルに比べ、人力のため時間がかかり、長距離には不向きで、運賃もトライシクルより高いと言われています。庶民でもバイクを買えるようになってきたことから、パジャは地方でしかみかけないと言われています。
3) フィリピンでのヘルメット未着用は、検挙1回目は1500ペソの罰金、2回目は3000ペソの罰金、3回目は5000ペソの罰金、4回目以降は10000ペソの罰金とされています。
4) フィリピンでバイクを製造・販売する日系4社（ホンダ、川崎重工業、スズキ、ヤマハ発動機）によると、二輪車販売台数（登録ベース）は伸びていて、2011年には約100万台になりましたが、中国からの模倣品が増え始め、登録台数の3割を占めるに至っているとされています。模倣品は本物と見た目はそっくりで、本物の約6割の価格で売られていると言われています。

手にブレーキを踏ませたら勝ち」というような運転が普通で、合流、車線変更、右左折時には周囲の状況を無視し、自分の都合で突っ込んでくると言われています。それは、無謀運転に対する罰則がなかったからと言われ、そのため2014年1月から罰則が適用されるようになりました[5]。また、無謀運転が道路渋滞のひとつの原因になっているとの指摘もあります[6]。

　無謀運転で検挙されれば、罰金が高額なため大きな痛手になり、そのため無謀運転がなくなると期待されています。しかし、「結婚相手を選ぶ時は恋愛感情よりお金」と言われ、お金を大事にするが故に賄賂文化があるとされるフィリピンでは、交通違反で検挙された時には「袖の下」を渡して見逃してもらうのが常態化し、「運転免許もお金で買える」と言われています。そのため、「法律は厳しく、運用は適当」というのがフィリピンの「いい加減文化」を表していると言われています。なお、交通事故で加害者となったフィリピンの人々は、被害者が外国人だと分かると、途端に被害者に変身し、特に相手が日本人だと非常に喜ぶと言われ、そこに貧困の文化がみられると言われています。

　他方、バイクの後部座席に人を乗せるバイクタクシーは、フィリピンでは「ハバルハバル」と呼ばれ、乗客定員は2人ですが、中には5人以上の乗客を乗せているハバルハバルもあります。ハバルハバルは、地方では貴重な交通手段で、地域の人々がアルバイト感覚で運行している場合が多いと言われています。また、レンタバイクもあり、バスやジプニーの運行が少ない地方都市では重宝されていると言われています。

---

[5] 無謀運転(道路状況に反する無謀運転)の1回目の違反では2000ペソの罰金、2回目では3000ペソの罰金及び免停3か月、3回目以降では10000ペソの罰金及び免停6か月とされています。

[6] なお、渋滞を緩和するためにマニラでは7時～19時にカラーコーディングが行われ、カラーコーディングとは車両のナンバープレートの末尾番号により、一定の曜日には走行を禁止するという交通規制です。走行禁止曜日は、ナンバープレートの末尾番号が1と2が月曜日、3と4が火曜日、5と6が水曜日、7と8が木曜日、9と0が金曜日で、土日祝日には規制はありません。ただし、ウインドウタイムが設定されている場合には、規制対象ナンバーの車両でも走行可能で、基本的なウインドウタイムは10時～15時とされています。

（3）ジプニーとハロハロ文化

　ジプニーは、フィリピンを代表する庶民的な乗り物（乗合バス）で、全土で運行され、「道路の王者」と呼ばれています。ジプニーは、第二次世界大戦後にフィリピンに駐留していた米軍のジープが払い下げられ、それを公共交通機関に転用したのが始まりとされ、そのためジープに由来するジプニーという名前がついたと言われています。当初は払い下げられたジープがそのまま使われていましたが、乗車人数を増やすためにホイールベースを伸ばして客室部分が拡大され、現在では小型トラックのエンジン、トランスミッション、シャーシをそのまま残し、ボディ部分を改造したものが使われていると言われています[7]。

　車体は、「フィリピンの人々は派手好き」と言われるように、派手に塗装・装飾され、日の丸や日本のアニメを描いたものもあり、ここにフィリピンのハロハロ文化がみられると言われています。なお、ハロハロとは、タガログ語で「混ぜこぜになった」という意味とされ、フィリピンはさまざまな人種と文化が混ぜこぜになった国、つまりハロハロ文化の国と言われています[8]。

　ジプニーの路線は網の目のように張り巡らされ、車両ごとに出発地、経由地、目的地が決まっていて、決められたルートだけを往復しています。起点、終点、主な経由地が車両側面に表示され、あるいはそれらを書いた小さなボードがフロントガラスに貼り付けられていますが、ルート番号で表示されている地域もあります。ジプニーには時刻表もバス停のようなものもなく、好きな場所で乗

---

7) 客室部分にはロングシートが両サイドに配置され、乗降は車両最後部の開口部から行い、屋根が低いため屈んだ姿勢で車内を移動することになります。ボディの形状は、ジープの転用に起源があることからボンネット型が一般的ですが、ミニバン型もあります。客席部分には側板や窓はなく、雨が降れば客席上部にあるビニールシートを垂らして雨が吹き込むのを防ぎます。

8) フィリピンの人々の国民性として、いつも明るくて元気で、とても寛容で優しいことがあげられ、これはさまざまな人種と文化が混ぜこぜになった国だからと言われ、時間にルーズで、見栄っ張りで、お金が好きというのはフィリピンの貧困に関係しているとされています。また、フィリピンはスペインと米国の植民地支配によって、洗練されていながら迷信深い、地味でありながら派手好き、保守的でありながらセクシーという、矛盾点のあるハロハロ文化を生んだと言われています。

り降りができ、乗る時には手を上げれば止まり、降車する時には運転手に声をかけたり、天井を叩いたりして知らせます。ただし、出発地では乗客が少ない時には発車しないジプニーもあります[9]。

　運賃は定額制で、初乗り運賃と加算運賃で構成され、都市によって異なりますが、初乗り運賃は7〜8ペソとされ、乗車距離が長い場合には加算運賃が課されます。運賃は運転手に直接手渡しますが、着席した位置が運転手から遠く、手渡しができない場合には、運転席よりの乗客にお金を渡し、乗客がリレー方式で運転手まで届けます。お釣りがある場合は、逆ルートで戻ってきます。また、運賃の未払いを防ぐために、運転手の奥さんや子供が同乗している場合もあります[10]。

　他方、エアコン付きのジプニーは「メガタクシー」と呼ばれ、最近ではジプニーに代わり、日本から輸入された軽自動車を改良した「マルティキャブ」と呼ばれる乗り物も増えていると言われています。また、大気汚染対策の一環として、ジプニーに代わる「Eジプニー」（電動乗合シャトル）の導入が進められています。一般的なジプニーの乗車可能人数は20人前後ですが、Eジプニーでは12〜14人程度とされ、形状もジープに起源を持つボンネット型ではなくワンボックス型です。ワンボックス型のEジプニーではフィリピンのジプニー文化が失われることになりますが、ここにハロハロ的な考え方がみられると言われています[11]。

---

9) ジプニーの車両所有者と運転手は別人というのが一般的で、運賃収入からレンタル料とガソリン代を差し引いた残りが運転手の収入になります。
10) マニラなどの大都市ではジプニー内で強盗被害に遭うケースもあるため、旅行者は貴重品を持って乗車しないことや、深夜や早朝は利用しないという対策が必要と言われています。在フィリピン日本国大使館は、「フィリピン国家警察によれば、フィリピン全土には密造銃、登録していない或いは更新をしていない違法拳銃等が110万丁以上出回っており、犯罪に用いられていることや、一般市民でも、警察へ銃の登録・許可を得ることにより、合法的に銃の所持・携行が認められるため、些細なことで恐喝、強請（ゆすり）、誘拐、殺人等の犯罪を生みやすい社会土壌があることを認識しておくことが非常に大切です」としています（「フィリピンにおける安全対策」平成28年2月）。
11) カレッサとは、フィリピンに昔からある一頭立て二輪馬車で、マニラのチャイナタウンやリサール公園周辺で運行され、フィリピンの風物詩と言われています。サンチャゴ要塞が

9-2 バスと貧富の差

(1) 中・長距離バスと貧富の差

フィリピンで最も便利な移動手段は中・長距離バスで、全土を網羅し、小さな村へもバスを乗り継いで行くことができます。しかし、運行されているバスには、先進国から輸入した中古バスが多く、廃車寸前のものも使われ、そのためブレーキの不具合などを原因とする事故が後を絶たないと言われています。中・長距離バスの運賃は、エアコンの有無によって異なり、座席は2列＋3列が普通ですが、エアコン付きの比較的新しいバスには3列シートで、トイレ付き、飲み物や軽食が提供されるバスもあります。廃車寸前のバスと、3列シートのエアコン付きの比較的新しいバスは、フィリピンの人々の貧富の差を表していると言われています[12]。

フィリピンは、7107の島々から構成される群島国家のため、カーフェリーを中継して島から島へ渡る中・長距離バス路線もあります。しかし、高速道路の整備が遅れているため[13]、一般道を走行することになり、距離のわりに時間がかかると言われています[14]。

あるイントラムロスやロスハ大通りでは、観光客用のものも運行され、運賃は交渉制です。

[12] フィリピンの人々のあいだの貧富の差を象徴しているのが、スモーキー・マウンテンと呼ばれる、マニラ市の北方にあるスラム街とされています。かつては海岸線に面した漁村でしたが、1954年に焼却されないゴミの投棄場になり、それ以来、マニラ首都圏で出たゴミが大量に運び込まれ、山のようになり、ゴミの中から廃品を回収して生計を立てる貧民が住み着き、急速にスラム化したとされています。スモーキー・マウンテンには8000人以上の人々が住み、その70％近くがゴミ拾いをし、1人の大人が1日に稼ぐことができるお金は100ペソ程度と言われています。

[13] フィリピンには、マニラから北へアンヘレスを経てルソン島中部のタルラックに至る北ルソン高速道路、マニラから南へアラバンを経てカランバに至る南ルソン高速道路、米海軍と空軍の基地があった都市を結ぶスービック〜クラーク〜タルラック高速道路など、ごくわずかに高速道路があるだけです。

[14] 中・長距離バスの車内ではビデオが上映され、トイレのないバスでは約2時間に1度のトイレ休憩があります。また、車内でインターネットの無料接続もでき、それはフィリピンでスマートフォンやタブレット端末を利用する人が増えてきたからと言われています。これらは、距離のわりに時間がかかる中・長距離バスでは必須とされています。

他方、マニラには市内循環バスがあり、ルートが複雑なため旅行者が使いこなすのは難しく、朝夕のラッシュ時間帯は非常に混雑すると言われています。市内循環バスは、鉄道駅周辺や大通りを走行し、バス停もありますが、それ以外の場所でも手をあげれば停まってくれます。ただし、混雑している時や悪天候時には停まってくれないこともあると言われています[15]。

(2) タクシーと顧客の囲い込み

タクシーには、クーポンタクシー、エアポートタクシー、ホテルタクシー、一般タクシーがあり、クーポンタクシー、エアポートタクシー、ホテルタクシーは富裕層のタクシーと言われています。

クーポンタクシーは、空港やホテルが契約しているタクシーで、運賃はメータ制ではなく目的地ごとに決められています。タクシー乗り場に「Coupon Taxi」と書いた看板があり、そこにあるカウンターで目的地までの運賃を前払いし、クーポンと呼ばれる運賃受取証を受け取り、指定されたタクシーに乗り込み、クーポンを運転手に渡せば目的地まで行ってくれます。一般タクシーと比較すれば、運賃は倍近くかかりますが、定額前払い制のため、法外な運賃を請求されることはありません。

エアポートタクシーは、マニラのニノイ・アキノ国際空港やセブのセブ・マクタン国際空港などにある、政府の許可を得た空港専用のタクシー（イエロータクシー）で、車両の年式や車種などに規制があると言われています。ニノイ・アキノ国際空港では、一般タクシーの空港ターミナル到着口への乗り入れが禁止されているため、エアポートタクシーかクーポンタクシーを利用することになります[16]。エアポートタクシーの車両は比較的新しく綺麗で、運賃はメータ

---

15) 乗車後に車掌に行き先を伝え、チケットを購入します。降車はバス停以外でも可能で、これは長距離バスでも同じです。バス停に到着する前に車掌がバス停名を乗客に大きな声で伝えますので、降車する時には車掌に降車の意思を伝えます。
16) ニノイ・アキノ国際空港では、空港職員が「タクシー、タクシー」と呼びかけてきて、運転手付きレンタカーに案内し、クーポンタクシーやエアポートタクシーの倍以上の運賃を請求することがあると言われています。

制で、法外な運賃を請求するような悪質な運転手はいないとされています。ただし、メータは特別な設定になっていて、一般タクシーと比較すれば、運賃は割高と言われています。

　ホテルタクシーは、ホテルが配車するタクシーで、ホテルと契約しているタクシーやドライバーが多く、車両は新しく綺麗で、旅行者は安心して利用できると言われています。運賃は行先によって決まっている定額後払い制で、一般タクシーと比較すると割高に設定されていると言われています。

　クーポンタクシー、エアポートタクシー、ホテルタクシーは、一般タクシーと比較して、割高な定額制や割高なメータ制ですが、割高な運賃を負担できる富裕層を顧客として囲い込んでいると言われています[17]。

　他方、運転手付きレンタカーは、貸切タクシーや専属タクシーと呼ばれ、フィリピンに進出している外国企業やその駐在員などを顧客にしていて、外国企業は長期間にわたってレンタルし、中・長期レンタルの場合にはレンタル料金の割引があると言われています。車両だけをレンタルすることも可能ですが、人件費の安いフィリピンではむしろ割高に感じると言われています。短期の契約も可能で、空港への送迎や一日市内観光でも利用できますが、専属・貸切形態となるため料金的にはタクシーより高いと言われています。運転手付きレンタカーは、富裕な外国人とフィリピンの人々のあいだの所得格差を表していると言われています[18]。

---

[17] フィリピンでは、華人系財閥や大地主など一部の富裕層が富を独占し、「中間層がおらず富裕層と貧困層しかいない」と評されるほど、所得分布が偏在していると言われています。しかも、歴代の政治指導者にエリート層出身者が多く、自分たちの既得権を失うような改革に消極的で、そのため所得格差縮小への糸口をつかめないのが実情と言われています。フィリピンの所得格差の大きさは、こうした社会構造の特徴が反映されたものと言えそうだとされています（三菱UFJリサーチ＆コンサルティング調査レポート「フィリピン経済の現状と今後の展望」2015年3月17日）。

[18] レンタカーはフィリピン観光省と、陸上輸送許可管理委員の認可を受け、車両は営業車とされていますが、自家用車を使用した違法なレンタカーもあると言われています。ナンバープレートは、自家用車は白地に黒文字、営業車は黄色地に黒文字、政府公用車は白地に赤文字、外交官用は白地に黒い数字のみとされています。

(3) タクシーと貧困のシステム

　一般タクシーは、車体が白色のメータ制で、走っているタクシーを呼び止めるときには手をあげ、空車の場合には VACANT と書かれた緑色のランプが点いています。乗る前に行き先を告げて、運転手に乗車の可否を尋ねます。それは、タクシーが乗車拒否をするからで、乗車拒否をするのはタクシーの顧客としての富裕層がクーポンタクシー、エアポートタクシー、ホテルタクシーによって囲い込まれているため、少しでも多くの収入を得るために収入の少ない近距離客を避けようとしているからと言われています。

　一般タクシーの中には、領収書が発行される最新のメータを装備したものがありますが、一部には遠回りをする運転手や、いろいろな理由をつけてメータを使用せず、降車時に法外な運賃を請求する悪質な運転手もいると言われています。

　なお、悪質な運転手がいたり、スピードを出すなど無謀運転をしたりするタクシーが多いのは、タクシーシステムに問題があるからと言われています。ジプニーと同じように、タクシーでも車両所有者と運転手は別人で、運転手は車両を所有者からレンタルして運行し、売上からレンタル料とガソリン代を差し引いた残額が収入になります。レンタル料が非常に高く、1日のレンタル料とガソリン代を合わせると、マニラの単純労働者の2週間分ほどの収入と同額と言われ、そのため少しでも速く走って次の乗客を乗せようとしていると言われています。

　その背景には、フィリピンには貧困者が多いという事情があり、2009年貧困統計よれば、貧困ライン（国民1人あたり年間所得が1万6841ペソ）以下の貧困人口は2314万人（全人口の26.5％）とされ、貧困層の存在によって安価な労働力が供給され、メイドやドライバーなどの仕事に雇用することができると指摘されています[19]。

---

19) また、フィリピンでは貧富の差が大きく、富裕層は堅実で蓄財や子弟への教育を重視しますが、貧困層には簡単なクイズに正解すると賞金がもらえるというテレビ番組に人気があり、日本でいう「一攫千金」「濡れ手で粟」「棚から牡丹餅」はフィリピンでは「イージー

第9章　フィリピンの貧困とハロハロ文化　*135*

　他方、バスや電車の車内、駅など人の多いところではスリや置き引きが多く、その背景には貧困があるとされ、たとえばバスを利用する貧困者が貧困者のスリ犯の被害に遭うという貧困層の自滅的な現象、つまり貧困の悪循環がみられると言われています。

9-3　鉄道と貧困の文化

(1) フィリピン国鉄と投石対策

　フィリピンの鉄道には、マニラ首都圏とルソン島南部を結ぶフィリピン国鉄 (PNR) と、マニラ首都圏の都市鉄道があり、PNR は長距離輸送と通勤通学輸送、都市鉄道は通勤通学輸送を担っています。軌間は 1067mm、全線非電化です。

　PNR は、スペイン統治時代の 1892 年に開業したマニラ鉄道会社を 1965 年に国有化して誕生し、最盛期には総延長 1040km の鉄道網を有していました。しかし、1970 年代後半からのモータリゼーションの進展や、鉄道施設の老朽化、台風や火山噴火などの自然災害によって規模が縮小され、2006 年 3 月時点での運転路線延長は 474km とされていました。

　PNR の路線には、マニラとイロコス地方を結ぶ北線と、マニラとビコール地方を結ぶ南線がありますが、北線は 1991 年のピナトゥボ山の噴火以降には全線で運休されています。マニラ近郊の南線では通勤列車のメトロ・コミューターが、ビコール地方ではビコール・コミューターが運行され[20]、またマニラのトゥトゥバン駅とナガ駅間 (377km) でフィリピン唯一の夜行列車のビコー

マネー」と呼ばれ、貧困層はイージーマネーを好む傾向にあると言われています。
20) メトロ・コミューターは、南線のトゥトゥバン駅とアラバン駅間 28.1km を結び、30 分ないし 1 時間間隔で運行されています。列車は 3 両編成ないし 5 両編成で、3 両編成の場合には各列車の先頭車が終日女性専用車、5 両編成の場合には先頭寄り 2 両が終日女性専用車です。
　ビコール・コミューターは、ナガ駅を中心とするビコール地方の通勤列車として、ケソン州タグカワヤン駅とアルバイ州リガオ駅間で運行されています。

ル・エクスプレスが1日1往復運行されています[21]。

　PNR の特徴として一般に、設備の老朽化が激しく、保守管理が行き届いていないこと、車両の窓に投石対策用の金網がとり付けられていることがあげられています。投石とは、列車が線路敷地内に形成されたスラムを通過する時に、子供たちが列車に向かって石を投げることとされ、金網は投石によって乗客が怪我をしないための対策と言われています。子供たちが投石をする理由については、明らかではありませんが、面白がって遊んでいると言われています。

　また、列車が貧困層の多い地域を走行するため屋根の上に乗る無賃乗車が多いことも特徴とされ、かつては客車の屋根を三角形に尖らせて無賃乗車を防いだ車両もありました。しかし、列車は駆け足程度の低速で走行し、ドアが開放されているため走行中の列車に容易に飛び乗り、飛び降りることができ、このようなことが日常茶飯事になっているため他の乗客も気にしないと言われています。無賃乗車は、フィリピンの貧困を表していると言われています。

（2）都市鉄道とテロ

　マニラには、都市鉄道のマニラ・ライトレール（LRT）が2路線、マニラ・メトロレール（MRT）が1路線あり、高架構造で、設備は近代的、車内の治安も比較的良いとされています。運賃は、乗車駅からいくつ目の駅で降りるかによって決まり、その額はジプニーと比較すれば、かなり高く、そのため利用客は所得の多いビジネスマンやOLなどが中心と言われています。電車は、3~8分間隔で5時~23時頃まで運行され、朝夕のラッシュ時はかなり混雑し、2008年には女性専用車両が登場しました[22]。なお、3路線を乗り継ぐとマニラ

---

21) ビコール・エクスプレスは、かつてマニラ~レガスピ間474kmを12~13時間かけて走行していましたが、2006年9月のマニラ首都圏を襲った台風15号でサン・クリストバル川鉄橋が崩壊し、復旧工事を終え4年後の2010年6月にマニラ~ナガ間の運転が再開されました。ビコール・エクスプレスは、PNRの花形列車と言われ、速度では長距離バスに劣りますが、寝台車両の快適さもあり、人気があると言われています。車両は、かつて上野~金沢間で寝台特急「北陸」として運用されていた14系客車をJR東日本から譲受したもので、車内の表示などは日本語のままです。

22) 3月下旬から4月中旬頃の聖週間（イースター前の1週間）は運休となり、車両整備などが

を大雑把に一周でき、プチ電車旅行が楽しめると言われています。

　路線は、Line1（LRT 1 号線）、Line2（LRT 2 号線）、Line3（MRT 3 号線）と呼ばれ、Line1 はマニラ軽量鉄道会社（LRMC）によって運営され、マニラの西側を南北に走り、路線距離は 19.65km、車両形式は軽量車両（LRV）です。Line2 は、軽量鉄道輸送公社（LRTA）によって運営され、Line1 と Line3 がマニラ首都圏の西側と東側を南北に走り、その 2 本の鉄道を東西に走る Line2 がつなぐ形になっていて、路線距離は 13.8km、車両形式は重量車両（HRV）です。いずれも架空電車線方式で、平均速度は 40km/h、最高速度は 80km/h です。なお、Line2 には高架軌道のほかに地下軌道区間もあります。

　Line3 は、首都圏鉄道輸送会社（MRTC）が政府の認可を得て 25 年間の BLT（Built-Lease-Transfer）方式で建設した路線で、運輸通信省（DOTC）が MRTC より施設を借り受けて列車を運行しています。Line3 は、マニラ首都圏の東側（エドゥサ通り沿い）を南北に走り、路線距離は 16.8km、車両形式は軽量車両（LRV）です。架空電車線方式で、最高速度は 65km/h、1 日の乗降客数は 60 万人で、都市鉄道の中で最も混雑する路線と言われています[23]。

　なお、各駅の入口では所持品検査とボディチェックが行われています。それは、反政府勢力としての「モロ・イスラム解放戦線」（MILF）と政府のあいだで 40 年以上戦闘が続き、2014 年に和平合意が成立しましたが、イスラム過激派組織「イスラム国」に忠誠を誓ったとされる「アブ・サヤフ・グループ」（ASG）が勢力を保持し、マニラ首都圏を含む都市部で爆弾テロを実行したからと言われています[24]。

　　行われます。聖週間には、会社、レストラン、映画館、公共交通機関も一斉に休業し、また 9 月になるとクリスマスの飾り付けが行われ、クリスマスソングを耳にすることがあると言われています。キリスト教徒が 90％以上を占めるフィリピンでは、キリスト教は生活の一部と言われています。

23) Line1 は、ベルギー政府の借款により 1985 年に全線開業し、Line2 は日本の円借款により 2004 年に全線開業しました。Line3 は、Line1 に次いで 1999 年に開業しました。
24) MILF は、フィリピン南部を拠点に、モロ族の自治確立とイスラム国家の建設を目的として設立された武装組織で、現在の指導者はムラド・イブラヒム議長とされ、2014 年にフィリピン政府と包括和平合意に調印しました。宣教、教育、ジハードを通じたイスラム国家

(3) スケーターとスラム

マニラには、PNRの線路上を走る「スケーター」と呼ばれる人力乗合トロッコがあります。車体が竹で作られていることから、バンブートロリーと呼ばれることもあります。かつての人車鉄道の簡易版のようなもので、スラムの住民が始めたとされています。スラムでは線路が住民の生活の場となっていて、線路上で食事・洗濯・入浴・ビリヤードなどを行う光景が日常的に見られると言われています。スケーターは、PNRの線路を無断で使用している非合法なもので、PNRはスケーターを排除する傾向にあると言われています。なお、スケーターも無賃乗車と同じように、フィリピンの貧困を表していると言われています。

車両は手製で、最も簡素なものは廃品回収で集めたトラックのベアリングを車輪に用い、鋼鉄製の車軸にはめ込み、その上に竹や木材で作った底板を乗せ、運転手が手で押したり、足で地面を蹴ったりして動かします。ブレーキも付いていて、8～10人程度の乗客を乗せることができ、乗客用の椅子のあるもの、屋根のあるもの、日傘を取り付けたもの、荷物を運ぶための平荷台になっているものなどがあります[25]。

スケーターが商売として成り立つのは、PNRの列車運行本数が少なく、地域の住民や通勤客の需要があるからと言われています。高速道路建設のために生活域を分断された住民が遠回りを強いられていたため、近道である鉄道線路

　の建設を主張していた創設者のハシムが2003年に死亡した後、最高指導者となったイブラヒム議長は政府との和平路線をとり、「(政府からの)完全な独立は要求しない」と公言し、フィリピン南部のイスラム教徒住民(モロ民族)全体の利益のためとして、経済状況の改善、資源採掘・治安維持権限の移譲などを要求したとされています。

　ASGは1990年代初めに、フィリピン南部及び南西部におけるイスラム国家建設を目指してアブドラザク・ジャンジャラニによって設立された武装組織とされています。最近は、身代金目的の誘拐事件を頻発させ、フィリピン国軍は2010年末時点で、勢力を少なくとも約300人と見積もっていると言われています。

25) スケーターは、木工芸品づくりの高い技術を持つフィリピンの先住民族イゴロット族のコメ収穫祭「Imbayahの祭り」で行われる木製自転車レースの自転車を想起させると言われています。

に目をつけてスケーターが運行されるようになったとされています。スケーターの運行が多い場所では、運行表で発車順が管理され、朝4時から運行しているスケーターもあります[26]。

---

[26] PNRの列車は、スラムを通過する時には警笛を鳴らしながら徐行するため、警笛で列車が来たことを知れば、スケーターを線路上から撤去し、列車をやり過ごします。スケーターは軽量のため撤去が容易で、そのため事故は起きていないと言われています。また、線路が単線の場合にはスケーター同士が対向することになりますが、駅から村に向かって走る方が優先で、対向するスケーターが進路を譲るというルールがあります。

第10章　香港のトラムと消える英国文化

10-1　トラムと住民差別

(1) トラムと向空中

　香港を代表する乗り物がトラム(2階建て路面電車)で、それは「古の香港を味わえる非常に楽しい乗り物」と言われ、同時に香港の乗り物における向空中を象徴していると言われています。向空中とは、上へ上へと伸びていくこととされ、土地の狭い香港の乗り物には向空中が特徴的にみられ、また山が多く平地の少ない香港では山の頂に向かって路線が伸びています。

　トラムの開業は1904年7月で、110年以上の歴史があり、香港電車有限公司によって運営されています。開業当初の車両は1階建てで、1912年に2階建ての車両が登場し、全車両が2階建てというのは世界で唯一と言われています。1930年に車体広告が始められたとされ、現在では車体広告は2階建てバスでも行われ、車体広告で有名なのが「出前一丁」です。路線には、香港島北部を東西に走る本線のほか、競馬場のある跑馬地を回る跑馬地支線と、北角にある春秧街の街市(市場)の軒先を通り抜ける北角支線があり、その様子は香港を象徴する風景のひとつに数えられています[1]。

　営業用車両のうち、最も古い車両が戦後型電車で、1949年から運行され、木製の窓枠、藤の椅子、車内灯は白熱電球で、1両だけ(120号車)が残っています。新しい車両が導入されていますが、外観的には初期のトラムのデザインが承継されています[2]。超高層オフィスビルが林立し、国際金融センターの役

---

[1] 路線の終端部はループ線になっているため、原則として片側の運転台のみが使用され、乗降扉は両側にありますが、使用されるのは進行方向左側の片側のみで、右側は予備とされています。

[2] 標準的な車両は翻新電車で、1980～1990年代に戦後型電車の更新車両として導入され、翻新電車の後継車両の千禧新電車(ミレニアム型)は2000年以降に製造されたアルミ車体の新型車で、その改良型もあります。また、貸切専用の28号車と128号車は2階の屋根の

割を担っている香港島北部では、効率性が重視されていますが、その中にあってトラムの走行速度は遅く、バスやタクシーなどにどんどん追い抜かれていきます。

　運賃は安く、「歩くよりは速いから」と言って、数駅乗ったらすぐ降りるという使い方がされていますが、地下鉄港島線と競争状態にあります。2014年12月の地下鉄港島線の延伸によって利用者が減少し、一時は廃止も噂されていましたが、冷房車の導入や渋滞区間での電車優先走行など、サービスを強化し、廃止の危機を乗り越えました。トラムが廃止されれば、「古き良き英国文化」がひとつ消えてなくなると言われていました[3]。

(2) ピークトラムと英国階級社会

　ピークトラムは、最初の公共交通機関として1888年5月に開業したケーブルカーで、山頂纜車有限公司によって運営されています。麓の花園道總站と山頂總站間の路線距離は1365m、軌間は広軌の1524mm、標高差は363m、最大勾配は27度、最小勾配は4度で、途中に堅尼地道駅、麥當勞道駅、梅道駅、白加道駅の4駅があります。2両固定編成で、コンピュータによって運転制御され、花園道總站と山頂總站間を8分で結び、山頂總站のすぐそばに100万ドルの夜景を満喫できる展望台があります。ピークトラムは「ビクトリアピーク（扯旗山）に上る」つまり「空中に向かう」乗り物で、香港を象徴する代表的な向空中の乗り物のひとつとされています[4]。

　　一部がないセミオープントップ型です。
3) 英国文化は、礼儀作法（マナー）を重んじることにみられ、代表的な礼儀作法に騎士階級の人々の道徳規範であった騎士道を起源とするレディファーストがあるとされています。また、立憲君主制の英国の憲法を構成する慣習法（憲法の習律）のひとつに「国王は君臨すれども統治せず」とあり、国王の存在は極めて儀礼的で、歴史的にも人の支配を排した法の支配が発達し、伝統の中に築かれた民主主義も英国文化と言われています。
4) ケーブルカーは勾配区間を走行するため、日本では車両は平行四辺形状で、車内は階段状ですが、ピークトラムの車両は長方形状で、平坦な床面の普通の鉄道車両と同じです。しかし、座席はすべて山頂方向を向き、そのため「上るときは飛行機が上昇するように、下りるときは逆走コースターのようにスリル満点」と言われています。また、車両が急勾配にさしかかると、錯視によって窓の外に見える高層ビルが傾いているように見えます。

10-1 トラムと住民差別

　ピークトラムが建設されたのは、以下のような事情があると言われています。1842年の南京条約によって、香港島が英国に永久割譲され、1860年の北京条約によって九龍半島南部の市街地も永久割譲されたことから、以来多くの英国人が香港にやって来ました。しかし、香港の蒸し暑さに耐えかねた彼らは、住居をビクトリアピークに構えるようになりました。ビクトリアピークは快適な居住地ですが、住まいと仕事場の往復には山道を上り下りしなければならず、そのため麓からビクトリアピークへは竹で編まれた「セダンチェア」と呼ばれる、日本でいう駕籠あるいは輿のような乗り物が利用されていました。しかし、乗り心地が悪く、そのためピークトラムが建設されたとされています。

　開業当初のピークトラムは、ミッドレベルやピークに住む英国人と住み込みで働く支那人専用で、彼ら以外はミッドレベルより上に行くことが禁じられていました。その理由は、英国人は支那人を不衛生と考えていたからで、ここに英国の階級社会制度と人種差別意識がみられると言われています[5]。

　現在の香港在住の欧米人は、香港島や九龍半島の喧騒から離れていたいと考え、香港島のビジネス街の中環からフェリーで20~30分の位置にあるラマ島に住居を構えています。現在の香港社会も、欧米人を中心とした上流階級としての富裕層と、中国人（香港人）を中心とした貧困層から構成される階級社会そ

5）階級社会とは、社会の成員が2つ以上の階級に分かれ、その間に支配と服従、または対立の関係が存在する社会とされ、支配する階級が一般に上流階級と呼ばれ、英国では現在も上流階級としての貴族とジェントルマン階級があると言われています。また、欧米で「優等人種である白人が劣等人種である非白人に文明を与えるのは義務である」とされていたのは、非白人は知能が劣り、野蛮で不衛生とする人種差別意識があったからと言われています。

　なお、英国が割譲地まで返還したのは、1984年の英中会談で英国が申し出た新界の租借の延長を鄧小平が拒否し、武力を行使してでも割譲地を奪還すると主張したため、サッチャーがやむなく返還に合意したからとされています。しかし、当時の英国国民の香港に対する関心は低く、香港を植民地として維持すべきであるという考えはなく、返還に際しても英国のパスポートを持つ350万人の香港人に英国の居住権を与えることに賛成する人は少なく、労働党と保守党の議員は5万人（家族を含め25万人）に英国在住権を与えるという法案に猛烈に反対しました。これは、香港人に対する人種差別意識を表していると言われています。

のものと言われています。また、中国人(香港人)の多くは肌の黒いアジア人を見下し、同じ中国人でも大陸出身者を激しく差別していると言われています[6]。それは、英国仕込みの文化が根づいている中国人(香港人)にとって、大陸からの非文化的な移民や不法越境者の存在が耐え難いものになっているからと言われています。つまり、それは香港の中国化に対する不安を意味しているとされています[7]。

(3)ヒルサイド・エスカレータと住民差別

　香港島のビジネス街の中環から高級マンションが建ち並ぶビクトリアピークのミッドレベルへの交通手段に、ヒルサイド・エスカレータがあります。これは、20基のエスカレータと3基の斜行型動く歩道からなる全長800mの世界一長いエスカレータと言われ、1993年に運転が開始され、高低差が135mある中環とミッドレベルを約20分で結んでいます。ヒルサイド・エスカレータは、英国植民地政府運輸局によって建設・管理され、法的には交通機関として位置づけられていました。

　ヒルサイド・エスカレータは片側1基のため一方通行となり、6時～10時が下り用、10時20分～24時が上り用として運転されています。この運転時

---

[6] ワシントン・ポスト(2013年5月15日)によれば、「隣に住む住民が自分と異なる人種の人々であることを容認できるか」の問いに「NO」と回答した比率は香港が71.8%、ヨルダンが51.4%、インドが43.5%、韓国が36.4%とされていました。

[7] 2012年7月29日に香港中心部で、中国国民としての愛国心を育成する「国民教育」(「愛国教育」とも呼ばれています)の導入に抗議する大規模デモが行われ、教師や学生、子連れの親などが参加しました。主催者側は参加者9万人と発表し、警察は3万2000人と発表しました。妻と4歳の娘と一緒にデモに参加した男性は、国民教育が導入された場合は、転校または他国への移住も検討すると語り、別の女性は「洗脳教育を行ってほしくない」と述べていました。国民教育は「国民の誇りと中国への帰属意識を養う」ことを目的としているとされ、34頁の教材は中国共産党による一党独裁体制を称賛する内容になっているとされています。粉ミルク汚染問題などについては記述されていますが、民主化運動を弾圧した1989年の天安門事件については触れておらず、米国の政治制度については「社会混乱を生じさせた」と批判しています。香港政府は、2012年9月9日までに「国民教育」をすべての学校で導入するとしていた計画の撤回を発表し、導入するかどうかの判断を各学校に任せる方針を示しました。

間から明らかなように、これはミッドレベルの高級マンションに住む住民の通勤や買物での利便を図るために建設されたもので、そのため建設当初は不評だったと言われています。この点で、開業当初のピークトラムがミッドレベルやピークに住む英国人専用であったことと似ていて、ヒルサイド・エスカレータの建設当時の香港では英国の階級社会制度が維持されていたことを物語っていると言われています。そして、ビクトリアピークに上るという意味で、ヒルサイド・エスカレータにも向空中がみられます。

　他方、大嶼山には2006年9月に開通した自動循環式ロープウェイ「昂坪360スカイレール」があり、全長は5.7kmで、アジア最長と言われています。地下鉄東涌線東涌駅と高さ34mの世界最大の野外大仏「天壇大仏」のある昂坪（標高460m）間を約25分で結んでいます。天壇大仏は、香港の中国への返還が決まり、海外からの観光客が激減したため観光客を誘致するために建設（1993年完成）されたとされています。香港政府がこれらを「アジア最長」「世界最大」とPRしているのは、誇るべき伝統的な文化がなく、物質的な世界一にこだわる中国と同じで、ここに香港の中国化のひとつの現実があると言われています。返還後の2005年に開園したディズニーランドの誘致も、昂坪360スカイレールや天壇大仏と同じ理由とされています。

10-2　バスと英国文化の消滅

(1) 英国風の2階建てバス

　香港の代表的な乗り物に2階建てバスがあり、それは香港が英国の統治下にあったからです。2階建てバスは、土地が狭く人が多い香港に最適であったばかりか、香港の名物となり、この2階建てバスも香港の乗り物の向空中を象徴しています。

　香港の大手バス会社には九龍バス、シティバス、新世界第一バスの3社があります。九龍バスは、1933年に設立された香港を代表する老舗のバス会社で、九龍と新界の約400の路線で4000台以上のバスを運行し、ひとつの都市で営

業するバス会社としては世界最大規模を誇っていると言われています。シティバスは、香港島内の路線の約半分と、大嶼山にある香港国際空港と市街地を結ぶエアポートバスなどを運行し、とくにエアポートバスでは独壇場にあると言われています。新世界第一バスは、香港島内と九龍地区でバスを運行しています。

　大手バス会社は、ほとんどの路線で2階建てバスを運行していますが、中小のバス会社の中には2階建てバスを運行するほどの需要がないため、普通のバス（1階建てバス）を運行している会社もあります[8]。

　他方、バスの中で注目を集めているのが、屋根のない2階建てオープントップバスで、旅行会社がバスツアー（観光）用に保有し、昼夜運行しています。九龍名物の路上に突き出す色とりどりの大看板が立ち並ぶネイザンロードの華やかなネオンをギリギリにすり抜けるように走行するオープントップバスは、スリルと爽快感が味わえる香港ならでは乗り物と言われています[9]。

（2）中国風のミニバス

　低所得層の住民の日常的な足となっているのは、ミニバスと呼ばれる日本製のマイクロバスを使用したバスで、2階建てバスが走っていない路線や地域で運行されています。ミニバスには、屋根の色が緑の「緑のミニバス」と、赤い「赤のミニバス」があり、定員は16名で、乗客はシートベルトを着用しなければならないため、満席の場合には乗車することができません。また、ミニバスでは停留所以外での乗降が可能な自由乗降制が採用され、これがミニバスの特徴とされていますが、市街地には停車禁止道路が多く、停留所以外での乗降は現実的には不可能と言われています。

　緑のミニバスは会社経営で、営業エリアが香港島、九龍、新界に分けられ、

---

8) 同じ路線の同じ区間に乗車しても2階建てバスの運賃は1階建てバスの運賃よりも安く、非冷房車は冷房車よりも運賃が安く設定されるなど、損得勘定に敏感な香港人（中国人）向けの合理的な運賃制度が採用されていると言われています。
9) 2階建てオープントップバスは、中環とピークトラムの花園道總站を結ぶ路線バスとしても運行されています。

それぞれ独立した路線番号を持ち、運賃は明示され、路線は比較的短距離です。赤のミニバスは個人経営で、運賃は運転手が決め、緑のミニバスと比較すれば長距離路線が多く、目的地は一応決められていますが、行き先が途中で変更されることもあると言われています。また、赤のミニバスの中には満席になるまで出発しないバスや、24時間運行しているバスがあり、それは路線や運行時間に規制がないからと言われています。

　赤のミニバスは「愛嬌があり、ドライバーの個性丸出しの香港的な乗り物」と言われ、それは個人経営のため運転手が自分の好きなように車内を飾り立て、好きな音楽を流し、大声で独り言をしゃべりながら運転しているからと言われています。赤のミニバスは、英国的な2階建てバスと比較すれば、自分本位な中国的な乗り物に映り、それは香港にはそれだけ英国の文化や伝統、それに制度が色濃く残っているからです。しかし、香港が中国に返還されたため乗り物にみられる英国文化はいずれ消滅し、「文化のない乗り物」になってしまう可能性があると言われています。香港の乗り物から英国文化が消滅してしまうことが「文化の砂漠化」と言われ、それは香港の乗り物が「文化のない中国」の乗り物と同じになってしまうことを意味するとされています[10]。

(3) 英国風のタクシー

　タクシーは、営業エリアごとに車体色が赤色(屋根は銀色)、緑色(屋根は白色)、水色(屋根は白色)と決められています。赤色のタクシーは、かつては香港島と九龍地区を営業エリアとしていましたが、現在では「市区タクシー」と呼ばれ、香港全域を営業エリアとしています。緑色のタクシーは新界地区を営業エリアとしていることから「新界タクシー」と呼ばれ、水色のタクシーは大

---

10) 文化のない中国とは、中国には伝統的な文化がないこととされ、それは中国が建国されたのは1949年で、国としての歴史はわずか60年しかなく、また中国は1966~1976年の「封建的文化と資本主義文化を批判し、新しく社会主義文化を創生しよう」とする文化大革命によってこれまでの文化をすべて破壊したからで、そのため中国は「文化のない国」になってしまったと言われています。新しい社会主義文化として中国共産党によって創生された文化は、模倣文化と拝金文化くらいと言われています。

嶼山を営業エリアとしていることから「大嶼山タクシー」と呼ばれています。タクシーの営業エリア制は、香港が割譲地と租借地から形成されていたため、割譲地である香港島と九龍地区は市区タクシー、租借地である新界地区と大嶼山は新界タクシーと大嶼山タクシーに割り当てられたと言われています。

営業エリアが定められているため、新界タクシーでは香港島や大嶼山（香港国際空港は除く）まで直接行くことができず、エリア境界付近にあるタクシー乗り場でタクシーを乗り換えることになります。そのため、エリアを越えて移動する場合には、市区タクシーを利用すると便利ですが、基本運賃は新界タクシーや大嶼山タクシーよりも高く設定されています。また、海底トンネルを通って香港島と九龍を結ぶ専門のタクシーが過海タクシーと呼ばれ、市区タクシーで海底トンネルを通れば往復分の海底トンネル通行料を乗客が負担しなければなりませんが、過海タクシーなら片道分で済みます。

英国の統治下で形成された香港の交通管理は、高度に整備された民法と税制上の優遇措置や高い教育水準とともに香港の発展に大きく寄与し、また国際基準の賄賂防止規制（国際商取引における外国公務員に対する贈賄の防止に関する条約）も、香港の発展の基本的な要素になっているとされています[11]。

他方、香港には約18000台のタクシーがあり、車両にはクラウン・コンフォートのLPガス車が使われ、日本が世界で初めて採用した自動ドアを装備しているものもあります。タクシーに英国のロンドンタクシーのような屋根の高い車体などの文化と伝統はみられませんが、英国を起源とするチップの習慣があり、それは英国の習慣が香港に持ち込まれたからと言われています。チップの習慣のある国では、サービス業の賃金が低く設定されているため、チップが従業者の生活給となっていると言われています[12]。

---

11) 経済協力開発機構（OECD）は、1977年12月に「贈賄が国際商取引（貿易及び投資を含む）において広範にみられ、深刻な道義的及び政治的問題を引き起こし、良い統治及び経済発展を阻害し並びに国際的な競争的条件を歪めていることを考慮し」、世界的に外国公務員への贈賄を抑止及び防止するため「国際商取引における外国公務員に対する贈賄の防止に関する条約」を策定しました。
12) なお、香港のタクシーは、運行免許をもつ組合に運転手がリース料（12時間で300香港ド

10-3 香港の中国化とスラム

(1) 香港返還と鉄道の一元化

　1997年7月1日より香港は、中華人民共和国(以下、中国と略す)の特別行政区になり、香港では一国二制度(一国両制)が採用されています。一国二制度とは、一つの国(中国)の中で二つの制度(社会主義と資本主義)が併存して実施されることとされています。香港特別行政区基本法は「香港特別行政区は社会主義の制度と政策を実施せず、従来の資本主義制度と生活様式を保持」(基本法第5条)するとしています。また、この状況は「50年間変えない」(同第5条)とされ、一つの国で二つの異なる制度が併存するのは世界でも初めての試みとされています[13]。

　中国政府は、「香港とマカオは国家主権と外交、軍事以外は自治を享受し」、一国二制度は「両地域に繁栄をもたらし、中華民族全体の復興のために大きく貢献している」と強調していますが、現実には一国二制度の歪みや矛盾点が浮き彫りになっていると言われています[14]。

　他方、基本法失効後の香港を中国共産党の独裁体制の下に置くための準備が

　ル程度)を支払い、営業免許と車両を借りて運行するというものです。タクシー運賃は非常に安く、燃料には高率の税金が付加されているため、運転手の収入は少ないと言われています。

[13] 香港特別行政区基本法とは、英中共同声明の基本方針や政策を具体化した中国の国内法として1990年4月に制定された香港の「憲法」とも言うべき法律で、英中共同声明とは1997年7月以降の香港の地位に関して、英国と中国のあいだで1984年に結ばれた合意文書(1985年5月発効)を言います。

[14] 2014年8月31日に中国・全人代常務委員会は、香港の行政長官を2017年の選挙から「普通選挙」で選んでもよいとの決定を行いました。しかし、「普通選挙」には条件があり、現在の選挙委員会を「指名委員会」として存続させ、この委員会で過半数の指名を得た候補者だけが、選挙に出馬できるとしていました。選挙委員には、中国とのビジネスを重視する財界人が就任しているため、北京と対立する民主派を指名する可能性はなく、民主派は立候補の道を閉ざされました。そのため、大学生や中高生による民主化を求める反政府デモ(雨傘革命や雨傘運動とも呼ばれる)が起こりました。しかし、英国は香港を見捨て、オバマ米大統領は2015年9月の米中首脳会談で、習近平国家主席に「香港に介入しない」と約束したと報じられていました(読売新聞　2015年9月29日付朝刊)。

着々と進められ、鉄軌道部門では東鐵線と西鐵線、地下鉄、輕鐵、昂坪360スカイレールは香港の一大鉄道会社の香港鐵路有限公司によって保有・運行され、中国本土への直通列車も運行されています。香港鐵路有限公司の株式の約3/4を香港政府つまり中国政府が保有し、トラムとピークトラム以外のすべての鉄軌道網は、中国共産党の管理下に置かれています。

また、中国の建国以来、英国は中国からの難民や不法入国者の問題に悩まされ続け、難民などを収容するため市街地で膨大な高層住宅の建設や郊外での新たな居住区の開発などに大きな財政負担を強いられましたが、香港は「アジアの中の英国」と呼ばれるほどの発展をとげました。しかし、中国からの難民や不法入国者の増加によって、香港は次第にスラム（貧民街）化していったと言われています[15]。

（２）中国直通列車と抵塁政策

東鐵線本線は1910年10月に開通し、九龍の尖東駅から中国との境界にある羅湖駅に至る全長35.5kmの路線です。東鐵線は、かつて九廣鐵路公司によって運営されていましたが、香港鐵路有限公司に吸収合併されました。九廣鐵路公司は、九廣鐵路という名称が示すように、廣州・九龍直通車、北京・九龍直通車、上海・九龍直通車を運行していましたが、1949年の中国の建国によって直通列車の運転は中止されました。それは、英国は1950年に中国を国家と

---

[15] 1993〜4年に解体されましたが、旧啓徳空港の近くに存在した要塞の九龍城砦の跡地に巨大なスラム街があり、そのスラム街も九龍城砦と呼ばれていました。要塞の城壁が取り壊され、跡地には難民のバラックが建ち始め、流入する難民の増加によって無計画な増築が行われました。1960年代後半から1970年代にかけて鉄筋コンクリートのペンシルビルに建て変わりましたが、無計画な建設のために九龍城砦の街路は迷路と化し、英国と中国のいずれの行政権も及ばなかったために売春や薬物売買、賭博、その他違法行為が行われ、無法地帯になったとされています。九龍城砦の敷地は126m×213mで、そこに500以上のペンシルビルと呼ばれる細長いビルが無秩序に密集し、1980年代の最盛期には5万人の住人が生活していたとされています。九龍城砦は、「魔の巣窟」「悪の巣窟」「伝説のスラム街」「東洋の魔窟」などの異名を持ち、外観的にも暗黒都市のように思われていますが、実際の住人は貧しくとも幸せで、人間関係に溢れた強いつながりのあるコミュニティがあったと言われています。

して承認しましたが、国際社会(国際連合)では中国は国家として承認されていなかったからと言われています。中国が国家として承認されたのは1971年で、直通列車は1978年4月に復活されました[16]。また、広州市から深圳市を経由して香港に至る廣深港高速鐵路の建設が進められ、路線長は180km、所要時間は1時間以内とされ、将来的には時速350kmでの運転が計画されています。中国側の工事は完了し、2011年に開業しましたが、香港側の工事は未着工で、完成は2017〜2018年とされていますが、遅れる可能性も指摘されています。廣深港高速鐵路の建設は、中国の鉄道網に香港を組み込み、香港の管理・統制を強化するためのものと言われています。

他方、1949年の中国の建国、1950年代末から1960年代の大躍進政策による大飢饉や文化大革命などの内乱によって多くの人々が移民や難民として中国本土から香港に押し寄せてきました。そのため、英国植民地政府は市街地まで到達できた者には居留権を与え、手前で捕まった者を中国に送還するという抵塁(ホームベース)政策を展開し、市街地まで到達できた若い男性を安価な労働力として受け入れていました。しかし、後を絶たない大量の移民や難民によって、九龍地区では不衛生なスラムが至るところにでき、犯罪や暴動が頻発したため、英国植民地政府は新界地区にニュータウンを建設し、膨大な量の高層住宅を建設して移民や難民などを移住・収容しました。1970年代末に労働力が過

---

[16] 東鐵線には沙田馬場支線、尖沙咀支線、落馬洲支線があり、沙田馬場支線は沙田競馬場で競馬が開催される時にのみ運転される路線で、香港で競馬に人気があるのは近代競馬発祥の地である英国の統治下にあったからと言われています。尖沙咀支線は、東鐵線本線紅磡駅と尖東駅を結ぶ路線で、東鐵線本線の延長という形になっています。2007年に開業した落馬洲支線は、東鐵線本線上水駅から分岐して落馬洲駅を結ぶ全長7.4kmの路線で、中国との出入境駅である東鐵線本線羅湖駅の混雑を緩和するために建設され、羅湖駅に次ぐ第2の出入境専用駅とされています。落馬洲駅の設置は、香港が中国に返還され、中国本土から香港に通勤する国境労働者や観光客、買い物客が増加したからと言われています。落馬洲駅は、羅湖駅と同じように、一般人の立入禁止区域(禁区)内にあり、禁区内住民証明書を所持していない者は駅の敷地外に出ることができません。それは、この禁区が中国から香港への不法入境を防ぐために設けられた区域で、禁区があるのは香港が英国の統治下にあった名残であるとともに、現在の香港が一国二制度の下での中国の特別行政区だからです。

剰になったため、1980年に抵塁政策は廃止されましたが、移民・難民の不法入国者は増え続けたと言われています。

一方、1984年12月の英中共同声明で1997年7月に香港が中国に返還されることが発表されたため、中国共産党の支配を受けることを嫌う香港の富裕層は、英連邦内のカナダやオーストラリアなどへ移住しました。また、1989年に天安門事件が発生すると、「専制的で強権的、かつ国民に対する武力行使も辞さない中国の本質が明確になった」として、再び海外へ移住する人が続出しました。香港の返還が決まった直後から、1997年までの10年間で約10万人が香港を脱出し、脱出は現在も続いています。

(3)英国風地下鉄とスラム

1960年代までの香港の市街地は香港島と九龍地区に限られていましたが、1970年代には難民などの増加によって市街地が手狭になったため、英国植民地政府は新界地区の住宅地開発に乗りだし、開発されたニュータウンと市街地を結ぶ地下鉄を建設・運営するために、1975年に英国植民地政府の全額出資によって地下鐵路公司が設立されました。

香港の地下鉄は、1979年の觀塘線の開業以来「MTR」や「地鐵」と呼ばれて親しまれ、現在では7路線が運営されています。香港の地下鉄の便利さは、他線への乗り換え(対面乗り換え)と、メリットの大きなICカード「八達通」にあると言われています。車両の特徴には、連結部に扉がなく貫通していること、座席はすべてステンレス製のロングシートで、英国の地下鉄のように、中吊りなど車内に紙メディアの広告がないことが挙げられています[17]。また、地下鉄では喫煙はもとより飲食も禁止されていますが、携帯電話の使用には規制はなく、そのため周りの人々への迷惑などお構いなしに大きな声で通話している人がいます。香港の人々は「香港はアジアの中の英国」と言われることを誇

---

[17] 地下鉄では英メトロキャメル社、独アドトランツ社、スペインのCAF社、韓国ロテム社、日本の三菱重工業などの車両が使われていましたが、2011年12月から中国本土製の車両が使われるようになり、これも香港の中国化を表すものと言われています。

りにしていましたが、返還後には英国の紳士的な伝統文化が消え、自己中心的で道徳心のない人々が増えていると言われています[18]。

他方、返還以前には英国の基本的人権の尊重によって移民・難民政策にはある程度の寛容性があり、香港の人々もビルの建設工事や清掃作業などには従事したくなかったため、移民・難民の受入にある程度の理解を示し、移民・難民の流入によって香港経済は活性化されたと言われています。しかし、英国統治下の「古き良き香港」を知り、英国仕込みの文化が根づいている香港の人々は、香港を貶めているのが増大しつつある中国本土からの非文化的な移民や難民、不法入国(境)者であると考え、その存在と都市のスラム化を耐え難い脅威と感じ、そのため彼らを差別していると言われています[19]。

なお、スラムとは一般に、貧困者が集まって形成された貧困地域(貧困街)とされ、香港のスラム化は中国建国以前から香港に住む人々と、移民や難民、不法入国(境)者との間の深刻な所得格差を表していると言われています。たとえば、香港の高級マンションには1億香港ドルを超える物件も少なくなく、家具付きの一軒家は平均で1325万香港ドルと言われています。その一方で、老朽化したビルの屋上には廃材を使って増築された違法な「掘っ立て小屋」があり、また高層マンションや洒落たショッピングセンターが立ち並ぶ香港の中心街の一角には棺おけと大差ないスペースの「棺おけ部屋」で暮らす貧困者も存在し、

---

18)「アジアの中の英国」を表しているものとして、輕鐵の信用乗車があげられています。ホームで購入する乗車券は回収されませんが、抜き打ちの検札が行われ、不正乗車が発覚すると通常運賃往復50倍分の罰金が科されます。欧州では信用乗車が行われています。

なお、輕鐵は新界地区北部一帯に点在するベッドタウンを結ぶ路面電車で、路線の終端が必ずループ線になっているため運転台は片側にしかなく、乗降扉も進行方向左側にのみ設置され、表定時速は20kmですが最高営業時速が70kmに達することもあるとされています。輕鐵でも、中国本土の車両が使われるようになりました。

19) 2008年7月に、香港立法会は人種、皮膚の色、世系または民族的出身に基づいた直接・間接差別、ハラスメント、中傷などを禁止する人種差別禁止条例を制定しました。差別禁止は雇用、教育のほか、商品、施設やサービスの提供などの分野に及ぶとされています。しかし、この条例では居住の期間、在留の地位や許可の有無などに基づく行為は含まれないと規定され、そのため中国本土からの移民や難民、不法入国(境)者に対する差別が是正されないと批判されています。

その数は約 120 万人と言われ、全人口の約 17％を占めているとされています。
　貧困者の大半が、中国本土からの移民や難民、不法入国(境)者で、中国の悪政から逃れてきた人々が香港を劣化させるという皮肉な構図になっていると言われています。

第11章　台湾のスクーターと負けず嫌い

11-1　自転車とスクーター文化

(1) 自転車と自転車道

　1985年のプラザ合意によってドル安円高政策が合意されるまでは、日本は自転車の生産において大きなシェアを占めていましたが、プラザ合意後の円高によって日本からの自転車(完成車)の輸出は大幅に減少しました。日本に代わって、自転車輸出大国となったのが台湾です。世界最大の自転車メーカーのジャイアント(捷安特)は、1970年代後半から欧米メーカーのOEM/ODMを引き受け、現在につながる設計・生産の基礎を築き、自社ブランドの生産と販売に乗り出しました[1]。

　ジャイアントは1972年に設立され、1980年に台湾第一位の自転車メーカーとなり、1986年に欧州、1987年に米国、1989年に日本に進出し、現在では世界の多くの国々に進出しています。マウンテンバイクやクロスバイク(ロードバイクとマウンテンバイクの中間に位置し、両方の利点を取り入れたもの)、折り畳み自転車など、生産された自転車の約9割が輸出され、また松下電器やフォード、ルノーと共同で電動アシスト自転車の開発にも携わっていました。ジャイアントは、アルミフレームやカーボンフレームの製造で世界屈指の技術力を持ち、高度に機械化された生産ラインからは同社の最大の特徴である低価格高品質の自転車が生み出されています[2]。ジャイアントにみられる発展パターンは、二輪車メーカーの発展に途を切り開くひとつのビジネスモデルになったと言われています。

---

[1] OEMとは、相手先のブランド名で製造すること、ODMとは相手先のブランド名で設計・製造することとされています。

[2] 各国の自転車メーカーではレース指向の本格的な自転車は自国で生産し、初心者・中級者向けの自転車は台湾で生産して輸入し、値段が勝負の低価格帯の自転車は中国やベトナムで生産して輸入していると言われています。

他方、環境問題に積極的に取り組んでいる台湾は、サイクリングロードや自転車専用道の整備を行い、台北市には全長58.8kmの台北環状自転車道があり、台湾は「海外自転車旅行の登竜門」と言われているほど自転車旅行に最適なところとされています。都市中心部では自転車専用道あるいは自転車専用レーンが整備され、台北捷運(地下鉄)板南線の西門駅近くの中華路(長さ1400m、幅80m)の両側には、幅15〜18mの歩道と自転車専用道があります。また、「微笑単車」と呼ばれる乗り捨て可能なレンタサイクルや自転車置き場(駐輪場)が街中の歩道上に整備され、台北捷運では自転車をそのまま持ち込むことができます[3]。

(2)スクーターと文化
　台湾製のスクーターは世界の多くの国々に輸出され、とくにスクーター需要の大きなイタリアやフランスでは日本のホンダやヤマハを抜き、販売実績ナンバーワンの座にあると言われています。
　台湾の二輪車メーカーには光陽機車(KYMCO)、三陽機車(SYM)、山葉(YAMAHA)などがあり、この3社で国内市場の90〜95％を占めているとされています。光陽機車は、本田技研工業との合弁会社として高い技術力を培い、1995年の合弁解消後にKYMCOブランドを立ち上げ、多くの国々に輸出し、ヨーロピアンデザインの採用によってヨーロッパで高い評価を受けていると言われています。三陽機車は、本田技研工業との技術提携後の1982年に二輪車の輸出を開始し、2000年にベトナムに合弁会社、中国に2つの工場を建設しました。2002年の技術提携解消後には、SYMブランドで世界各国に多くの二

---

[3] 台湾では自転車の使用環境を整備し、市民にとって自転車が生活上の移動手段やレジャーの選択肢となり、それによって人を中心とした都市の交通環境を整備するために、その初期段階としてレジャー用自転車の利用環境整備に重点を置いた政策が進められています。自転車専用レーンは4000km、専用道路は600kmに及び、全島一周の専用道路の整備が進められています。専用レーン化が難しい場合にはバイクとの供用化が行われ、これによってお互いに走行特性を意識するようになり、車間をすり抜けるバイク、歩道を我が物顔で走る自転車が減ったと言われています。

輪車を輸出しています[4]。

　他方、台湾のスクーターにはちょっと変わった形のものがあり、そのひとつがワイパー付スクーターです[5]。これは、普通のスクーターの前面に防風ガラスを取りつけ、そこにワイパーをつけたものです。もうひとつは四輪スクーターです。これは、後部車輪の左右に車輪を一個ずつ取りつけたもので、補助輪付スクーターと呼んだ方が適切な形をしています。この四輪スクーターは、足に障害のある人々のために開発・製造された福祉スクーターで、停車時には補助輪によって車体が安定するため足で車体を支える必要がありません。

　ワイパー付スクーターや福祉スクーターは、スクーター製造技術の高さと、人々によってスクーターが広く支持されていることを物語っていると言われています。特に、福祉スクーターにみられるように、障害のある人々を交通から排除せず、ライダーとして受け入れるという政策は高く評価されています。駐輪場には、福祉スクーターのためのスペースが確保されていて、このようなスクーターは台湾独特のひとつの文化を形成し、それがスクーター文化と呼ばれています。

（3）スクーターと行政

　台湾は「スクーター王国だ」と言われ、世界で最も二輪車が普及しているのが台湾です。人口100人あたり69.6台という驚異的な普及率を示し、幼児・子供と高齢者を除けば、ほぼ1人が1台の二輪車を保有していることになります。2002年以降に90~125ccのスクーターが急増し、趣味性よりも実用性が重視される台湾では、小排気量のパーソナルなスクーターの手軽さと便利さが、

4）　台湾は米国や日本で注文を取り、中国やベトナムに製造させるという仲介的戦略を展開し、それは華僑ネットワークに支えられたもので、華僑ネットワークという全世界ネットを駆使した世界戦略は台湾経済の強みと言われています。なお、華僑とは台湾では中華民国（台湾）の国籍を保持したまま長期にわたって海外に居住する人やその子孫とされています。
5）　日本では1990年に本田技研工業が「雨天走行にも便利なルーフ一体式大型防風を装備したファッショナブルな三輪ビジネスバイク（原付）」としてジャイロ・キャノピーを発売し、これにはワイパーがついていました。現在は生産されていませんが、ピザなどの宅配で使われ、人気のある三輪バイクと言われています。

現実主義的で個人主義的な人々の生活にぴったりマッチしていると言われています。人々は日常的にスクーターを利用し、郵便配達や新聞配達、宅配便、バイク便、デリバリーでも使われ、交通警察官も使用しています[6]。

　スクーターは老若男女によって使用され、法律では禁止されていますが、家族全員が乗っているかのような３人乗りや４人乗りのスクーターを見かけることがあります。若い人たちは、雨天時にはロングレインコートやジャンパーを後ろ前に着てスクーターに乗り、こうすればレインコートやジャンパーの袖の部分から風や雨が吹き込むことがなく、これもスクーター文化のひとつと言われています。

　他方、スクーターが多くの人々によって使用されているのは、スクーターが手軽で便利で機動性の高い経済的な乗り物で、技術水準の高いスクーターが国内で生産されていることも関係していますが、なによりも行政当局がスクーターの存在価値を見直し、スクーターが道路を有効活用できる施策として二輪車と四輪車の分離、二輪車駐輪スペースの整備を積極的に推進したからとされています。

　二輪車と四輪車の分離は、二輪車専用レーンの設置、交差点手前での二輪車停車ゾーンの設置、二段階左折方式の法制化にみられます。二輪車停車ゾーンとは、二輪車が四輪車の前方に出て信号待ちをするゾーンのことをいい、二輪車を先に発進させることによって四輪車との分離を図ろうとするもので、この設置によって交差点での二輪車の事故が４割減少したと報告されています。

　二段階左折は、日本の原動機付自転車の二段階右折とほぼ同じですが、違うところは二段階目に二輪車が信号待ちをするための二段階左折ゾーンが二輪車停車ゾーンの前方に設置されていることです。この設置によって、交差点内での左折二輪車と直進車の衝突事故が減少したと言われています。

---

6)　スクーターとはバイクの一種で、前後輪の間に低くえぐられたスペースを設け、足を揃えて置ける床板を備え、シートの下にエンジンやモーターを抱える自動二輪車あるいは原動機付自転車とされ、その大きな特徴としてのステップスルーが女性に好評と言われています。

なお、これらの施策には、台湾の人々が交通法規を守らないために発生していた交通渋滞の解消という目的もあったと言われています[7]。

11-2　バスと負けず嫌い

（1）敷居の高い市内バス

　市内バス（路線バス）は公車と呼ばれ、台北市では台北市聯営公車管理處によって管轄されていることから「聯営公車」とも呼ばれています。台北市を中心としたエリアの代表的なバス会社には、大都會汽車客運、台北客運、首都客運、欣欣客運など非常に多くのバス会社があります。これらのバス会社の市内バス路線は400以上あり、台北に住む人々でも市内バスを乗りこなすのは非常に難しく、そのことから台北では「敷居の高い市内バス」と言われています。

　台北市中心部の民權東路など一部の道路には、公車専用路（バス専用レーン）が道路の中央に設置され、バスがそこを走行するという中央走行方式が採用されています。中央走行方式の採用は、バスも手軽で便利で安価な乗り物であることから、「二輪車と四輪車の分離」と同じように、「市内バスと他の四輪車の分離」を図ることによって、道路混雑が年々進む中でバスの定時性を確保するための施策と言われています。バス停留所は、日本と同じような感じですが、大きく違うところは停留所に時刻表が掲出されていないことです。ただし、バス停に時刻表が掲出されていないのは、アジアでは一般的なことです。

　他方、海外からの観光客の多い台北市内には多くの観光バス（貸切バス）があり、2階建てバスが多く使われています。

　なお、バスには乗降口が車両の右側（歩道側）に2つ（前と中央）あるのは共通していますが、車両によっては左側中央あるいは後方に非常口のあるものや、

---

[7]　台北では、中国の人々に一般にみられる中華思想に根ざした自己中心主義と、民主化された台湾で育まれた現実主義的な個人主義が融合したような自己中心的な個人主義の台頭によって、社会道徳心が低下し、そのため台湾教育部は2009年から青少年の道徳心を養う台湾有品運動を推進し、道徳などの分野で人間的な素質の向上を目指すとしていました。

運転席に乗降口があるものもあります。さらに、天井に非常口のあるバスや、非常時の脱出用に窓ガラスを割るためのハンマー(車窓撃破装置)が備え付けられたバスもあります。

(2)豪華バスと負けず嫌い

　台湾では県市間を連絡する中距離バスは公路客運または長途客運、長距離バスは国道客運と呼ばれ、そのほとんどが高速道路を走行しています。各都市を結ぶ中・長距離バスは非常に多く、一部の路線では24時間運行され、台北駅の近くにある国道客運台北總站(台北長距離バスターミナル)では1日に2000台以上のバスが発着していると言われています。

　中・長距離バスを運行する代表的なバス会社には、統聯客運、國光汽車客運、和欣客運などがあります[8]。和欣客運は、台北～台南間や嘉義～高雄間などの路線で「台湾史上最強のバス」と呼ばれている14人乗り豪華2列座席車を運行し、座席には航空機のファーストクラスで採用されているシェルフラットシートが装備され、最新式液晶テレビがあり、車内での無線インターネットも可能です。また、阿羅哈客運が台北～高雄間などで運行する豪華2列座席車の座席にはマッサージ機能や地上波デジタル放送の受信が可能なテレビがあり、台湾で唯一客室乗務員が乗務しています。

　世界一と言われる、このような豪華なバスが登場した背景には、24時間絶え間なく運行している同業他社が多く、さらに高速鉄道の開業によって競争が一段と激しくなったことがあげられ、過当競争気味の中・長距離バスに台湾の人々の負けず嫌いな気質あるいは国民性がみられると言われています。

　在台中国人(外省人)の負けず嫌いは、台湾が国際連合を脱退したとされる直前の1971年6月に蔣介石が国家安全会議で発表した「わが国の立場と国民の

---

[8] 統聯客運は、700台以上のバスを保有する大手で、3列座席車を標準とし、台北～高雄間や台中～高雄間、台中～台湾桃園国際空港間などでバスを運行しています。國光汽車客運は、開業した高速鉄道に対抗するため、台北～高雄間に新型車を投入し、台北～台湾桃園国際空港間では國光号を運行するなど、多くの路線でバスを運行しています。

精神」と題する訓示にみられると言われています。蔣介石は、「大陸光復はわれわれが奮闘堅持する第一目標である」「我々は反共の信念を保持し、また反共の勇気を堅持し、自由と正義への奮闘を続けなければならない。国家の運命は我々自身の手中にあり、世界の安危もまた我々の手中に握られている」と訴え、大陸光復(反攻大陸 光復民国)というスローガンに在台中国人の負けず嫌いが表れているとされています。

他方、台湾人(内省人)の負けず嫌いは、1987年まで続いた戒厳令の下での白色テロによって台湾を恐怖政治で支配した在台中国人(国民党)に対する抵抗意識にみられるとされています。人口では台湾人が多数派ですが、民主化以降には反共を捨てて親共となった国民党の総統候補が、独立を主張する台湾人の民進党の総統候補に勝つのは、早急な独立よりも現在の生活を維持したいという台湾の人々の現実主義的な個人主義による選択と言われています[9]。

(3) タクシーと現実主義

タクシーの車体色は、米ニューヨークのイエローキャブと同じように黄色で統一されています。使われている車両の多くは、日本で自家用車として使用されている小型乗用車ですが、ベンツやBMWを使ったタクシーもあり、ミニバンタイプのタクシーが増えています。タクシーの台数は多く、市街地の比較的大きな通りでは、道端で手を挙げれば競い合うようにタクシーが停車し、ほとんど待ち時間ゼロで空車を拾うことができると言われています[10]。

---

9) 近代中国とは一般に、革命家の孫文を臨時大総統として中国大陸で1912年1月に成立した中華民国をいい、その思想には孫文の三民主義(民族主義、民権主義、民生主義)があるとされています。しかし、在台中国人には三民主義はなく、あるのは独裁者・蔣介石によって創り上げられた恐怖政治思想と言われています。他方、台湾人の政治思想は一般に日本の統治時代を知る台湾人によって台湾語で語られる「日本精神」を背景とした思想とされ、「日本精神」は日清講和条約により台湾の割譲を受け、台湾にやってきた日本人が持っていた「清潔」「公正」「勤勉」「信頼」「責任感」「正直」「規律遵守」「滅私奉公」などの価値観を総称するものと言われています。なお、「日本精神」という語は大陸からやって来た在台中国人(国民党)の恐怖政治思想との対比において生まれたものとされています。
10) タクシーの中には、「韓国人乗車拒否」と書かれたステッカーが貼ってあるものがあり、それは台湾人が韓国人を嫌っているからと言われ、その理由として以下のことが言われて

タクシーの経営形態は、個人タクシー、会社タクシー、組合タクシーに分類され、台北などの都市部ではタクシーが非常に多く、それは個人タクシーの開業が容易で、仕事のない人の中にはタクシー運転手を始める人が多いからと言われています。特に、IT不況に伴う輸出や固定資本形成(設備投資や公共投資)の激減を受けて、2001年にはマイナス成長となり、サービス業などでリストラされた人々が起業の容易な屋台(小売業)や個人タクシーに職を求め、当時は相当数の無許可のタクシーもあったと言われています[11]。

台湾では「道を歩けば社長にぶつかる」と言われ、それは「仕事がなければ自分で始める」という人が多いからと言われています。台湾の人々には、「冒険心に富み失敗を恐れない」「勝負事が大好き」「独立心が強い」という気質があるとされるように、現実主義的な個人主義者が多く、有能な人ほど起業し、それが台湾の経済に活力と柔軟性を与えていると言われています[12]。人々が現実主義的であることは、「台湾は中国の主権に属するものでなく中華民国という国家であり、早急な独立も統一も望まず、実質的に分離している現状の維持を望んでいる」ことに表れているとされています。

なお、台湾の人々(本省人)は、国民党による戒厳令下の軍事的開発独裁体制(権威主義体制)から解放され、民主主義体制を享受することによって「吃喝玩樂」(食べて＝吃、飲んで＝喝、遊んで＝玩、楽しむ＝樂)が大好きな国民性を取り戻し、現実主義的な個人主義者になったと言われています。

　　います。台湾は、韓国が1992年に中国と国交樹立する際に、台湾と断交するのではないかと心配し、韓国と幾度となく交渉を行ってきました。韓国は「断交などあり得ない」といい、台湾の弱みにつけ込み国際市場で売れない韓国車5万台を台湾に売りつけました。にもかかわらず、韓国は台湾と断交しました。この時、韓国メディアは「我が国(韓国)の見事な作戦により、台湾にその意図を察知されずに断交が行われた」「台湾を捨て、中国と友好関係を結ぶことは我が国(韓国)に絶大なる利益をもたらす」と報じました。これが、台湾人の対韓感情を著しく悪化させた最初と言われています。

11) タクシー運転手に対する2000年のアンケート調査結果によれば、現行のタクシー管理制度の改善策として「厳格なタクシー事業登記管理制度の確立」が一番にあげられ、次いで「検問を強化し、違法営業の取締りを厳しくする」があげられていました。
12) 勝負事が好きなのは、台湾の人々に限ったことではなく、中国の人々も勝負事が好きで、それは儒教の影響による労働観つまり不労所得を尊ぶからと言われています。

11-3 鉄道と儒教と賄賂

(1) 鉄道と儒教

　鉄道には国営路線と公社路線があり、国営路線は交通部台湾鉄路管理局(以下、台湾国鉄と略す)によって運営されています。台湾国鉄は、大陸から逃れてきた国民党政府が台湾に政治経済的な基盤を持っていなかったため、日本の統治時代に形成された膨大な鉄道資産を管理下に置くために設立され、国営鉄道とすることによって、百数十万人の国民党高級幹部や国民党支持者に仕事を与え、事業の利益を分配したと言われています。同時に、国民党政府は国営鉄道の管理を通して独裁的な統治体制を強化し、他方で大陸から持ち込まれた汚職と賄賂を台湾で定着させたとされています[13]。汚職の多い台湾では2011年7月に、立法委員(国会議員)を含む公務員の汚職の摘発を目的とした廉政署が法務部に設置され、政府機関、警察、検察官から抜擢された約200人で構成されています[14]。

　李登輝総統の下で台湾の民主化が進められ、その一環として台湾国鉄の民営化が1998年に正式に決定され、2002年に公社化、2004年に会社化、2007年に民営化を完成するという計画が立てられていました。しかし、組織の膨大さや長期債務問題、退職金問題などが山積していたため、民営化は見送られてし

---

[13] なお、中国では「賄賂は文化であり、習慣であり、礼儀でさえあった」と言われ、一方台湾の人々(本省人)は日本の統治によって「賄賂は習慣ではなく罪悪だ」と考えるようになっていましたが、国民党が立法院と総統、行政の権力を手中に収め、司法とも手を組んだため賄賂が公然のものとなり、台湾の人々は政治経済を支配する在台中国人の賄賂の文化と習慣を黙認せざるを得なくなったと言われています。そのため、台湾の人々は「国民党の賄賂は仕方がないが、台湾人の賄賂は許せない」と思うようになり、それは「法治社会の実現には人々の間に違法精神があることが必須条件となるが、台湾人はそれを日本統治時代に身につけ、戦後の人治社会の価値観に完全には染まっていなかった」(李登輝元総統)からとされています。

[14] 廉政署設置のひとつの背景に、2010年7月に公金を着服した容疑で起訴され、一審で実刑判決を受けた国民党の立法委員の何智輝が、高裁の裁判官を800万台湾ドルで買収して控訴審で逆転無罪判決を出させたことが判明し、3人の裁判官が逮捕されるという事件がありました。

まいました。組織の膨大さや長期債務問題、退職金問題などは、国民党政府によって国営鉄道が国民党支持者に対する利益分配の手段として利用され、同時に汚職の温床となっていたことによって生まれた問題と言われています。

なお、国民党に汚職や賄賂が浸透していたのは、前近代中国の思想の主流をなしていた儒教に理論上の欠落があるからとされています。統治思想としての儒教では、「四維八徳」（四維＝礼・義・廉・恥、八徳＝仁・義・礼・智・忠・信・孝・悌）が唱えられていますが、「廉」については理論化されていないと言われています。「廉」は、「清廉」（心が清らかで私欲がないこと）を意味し、汚職や収賄などの不正な行為をしないこととされていますが、汚職や収賄をいかに防ぐかという具体的な方法論については理論化されていないと言われています。ただし、儒教の政治思想では天子（有徳者）が万民を徳化するとされ、これが実現すれば「廉」の理論化は不要ですが、天子の万民に対する徳化には限界があり、現実には天子と自称する者が有徳者であるとは限らないとされています[15]。

（２）對號列車と易姓革命思想

台湾国鉄が運行する列車は、對號列車（全車指定席）と非對號列車に分けられ、對號列車には自強号、莒光号、復興号があり、自強号は日本でいう特急、莒光号は急行、復興号は準急に相当し、これらは主に幹線で運行されています。非對號列車は、通勤電車として運用されている普通列車です。

自強号の主な運転区間は、台北〜高雄間（西部幹線）と台北〜台東間（東部幹線）などで、代表的な車両には1996年から運用されている南アフリカUCW社製のE1000形電気機関車があり、台湾の鉄道ファンからは「豬車」と呼ばれています[16]。自強号の「自強」は、1971年に国際連合によって中国が「正統な

---

15) また、天子に忠誠を尽くす官吏（官僚）が従うのは、「廉」の倫理ではなく「権」（権力）と「利」（利益）の論理で、「権」と「利」は強く結びつき「廉」の倫理が入り込む余地はないと言われています。さらに、儒教は性善説に立っていますが、人間の本性が善であるならば徳化の必要はなく、ここに大きな矛盾が存在するとされています。
16) 非對號列車には区間快車と区間車があり、区間快車は日本でいう快速、区間車は普通列車

中国政府」として承認されたため、台湾が国際連合を脱退したとされる際のスローガン「荘敬自強　處變不驚」(恭しく自らを強め、状況の変化に驚くことなかれ)に由来すると言われ、列車名に政治的な意味合いを持たせるという鉄道の政治宣伝工作が行われています。

　莒光号は、自強号と同じように、主に台北〜高雄間と台北〜台東間などで昼間列車のほかに夜行列車としても運行され、機関車には米 GM 社の E300 形と E400 形電気機関車などが使用されています。莒光号の「莒光」は、台湾総統の蔣介石の訓示である「母忘在莒」「大陸光復」に由来すると言われています。母忘在莒は、燕に攻められ滅亡の危機にあった莒が逆転して勝利した故事にちなみ、「今我々が莒にいることを忘れてはいけない」という戒めの意で、大陸光復は「大陸を奪還しよう」という意味とされています。国民党政府は、大陸の共産党政権を「共匪(共産匪賊)」と呼び、「共産ゲリラが国土の大半を乗っ取った」ため、かつては大陸を奪還するとしていました[17]。

　復興号も、主に台北〜高雄間や台北〜台東間などで運行され、機関車には莒光号と同じように E300 形や E400 形電気機関車などが使われています。復興号の「復興」は、1966 年に蔣介石が毛沢東の文化大革命に反対し、中華文化復興運動を提案したことに由来するとされています。文化大革命とは、中国で

　　に相当し、区間快車に EMU700 形電車が使用されています。EMU700 形電車は、輸送力の増強を図るために、台湾高速鉄道の 700T 系車両、TEMU1000 形振り子式電車に続いて日本から輸入され、2007 年に新設された区間快車として運行が開始されました。なお、先頭車前面の連結器カバーに特徴があり、その形状が漫画「ドラえもん」に登場する骨川スネ夫(中国名・小夫／阿福)の尖った口に似ていることから、台湾の鉄道ファンのあいだでは「小夫号」「阿福号」と呼ばれています。

17) 大陸光復に、儒教に根ざした中国の易姓革命思想がみられると言われています。易姓革命とは、中国の歴史の中で繰り返されてきた王朝交替のこととされ、王朝にはそれぞれ一家の姓があるため、王朝が変われば姓も易わり(易姓)、徳を失って天から見放された前王朝を廃することは天の命を革める行為(革命)とされ、新王朝を創始することが易姓革命と呼ばれています。この易姓革命では武力による王朝の打倒も正当化され、虐殺が繰り返されていたため政治と虐殺が結びついた虐殺文化が生まれ定着したと言われています。また、新王朝は自らの正当性を主張するために歴史(書)の書き換えを行い、このような歴史の改竄も易姓革命思想によるものとされています。

1966年から1977年まで続いた権力闘争とされ、表向きの改革運動では「封建的文化、資本主義文化を批判し、新しく社会主義文化を創生しよう」というものとされています。しかし、実質的には、経済的に米英を追い越すことを目的に1958年から1960年まで行われた大躍進政策（農工業の大増産政策）の失敗によって政権中枢から失脚した毛沢東らが、復権を画策して引き起こした大規模な権力闘争（内部クーデター）とされ、文化大革命で2000万人以上が殺害され、1億人が被害を受け、大躍進政策で4000万人以上が死亡したとされています[18]。

（3）高速鉄道の建設と賄賂

2007年1月に開業した台湾高速鉄道は、車両が日本製、分岐器（信号）がドイツ製、列車無線がフランス製、レールやトンネル、橋梁が欧州規格で建設されたため、欧州仕様の土台の上に日本の新幹線車両が載っているという「日欧技術の寄せ集め」と言われています。また、日本の新幹線車両が使われているにもかかわらず、開業時には運転士や指令員全員が日本の新幹線車両の運転経験のないドイツ人とフランス人で、運転士の養成（運転技術指導）も日本の新幹線車両の運転経験のないドイツ人とフランス人が行うという異様な状態にありました。

それは、BOT（build-operate-transfer）方式での台湾高速鉄道の建設権を落札した台湾高速鐵路（以下、台湾高鐵と略す）が、独仏連合と欧州システムの採用契約を結んでいたため、日本連合が車両を逆転受注したにもかかわらず、独仏連合の仕様書（基本設計や安全基準）を白紙撤回しなかったからと言われています。台湾高鐵が仕様書を白紙撤回せず、ドイツ人とフランス人を運転士や指令員、運転技術指導員にしたのは、独仏連合から多額の賄賂を受け取っていたか

18）また、文化大革命では紅衛兵が旧思想・旧文化・旧風俗・旧習慣の打破を叫び、毛沢東語録を手に劉少奇や鄧小平に代表される実権派や反革命分子を攻撃したばかりか、中国最古の仏教寺院の白馬寺の一部や、博物館の文化財、古い歴史をもつ陶磁器なども旧文化として破壊し、同時に多くの人々に暴行を加え死傷させたとされています。

らとされています[19]。つまり、台湾高鐵は賄賂によって私腹を肥やすために安全性を無視した高速鉄道の建設を進め、そのような安全性無視・人命軽視は、国民党(在台中国人)による台湾大虐殺や白色テロによって台湾の人々を暴力的に支配していたことから明らかと言われています[20]。

他方、高速鉄道の路盤建設工事の国際入札を落札した韓国企業による手抜き工事が発覚したこともあり、高速鉄道の安全性に対する不安から利用者数は低迷し、連結決算で初めて黒字を達成したのは2011年上半期です。利用者の伸び悩みは安全性に対する不安のほかに、運賃の高さ、車両の洗車機が日本製でないため綺麗に洗車できず車両の汚れが目立っていたこと、高速鉄道の駅が市街地や台湾国鉄の駅から離れているため利用し難いこと、ドイツ製の分岐器に故障が多いこと、フランス製の自動改札機にトラブルが多いことなどによるものと言われています。これらは、いずれも台湾高鐵の賄賂問題に関係しているとされています。

台湾高鐵の賄賂問題として、日本の新幹線技術の流出疑惑が浮上しました。2011年7月に中国高速鉄道の追突転落事故が起き、台湾高鐵はその路線に列車制御関連設備を納入した中国の中国鉄道通信信号グループ(中国通号)と高速鉄道の技術協力に関して提携していて、事故後の2011年9月に中国通号の視

---

19) 賄賂の問題は、都市高速鉄道(地下鉄)の台北捷運の建設時にもみられ、当初は高架構造の軌道敷をコンピュータ制御により無人運行する軌条式中小量輸送システム(AGT)で建設される予定でしたが、システムの見直しによって内湖線以外はすべて普通鉄道の地下鉄(地下線と地上線)に変更されました。それは、仏マトラ社のVALシステム(AGT)の技術的問題によって開業が遅れたことや、既存の鉄道との互換性がなく直通運転が困難なこと、輸送力不足が顕在化したことなどが関係していたと言われています。また、AGTで実績のある日本の新交通システムを採用しなかったのは、在台中国人の反日と、日本が贈賄を拒否したことに関係していると言われています。
20) 台湾大虐殺(二・二八事件)とは、日本の統治時代から台湾に居住していた本省人による市庁舎への抗議デモ隊に対して、憲兵隊が市庁舎の屋上から機関銃によって非武装のデモ隊を無差別に掃射し、多くの市民が虐殺された事件とされています。他方、白色テロとは一般に、為政者や権力者、反革命側(君主国家の為政者あるいは保守派)によって政治的敵対勢力に対して行われる暴力的な直接行動のこととされ、それには国家組織及び権力を是認して行われる不当逮捕や言論統制などがあるとされています。

察団に台湾高速鉄道の中枢施設を公開したことが明らかになりました。同施設には、日本が提供した新幹線技術が集積されているため、新幹線技術の輸出に携わった日本企業からは、中国への技術流出を懸念する声もあると報じられていました。

第 12 章　中国の階級格差と賄賂

12-1　階級格差と偽物

(1)公共バスと政治的階級

　中国の首都・北京で都市交通機関としての地下鉄が本格的に建設されるようになったのは 2000 年代に入ってからで、そのため北京では公共バスを中心とした旅客輸送体系が形成され、それが大きな特徴となっています。そのため、経済成長に伴う自家用車の急増は、深刻な道路交通渋滞と排気ガスによる大気汚染を発生させました。

　北京にある米国大使館は、独自のシステムによって大気汚染を測定し、2011 年末頃から人体に悪影響を及ぼすとされる直径 2.5 マイクロメートル以下の超微粒子 PM2.5 が 500 の数値を超える日が続いたため、北京の大気を「有害」「危険」と判断していました。「健康に悪い」と判断される数値は 150 ですが、北京環境保護局は「軽微の汚染」と発表し、米国大使館の測定結果を非難していました[1]。

　北京の公共バス(路線バス)は、普通バス、連節バス、トロリーバス、夜間バス、近郊バス、空調バス、2 階建てバス、近郊空調バス、旅遊バス、長距離バスに分類されています。空調バスはエアコンバスと呼ばれ、日本ではエアコン

---

[1] 北京では 2015 年 11 月 30 日に、大気汚染物質 PM2.5 の濃度が日本の環境省が外出を控えるよう注意喚起するとしている基準の 9 倍を超え、最悪の大気汚染に見舞われたため、北京市政府は市民に健康を守るための措置を取るよう呼びかけていました。PM2.5 の空気中の濃度が各地で 630 を超え、一部の観測地点では 1000 近くに達したとされています。北京市は、11 月 29 日に 4 段階の汚染警報を 2 番目に厳しい「オレンジ」に引き上げましたが、最も厳しい「赤色」へ引き上げていません。それは、赤色警報にすれば、一般車両の通行制限や建設作業の全面停止などを行うことになるからで、人命より経済が優先されたと言われていました。2016 年 12 月 16 日に北京市で赤色警報が発令され、12 月 20 日までに中国北部の 23 都市が赤色警報を発令しました。環境保護省によれば、16 日時点で 1010 万 km^2 の範囲がスモッグに覆われ、それは米国の国土面積にほぼ匹敵するとされていました。

付は当たり前ですが、中国では無いのが普通で、そのためエアコンバスの運賃は高く設定されています。しかし、エアコンバスの人気は高く、それは排気ガスの充満する市街地をバスが走行するため、窓が開放されていないエアコンバスの方が健康被害を少なくできるからと言われています。

また、旅遊バスは日本でいう定期観光バスに相当するもので、旅遊バスには普通車、空調車、豪華車の区分があります。同じ観光路線を走行するにもかかわらず、普通車や豪華車というランクが設けられていて、これこそが「先に豊かになれる地域と人から豊かになれば良い」という、1985年頃から鄧小平が唱えた改革開放の基本原則「先富論」の産物で、階級的な所得格差を実体的に表していると言われています[2]。なお、中国の階級社会のひとつを表す共産党員と非共産党員という「政治的階級」をみると、共産党員は2014年末現在8779万人、総人口に占める比率は6.4％とされ、これはごく少数の富裕者と大多数の貧困者という政治経済的格差を表していると言われています[3]。

(2) 連節トロリーバスと地理的階級

トロリーバスは、道路上空に張られた架線から集電装置（トロリーポール）を用いて集電した電気で走行するバスで、蓄電型ではなく集電型の電気バスとされています。トロリーバスには走行時に排気ガスを出さず、エンジンの騒音がなく、環境に優しいという特性があるとされ、車両2両を連結した連節トロリーバスも運行されています[4]。

---

2) 公共バスの基本は、高運賃を負担する富裕層には高サービスを提供し、高運賃を負担できない貧困層には低サービスしか提供しないというもので、あらゆる高サービスを享受できる富裕層は一般に中国共産党員と一部の先富者だけとされています。

3) 共産党自体から給与を貰う人はごく少数の委員だけで、多くの共産党員は国営企業の監査役や役員、指導委員、思想教育担当委員などに任命され、同世代の非共産党員の数倍の給与を貰っていると言われています。また、人民解放軍は国軍ではなく中国共産党の軍隊ですが、熟練した軍人よりも党から派遣された者が権限を持ち、高い給与を得ていると言われています。

4) 中国では、トロリーバスは「無軌電車」あるいは「バス電車」と呼ばれ、北京のほかに上海、青島、広州、大連などでも運行されています。北京では2006年春に、旧型車の置き換えとしてハイブリッド型トロリーバスが大量に投入され、それは架線から電気を集電して走

12-1 階級格差と偽物

　連節トロリーバスの運行は、膨大な人口とりわけ農村からの出稼ぎ労働者の増加を背景とする輸送需要の増大に対処するためと言われています。国連の「世界人口の見通し」(2015年改訂版)によれば、中国の人口は2030年の14億1555万人まで増加するとされています。また、都市の人口は農村からの出稼ぎ労働者の流入によって増加を続け、中国の階級社会のひとつを表す都市住民と農村住民という「地理的階級」をみると、都市人口の割合は2011年に51.3％になり、農村人口を上回りました。2015年現在は、約56％とされています。

　中国では、人口が急激に増加したため、1979年から「一人っ子政策」を実施して出生率の統制による人口の抑制が行われてきましたが、人口増加率は低下したものの人口は増加を続けています[5]。

　なお、中国には戸籍を「都市戸籍」と「農村戸籍」に大別するという差別的な戸籍制度があり、農村から都市への人口の流入を厳しく制限するために農村戸籍を持つ農民が都市に移転することを基本的に禁止しています。この戸籍制度によって、農村と都市という2つの異なる世界が人為的に作り出され、それによって所得格差が生み出されているばかりか、特権を享受する都市住民と犠牲を強いられる農村住民という二大階級が形成されていると言われています[6]。現実には、都市は大量の安価な労働力を必要としているため、農村から

行するとともに、車両側に高性能の蓄電池を搭載し、架線のないところも走行するためと言われています。

[5] 中国共産党は2015年10月に、30年以上続いた「一人っ子政策」の廃止を決め、すべての夫婦が子供を2人まで持てるようにしました。急速に進む少子高齢化が、中国経済の減速をさらに進めかねないという習政権の危機感を反映したものとされています。ただし、「一人っ子政策」の内容は、地域や民族によって異なり、2002年には一人っ子夫婦の場合、2013年には夫婦どちらかが一人っ子の場合に、2人目を認める緩和策が出されました。しかし、2013年の緩和策対象の約1100万組の夫婦のうち、第2子出産を申請したのはわずか13％で、その背景には教育費の高騰による経済的負担の増大や晩婚化があると言われています。

[6] 中国では、農民とは従事している職種に基づく呼称ではなく、農村戸籍を有する者を指す、いわば身分上の概念とされています。農村にある工場で働いていても、出稼ぎに出て都市の商業施設でサービス業に従事しても、農村戸籍を有する限り、その人は「農民」であり、

の出稼ぎ労働者の流入を認めていますが、出稼ぎ労働者は富裕な都市住民によって差別されていると指摘されています。

(3) タクシーと身分階級

　タクシーは、比較的富裕な市民にとっての交通手段になっています。タクシーの主力車種として、かつてはシャレード(中国名：夏利)が使われていましたが、2005年に大幅な車両更新が行われ、フォルクスワーゲンのジェッタや韓国のソナタなどが使われるようになりました。タクシー車両は一新され、見かけは綺麗になりましたが、タクシー利用客からは「強烈なニンニクや足の臭いを放つ運転手がいる」という苦情が多く寄せられ、その原因は運転手の車内での飲食や喫煙、睡眠が習慣化しているからと言われていました。

　そのため、2008年8月のオリンピックで北京を訪れる人々に「良い印象を与える」ことを目的に、2007年4月にタクシー改革が行われ、全運転手に車内での食事、唾吐き、喫煙が禁止され、さらにオリンピックを契機に国際的なイメージの改善を図ろうとしていた北京市は、北京オリンピックを「禁煙五輪」とするための取り組みのひとつとして、タクシーについては同年10月より乗客に対しても禁煙を実施しました。

　このような対策は、面子(体面や面目)を気にする中国の形振り構わぬご都合主義的な対策で、共産党の一党独裁政権だからこそできることと言われています。なお、中国では面子は序列や地位とも無関係ではなく、時には面子は法や規則より重んじられるとされています。それは、中国が基本的には儒教型の階級社会で、儒教や朱子学(再構築された儒教の新しい体系・程朱学派)が絶対的な身分階級を生み出したからと言われています。

　タクシーの中には、運転席が鉄製の柵や強化プラスチックなどで囲まれた防犯タクシーがあります。タクシー強盗事件が多発しているために取りつけられたもので、これは人間不信の中国、治安の悪い中国を表していると指摘されて

　農民労働者とされています。

います[7]。

　他方、無許可の偽タクシーが多く存在し、そのためタクシー運転手によって偽タクシーの一掃などを求める大規模なストライキが行われました。偽タクシーには、「騙される方が悪い」とする拝金主義的な偽物文化と、模倣文化がみられると言われています[8]。中国の人々が拝金主義的と言われるのは、国民性が「詐・盗・争・私・汚」の５文字で表され、「嘘をつき、盗み、人と争い、個人の利益を追い求め、そのためには汚いことも辞さない」からとされています（黄文雄『心を許せない隣人　中国と中国人は、この五文字で理解できる』ワック、2012年）。

12-2　三輪車と経済重視

(1) 人力三輪車と出稼ぎ労働者

　人力三輪車とは、自転車の前半分の後ろに人力車風の車体を結合したような形状の三輪自転車タクシーで、北京では下町と言われる昔ながらの町並み（胡同・本通りから横に入る細い路地）を人力三輪車に乗って観光するのが定番となっていると言われています。人力三輪車は観光名物になっていますが、オリンピックを控えて人気の高い人力三輪車の数が急増し、観光客との間でトラブ

---

7) 中国のネットでは「中国の治安トップテン＆ワーストスリー」が紹介され、ワーストワンとツーに広東省の東莞と広州が挙げられています。広州は、「犯罪者の天国」で、黒社会（チャイニーズ・マフィア）では広州系が勢力を持つと言われています。黒社会の生業には、黄（売春）、毒（麻薬）、賭（賭博）、蛇（密航）、槍（銃の密売）、陀（ショバ代の取り立て）、殺（殺人の請負）、拐（誘拐）があるとされています。
8) 中国で模倣と偽物が多いのは、中国には古くから「物を盗むのは悪い」という考え方はあっても、「他人が考えたものと同じ物を作ったり、作り方を真似たりしても、物を盗んだことにはならない」という考え方があるからと言われています。また、中国で偽物文化が根づいているのは、人口の大半を占める低所得者層は価格の高い正規品を購入できず、そのため安い模倣品が需要されるからで、山寨主義（模倣主義）を中国の文化や工業発展の過程として肯定する意見もあると言われています。ただし、映画や音楽、ゲームの模倣品（コピー品）は、一応本物の品質レベルを維持していますが、パッケージだけを模倣した偽物の品質は劣悪とされています。

ルが多発したため、街の浄化作戦として個人営業の人力三輪車に突然の営業中止命令が出されました[9]。これは、タクシーと同じように、政府が面子を気にしたものと言われています。

　人力三輪車は、都市や観光地では主に観光客用として運行されていますが、地方では庶民の日常的な足として多くの人々によって利用されています。このことは都市と地方という地域的な所得格差を表し、また都市では人力三輪車が農村からの出稼ぎ労働者の就業の受け皿となっていて、これも都市と農村の所得格差を表していると言われています。

　他方、自転車は現在でも人々にとって貴重な移動手段ですが、都市では自転車の数は減少しています。それは、バイクの急増による排気ガスや騒音が大きな社会問題になり、バイクの数量規制が行われたため、北京や上海などでは市政府の支援の下でバイクの代替として電気自転車が普及したからと言われています。電気自転車は、1998年頃から急速に増加し、瞬く間に人々の足として定着しました。中国の電気自転車は、ペダルを踏まなくてもモーターで走行するフル電動自転車で、ペダルのない電気自転車は「電動スクーター」と呼ばれています。時速20km以下の乗り物は、自転車と認定されているため、運転免許は不要とされています[10]。

　しかし、自動車などと一緒に公道を走行する電気自転車の交通事故の危険性が指摘され、都市では電気自転車の新規登録ができなくされました。「アクセルを踏みながらブレーキをかける」という科学性を欠き、場当たり的でご都合主義的な政策に人治国家の弊害と、それに抵抗できない人々の奴性がみられると言われています。

---

[9] このような命令に抵抗することも批判することもできず、服従するしかないのが中国の一般的な人々の姿とされています。抵抗することも批判することもできないのは、中国共産党によって多くの人々は権力になびく奴性(奴隷根性)から解放されず、近代的な市民への成長を止められているからと言われています。

[10] 2010年に施行された電動バイク及び電動軽便バイクの安全基準では、最高速度20km/hの電動二輪車が電動軽便バイク、同50km/hの電動二輪車が電動バイクと定義され、電動自転車は「原動機自動車」として管理されることになりました。

（2）三輪バイクと学歴的階級

　中国では、インド文化圏のオート・リクシャー文化やタイのトゥクトゥク文化に匹敵する特有の三輪車文化が形成されていると言われています。三輪自転車には、人力三輪車のほかに、人力三輪車を一回り小さくしたような三輪自転車もあります。これにモーターを搭載した電気三輪自転車もあり、それをタクシーとして使用しているものが電気三輪自転車タクシーと呼ばれています。また、三輪バイクを使ったタクシーが三輪バイクタクシーと呼ばれ、都市では三輪バイクタクシーやバイクタクシーはバイクの数量規制によって少なくなりましたが、地方では主要な交通手段として使われています。

　人力三輪車や三輪バイクタクシーは、農村からの出稼ぎ労働者のほか、都市住民の中の貧困層の就業の受け皿になっていて、それは都市内の所得格差を浮き彫りにしていると言われています。中国の階級社会のひとつを表す大卒と非大卒という「学歴的階級」をみれば、大卒の銀行の支店長と非大卒の清掃係の給与格差は70倍あるとされ、学歴的格差が都市内の所得格差を生み出していると言われています[11]。

　他方、中国では貨物運搬用の三輪自転車（三輪貨物自転車）が発展し、荷台が車体の後、前、横にあるタイプがあります。三輪貨物自転車にモーターを搭載した電気三輪貨物自転車や、小排気量のエンジンを搭載した原動機付三輪貨物自転車もあり、電気自転車と同じように、ペダルのあるものと無いものがあります。また、貨物運搬用の三輪バイク（三輪貨物バイク）も多く使われています。

　なお、中国には農用運輸車（農用車）と呼ばれる車両があり、それは農村の道路で貨物輸送に用いられる低速の車両とされています。三輪農用運輸車と四輪農用運輸車があり、三輪農用運輸車は能力9kw以下、積載量500kg以下、設計速度40km/hとされています。この農用運輸車にも、中国独特の三輪車文化

---

[11] 2015年の4年制大学の卒業者数は749万人で、就職できたのは600万人とされています。2013年の大卒者の就職率は、2013年4月時点で、わずか35％に過ぎなかったため、習近平国家主席は卒業予定の大学生に就職に高望みをせず、末端の仕事を受け入れ、「普通の職場で最良の成果を上げるように」と励ましたとされています。

がみられると言われています。

（3）三輪自動車と経済重視

　多くの三輪バイクタクシーは、三輪貨物バイクに客席とドアや屋根などを取りつけたものですが、これとは別に、屋根やドアなどが最初から一体的に成形された三輪バイクもあります[12]。この三輪バイクの進歩したものが三輪自動車で、三輪自動車を使った三輪自動車タクシーがあり、イメージ的には日本の軽乗用車の前輪を2輪から1輪にしたようなものです。三輪バイクと比較すれば、車輪径は小さく、ホイールベースは長く、乗客用ドアも左右にある4ドア車で、ハンドルは丸ハンドルです。そのため、運転席の横つまり助手席にも乗車できます。大都市の富裕層は、三輪自動車をセカンドカーとして利用していますが、地方都市ではタクシーとして使用されています。

　三輪自動車はその構造上、安価に製造でき、軽量かつ経済的な自動車で、四輪自動車よりも格段に小回りの利く使い勝手の良い自動車ですが、タイヤの接地が3点のため重心のバランスが悪く、右左折時に横転することがあります。

　三輪自動車の右左折時に発生する強い遠心力を前輪の重心移動で解消し、横転を防止する技術が開発されていますが、中国の三輪自動車には採用されていません。そのような三輪自動車がタクシーとして使われているため、「経済重視」「人命軽視」と言われ、経済重視は拝金主義の下では当たり前のこととされています[13]。

　なお、大都市には共産党幹部やその地縁・血縁者、官僚などの富裕層が自家

---

12) 運転席用のドアは左右にありますが、後部座席用のドアは車両後面1か所にしかありません。中国では製造コストの安い三輪貨物バイクの改造型が主流のため、このような三輪バイクを使った三輪バイクタクシーを見かけることはないと言われています。

13) 中国の自動車技術について、2005年にドイツ自動車連盟が中国の江陵汽車製の四輪駆動車「陸風」の衝突安全テストを行った結果は、衝突時に乗員スペースが完全に潰れてしまい、「事故が起きればドライバーの生存確率はほぼゼロ」という評価で、陸風はドイツ自動車連盟の20年間の衝突安全テストで最低の車と言われていました。また、2009年に中国の華晨汽車製セダンが受けた衝突安全テストでは、0点という史上最低の評価が出されました。

用車として保有する高級外車のベンツやBMW、アウディーなどがあり、タクシー車両としてジェッタやソナタが使われていますが、地方都市や農村には人力三輪車、バイクタクシー、三輪バイクタクシー、三輪自動車タクシーなどがあります。これは、中国では階級格差的な車社会が形成されていることを意味しています。

12-3　鉄道と賄賂と奴性

(1) 長距離列車と農民蔑視

　鉄道路線のほとんどが国務院鉄道部の管轄下にあり、長距離移動や貨物輸送で最も多く利用され、重要鉄道路線は「八縦八横」と呼ばれています。鉄道旅客輸送は長距離輸送が中心で、2～3日かけて広い中国大陸を走る列車も珍しくなく、また直通運転を原則としたダイヤが編成されています。中国の鉄道には「汚い」「治安が悪い」「乗務員の態度が悪い」「速度が遅い」などの悪評が多く、「汚い」と言われるのは乗客が汚すからで、それは道徳心が欠如しているからと言われています[14]。

　なお、道徳とは人々が善悪をわきまえた正しい行いをするために守り従わねばならない規範の総体とされ、それが欠如しているため、2010年の上海万博の開幕を迎えた上海市当局は3段階の「文明行動計画」を公布しました。第1段階として、①みだりに痰を吐かない、②所かまわずゴミを捨てない、③公共物を壊さない、④緑を破壊しない、⑤身勝手に車道を渡らない、⑥公共の場でタバコを吸わない、⑦乱暴で汚い言葉遣いをしないように呼びかけました。しかし、中国一の国際都市と言われる上海でも、まったく効果がなかったことはよく知られています。道徳心がないのは、儒教が道徳として発展せず、統治思

---

[14] たとえば、2007年4月からドイツや日本などから輸入された高速列車の運行が鳴り物入りで始まりましたが、乗客による緊急脱出用のハンマーやトイレ便座の温度調節つまみ、自動蛇口、トイレットペーパーの巻き芯など車内備品の持ち去りや、通風孔へのゴミの投入などが露呈し、大きな社会問題になりました。

想として利用されたからとされています。

　他方、多くの出稼ぎ労働者の出身地である成都や重慶などの地方と北京を結ぶ長距離夜行列車は、出稼ぎ労働者などの低所得者層も乗車できるように二等寝台（硬座）が比較的多く編成されています。しかし、出稼ぎ労働者は乗客であるにもかかわらず人間扱いされず、それは出稼ぎ労働者が蔑視されているからで、かつては「盲流」と呼ばれ、盲流には「勝手に移動している違法な輩」というニュアンスがあると言われています[15]。

　なお、毎年春節には帰省客のために臨時列車が運行されていますが、運行本数が絶対的に不足しているため、春節が近づくと駅では切符を購入しようとする人々で大混乱します。切符の取得が難しいため、私腹を肥やそうとする関係者が「横流し」した切符がダフ屋によって額面の10倍以上の高額で販売されていると言われています。また、切符の取得難ゆえに人々は秩序正しく並んで順序よく切符を購入しようとせず、割り込みが当たり前になっているため、切符売場では大混雑と大混乱が起きていると言われています。一部では「中国式行列」（割り込みされないように前の人にピッタリくっついて並ぶ）ができるようになりましたが、一般に人々は列車やバスに乗る時にも並ぼうとせず、それは先富論によって蔓延した拝金主義の下で中国共産党の思惑通りに、中国の人々がますます私徳に走り、道徳心（公徳心）のない奴性的な国民に仕立て上げられているからと言われています[16]。

---

[15] 最近では盲流の代わりに高度経済成長を支える農民労働者という意味の「民工」という言葉が使われていますが、これは中国のご都合主義によるもので、農民蔑視がなくなったわけではないと言われています。

[16] 公徳心とは、公徳を重んじて守ろうとする精神とされ、公徳とは社会生活をする上で守るべき道徳、あるいは社会を構成する一員として守るべき正しい道とされています。道徳とは、人々が善悪をわきまえて正しい行為をなすために守り従わねばならない規範の総体とされています。

　なお、道徳心のない奴性的な人間は愚民と呼ばれ、人々の愚民性は政府の愚民政策によるものとされています。愚民政策とは一般に、国民の政治に対する批判力を弱めることを目的とした政策とされています。たとえば、娯楽やスポーツに関心を向けさせることによって無意識のうちに体制に順応させるような施策とされ、中国では反日を煽ることによって人々を無意識のうちに体制に順応させていると言われています。

（2）地下鉄と賄賂

　中国で初めて建設された地下鉄が北京の地下鉄で、1969年10月に開業しました。この路線は、毛沢東の指示で天安門（長安路）の下に掘られていた防空壕兼食糧備蓄庫が転用されたと言われています。開業当初は公務員しか乗車が認められず、一般に開放されたのは1977年のことです。公務員しか乗車できなかったのは、科挙の伝統を持つ中国では特権階級の公務員を優遇するためとされています。2006年の中国青年報社と騰訊網新聞中心による就職意向調査では、73.6％が公務員を志望し、1995年以来公務員試験の受験者数は増加傾向にあり、2005年には約100万人（競争倍率50倍）が受験し、2013年には募集人数2万879人に対して、152万人（競争倍率73倍）が受験したと言われています[17]。

　公務員を志望する理由には、「医療や退職後の保障」「実際的な利益の獲得」「体面や達成感」などがあげられ、「実際的な利益」とは賄賂のことで、「賄賂は文化だ」と主張して賄賂を正当化する公務員もいると言われています。また、賄賂や汚職などで摘発された公務員に対する寛刑が年々顕著になっていると指摘されています。中国では公務員は、共産党員と同じように特権階級にあり、政治的階級を形成しているため公務員志望者が多いと言われています。世界の汚職や腐敗を監視するトランスペアレンシー・インターナショナルの2015年の「世界の汚職ランキング」（公的部門の清潔度）によれば、中国は167か国・地域中83位でした。

　他方、2008年6月に北京の地下鉄全線の全駅で一斉に自動券売機と自動改札機が導入され、北京市民に親しまれてきた従来の紙切符は廃止されました。上海や広州、深圳、天津などの地下鉄では、すでに自動券売機や自動改札機は導入されていましたが、北京では初めてです。北京では交通機関の切符をはじ

---

[17] 科挙に合格すれば、誰でも政権中枢に到達できるため、かつての中国の教育の中心は科挙のためのものとなり、儒学以外の学問への興味は失われがちだったと言われています。また、科挙に合格するための教育が主流であったため、学習者はある程度の地位や財力を持つ者に限られ、さらに科挙の本質が文化的支配体制の確立であったため、権威は権力と密接に結びつき、論争的・創造的学問は排除されたと言われています。

め煙草も飲み物も「手売り」を基本とし、自動販売機でモノを買うという習慣はなく、そのため初日には混乱状態が続いたと言われていました[18]。

なお、2006年5月に北京市政交通一卡(プリペイド方式の交通ICカード)が全面的に導入され、その導入は一般に経費(人件費)の削減と業務の効率化を目的としていますが、拝金主義的な偽物文化がみられる中国では偽札対策という目的があったと言われています[19]。

(3)高速鉄道と奴性

中国鉄道部は、在来線の高速化と高速新線用の列車をドイツの技術支援を受けて開発していましたが、失敗の連続で、そのため独自技術での開発を断念し、2005年に海外から高速鉄道の技術を導入することを決定しました。日本では「安易な技術輸出は危険だ」として、中国への高速鉄道技術の輸出に反対の声があり、JR東海、日本車輌、日立製作所が拒否したため、技術供与に積極的だったJR東日本と川崎重工がE2系1000番台の技術を供与しました[20]。

---

18) 自動券売機では1元コイン、5元札、10元札しか使えず、いずれは高額紙幣も使えるようになるとのことですが、北京では上海などと比較して1元コインの流通量が極端に少なく、庶民が日常的に使っている1元札が利用できないため、自動券売機の前に1元コインの入ったビニール袋を持った係員が立っていて、紙幣とコインを交換していました。このことは、地下鉄を建設・運用する側と利用する側、つまり特権階級の公務員という支配者層と被支配者層としての市民の生活実態に乖離(生活格差)があることを意味し、ここに利用者を無視して政策を一方的かつ独善的に押しつけるという中国の交通政策が典型的にみられると言われています。
19) あらゆるモノが模倣され、生産・販売されている中国では当然、大量の人民元の偽札が流通し、また人々には偽札を使う習慣があると言われています。偽札に対する人々の意識は、偽札作りや行使が犯罪行為であるという認識は低く、それは儒教の影響によって国家や家族にとって都合の悪いことや不名誉なことを隠すのが正義とされているため、その拡大解釈によって「嘘をつくことは悪いことではない」「騙される方が悪い」という考え方が定着しているからと指摘されています。
20) 各国から輸入された車両は「和諧号」と呼ばれ、和諧という語は「調和」を意味する語で、和諧社会とは「調和のある社会」「調和のある発展をした社会」とされ、この語は改革開放の基本原則「先富論」によって経済の高度成長に偏重しすぎたことを反省し、持続可能な発展(真意は共産党独裁政権の持続的安定)を目指す政治スローガンとして頻繁に用いられています。

12-3 鉄道と賄賂と奴性

　中国は、輸入した高速鉄道車両を国産と主張して特許出願や海外への売り込みを行っています。中国がドイツや日本など外国の高速鉄道の技術を模倣するのは、中国には優秀な科学者や技術者がいないからで、それは中国には自由がなく、自由のないところでは創造力が育まれないからとされています。また、儒教（程朱学派）がものづくりを蔑視していたため、技術が発達しなかったと言われています[21]。

　他方、北京と上海を結ぶ総延長1318kmの京滬高速鉄道の最初の区間の北京と天津を結ぶ京津城際鉄路で、高速列車の試運転が開始されたのは2008年7月1日で、試運転の期間が開業の8月1日まで1か月しかないというのは高速鉄道としては異例と言われていました。中国鉄道部は、「安全性には配慮しており問題はない」と強調していましたが、拝金主義が蔓延している中国では「経済重視」「安全（人命）軽視」が常態化していると言われています。たとえば、2011年7月23日夜に発生した高速列車の追突転落事故では、事故車両が24日夕までにすべて撤去され、25日の朝から異例の早さで運転が再開されました。事故原因の究明が行われていない中での運転再開は、安全性を無視した「人命軽視」と批判されていました。それにもかかわらず、運転を再開した高速列車に乗車した中国の人々に奴性がみられると言われていました。

　なお、追突転落事故での救助作業を終え、事故車両の解体作業中に救出された2歳の少女を美談として報じるように政府はマスコミ各社に通達を出しました。これは、事故に対する鉄道省や政府に対する批判や非難を喜悦に変える、つまり「悪を善に変えて政府が生き延びる」というやり方で、中国では伝統的に行われているとされています。悪を善にすり替えることが可能なのは、儒教の下で長期間にわたって奴隷状態に置かれていた中国の人々には、黙って従う

---

21) 中国政府は、自国に優秀な科学者や技術者がいないため、世界中から頭脳をかき集める方針を打ち出し、米国と同等の報酬を保証するとして米航空宇宙局で働くエリート科学者1000名の呼び込みと、海外にいる中国人エリート科学者2000名の帰国を奨励しました。しかし、海外にいる中国人エリート科学者は「子供に中国の教育を受けさせたくない」として帰国を拒否しました。高い報酬を出せば優秀な科学者を集められると政府が考えていることに、拝金主義が如実に表れていると言われています。

しかないという奴性が染みついているからと言われています。そのため、政府は目に見える物質的なモノを誇示することによって、中国の発展と進歩を見せつけ、同時に政治の腐敗や公務員の汚職などに対する国民の不満や不平を慶事（共産党の称賛）にすり替えていると言われています。

第13章　韓国の差別と優等文化

13-1　優等バスと優等文化

（1）高速バスと優等文化

　高速バスとは、韓国では走行区間の60％以上が高速道路で、座席指定制を採用しているバスとされ、ソウルと京畿道以遠の都市を結ぶ路線や、中・長距離の都市間を結ぶ路線で運行されています。高速バスには、一般高速バスと優等高速バスがあり、一般高速バスの座席は2列＋2列（45席）ですが、優等高速バスは2列＋1列（27席）です。優等高速バスの座席はゆったりとし、リクライニングも装備され、運賃は一般高速バスの5割増とされています。多くの国で3列座席のバスが運行されていますが、そのバスが「優等バス」と呼ばれることはないと言われています。

　優等高速バスは、韓国の優等文化によるものとされ、高速バスに限らず韓国ではあらゆるところで優等文化がみられると言われています。優等とは、「他より特に優れていること」とされ、交通機関では一般に速達性が優等の条件とされていますが、韓国の優等高速バスは2列＋1列という座席にあるとされ、韓国の人々は優等高速バスに乗車し、満足していると言われています。

　ここに、人々の権威主義的で「自己顕示欲が強い」「虚栄心が強い」「自尊心が強い」「見栄っ張り」という国民性が表れていると言われています[1]。「権威主義的」と言われる国民性が形成されたのは、韓国（朝鮮）では歴史的には李王朝が儒教（統治思想）に基づいた統治を行い、中国式の戸籍制度が導入されたことによって社会階層が細分化され、それによって身分制度が強固なものにされ

---

[1] 先進国クラブと呼ばれる経済協力開発機構（OECD）に加盟するため、韓国は米国の勧めによって外国人投資環境の改善、つまり資本の自由化を推進しましたが、これが韓国経済の悲劇の始まりとなり、その悲劇は「自己顕示欲が強い」「虚栄心が強い」「自尊心が強い」「見栄っ張り」という国民性が招いた結果と言われています。

るとともに差別意識が助長され、富と権力を握っていた少数の特権階級（貴族）に対する羨望と、支那に抑圧されていたという劣等感によって権威を志向するようになったからとされています[2]。また、韓国は「傷つきやすいプライド（自尊心）を持っている国」とされ[3]、それは人々の自尊心が劣等感の単なる裏返しに過ぎないからと言われています[4]。

　他方、優等文化は社会一般にみられ、たとえば韓国は世界でも有数の美容整形大国で、盧武鉉元大統領や大統領夫人も整形したと言われています。美容整形手術も優等文化を表し、それは外見が恋愛、結婚、就職、昇進など社会生活全般に影響するとされている韓国では、美容整形手術が「他より美しい（優れている）こと」を誇示するために行われているからとされています。同時に、美しいことに価値をみいだそうとする外見至上主義は、自己顕示的な優等文化そのものと言われています。また、韓国では生まれた時から容姿や外見が評価されるため、特に女性は美容に高い関心を持っていると言われています。

---

[2] 韓国（朝鮮）では、李王朝時代から権威主義的な政治が行われ、その伝統は戦後にも引き継がれて多くの大統領が権威を誇示した力の政治を行っていると言われています。なお、韓国の大統領の権限は非常に強く、そのため帝王的大統領制と言われています。

[3] 傷つきやすいプライドを持っているのは、日本に植民地にされ抑圧されたという韓国の歴史観からすれば、韓国は日本と独立戦争を戦い、独立を勝ち取ったわけではなく、日本の大東亜戦争の敗戦によって事務的に独立したにすぎないという事実があるからとされています。戦後に血を流して独立を勝ち取った多くの国々とはまったく違い、このような劣等感があるからこそ、韓国は何かにつけて日本に対抗心を燃やし、スポーツの日韓戦などでは異常なまでに熱狂することはよく知られ、それは独立戦争を創造しようとしているからとされています。日韓戦などで韓国が敗北すれば、韓国メディアは「東アジアの盟主・韓国のプライドが無惨に踏みにじられた」と報じ、これは韓国の人々が「傷つきやすいプライド（自尊心）を持っている」ことを表していると言われています。

[4] 高速バスや後述の市外バスの中には、渋滞を避けるために運転手の判断で走行ルートを変更するバスがあり、それは渋滞でバスの到着が遅れれば乗客が大声で文句を言うからと言われています。大声で文句を言うという行為自体が、「傷つきやすいプライド」を表しているとされています。つまり、プライドの高い韓国の人々は「低く見られる」「軽くあしらわれる」ことによってプライドが傷つけられたと思い込み、そのため激怒し、大声で文句を言うことによって相手を威嚇しようとする権威主義的な自己顕示行動をとると言われています。韓国の人々の行動が「傲慢だ」と非難されることがありますが、それは人々には「傷つきやすいプライド」があるからとされています。

(2)市外バスと差別文化

　市外バスは、中距離の都市間を結ぶバスで、走行区間の60％以上が高速道路というバスもありますが、座席指定制が採用されていないために高速バスとは呼ばれていません。しかし、市外バス事業者は「市外高速バス」と自称し、正規の高速バスへの対抗意識を露わにしていると言われています。この対抗意識に「自己顕示欲が強い」という国民性がみられ、それは優等文化が定着している韓国では常にあらゆるものが比較されるとともに序列化され、人々は市外バスよりも高速バスがランク的に上位と考えているため、市外バス事業者はランク的に上位の「高速バス」という名称にこだわっていると言われています。市外バスにも高速バスと同じように、優等バスと一般バスがあります。

　他方、エアポートリムジンとは、空港と市内及び主要ホテルを結ぶバスとされ、仁川国際空港には大韓航空(KAL)系のKALリムジン、優等リムジン、一般リムジンがあります。KALリムジンは3列座席(2列＋1列)で定員は25名、優等リムジンは3列座席(2列＋1列)で定員は27名、一般リムジンは4列座席(2列＋2列)で定員は45名です。

　ここにも優等文化が鮮明にみられ、KALリムジン、優等リムジン、一般リムジンという序列が形成されているため、優等リムジンは最上位にあるKALリムジンへの対抗意識から「高級リムジン」という呼称を使っています。サービスの質ではなく、名称という「外見」にこだわるのは、見栄っ張りで虚栄心が強いという国民性によって、「見てくれ」に神経を使うようになり、それが外見至上主義として定着しているからとされています。外見至上主義が定着したのは、韓国はもともと両班文化(貴族文化)の国だったため、奴隷のようにあくせく動いたり働いたりすることを「はしたない」とみる風潮(文化)があり、日本に併合される以前の李王朝時代に奴隷状態に置かれていた多くの人々に貴族に対する羨望があったからと言われています[5]。

---

5) 他方、韓国には模範タクシーと一般タクシーがあり、模範タクシー(デラックスタクシー)は外国人のために外国語に堪能な運転手を配置し、2000ccクラスの黒い大型車の車体に黄色のランプをつけたタクシーで、運賃は一般タクシーのおおよそ2倍弱と割高ですが、一

なお、優等文化は裏を返せば差別文化で、韓国の差別文化は国際的に問題視されています。差別が定着したのは、一般に李王朝時代と言われ、その時代に定着した儒教や朱子学(再構築された儒教の新しい体系・程朱学派)が絶対的な身分階級を生み、絶対的な差別社会を作り上げたからと言われています。差別することは劣等感を持っていることの裏返しで、韓国は「傷つきやすいプライドを持っている国」だからこそ、差別が存在するとされています。韓国にみられる現在の差別文化、つまり韓国の人々の差別意識や慣習には外国人差別、女性差別(男尊女卑)、障害者差別、地域差別、職業差別、在日差別があるとされています[6]。

(3)観光バスと事大主義

ソウルと釜山の定期観光バスにシティツアーバスがあり、2006年に釜山、2007年にソウルで赤い2階建てバスの運行が始まりました。赤い2階建てバスの登場によって韓国の人々の利用が増加し、それは「大きくて派手で高級そうなもの」を好むという国民性があるからと言われています。韓国では「とにかく自動車は大きくて高級そうに見えないと駄目」と言われ、それは人々が根拠のない自己顕示に駆られているからで、根拠がないため「大きなもの」「派手なもの」「高級そうなもの」を志向し、このような自己顕示は事大主義の名残と言われています。

事大主義とは自分の信念を持たず、支配的な勢力や風潮に迎合して自己保身

般タクシーでは相乗りが行われていたため、相乗りのない模範タクシーは韓国の人々によっても利用されていました。「模範」という語が使われていますが、それは一般タクシーと区別した優等タクシーを意味しているとされています。模範タクシーが利用されるのは、優等バスと同じように、運賃の高いタクシーつまりランクの高いタクシーに乗ることによって自己を顕示するためで、それは「空威張り」と同じと言われています。

6) 特に外国人差別は甚だしく、1992年に起きたロス暴動は在米韓国人の黒人差別が引き金になり、また東南アジアの人々に対する差別も多く、差別用語として中国人に対する「垢奴(ノテム)」、日本人に対する「倭奴(ウエノム)」「豚の蹄(チョッパリ)」などがあります。女性差別(男尊女卑)は、儒教社会の韓国では先祖を祀る祭祀では女性だけで準備をし、本番の祭祀に女性は参加できないという伝統や、男は働かず女性が馬車馬のごとく働くことを良しとする伝統にみられると言われています。

を図ろうとする態度や考え方とされ、李王朝時代には事大主義が外交政策の柱になっていたと言われています。事大主義的な考え方が引き継がれていたため、朴正熙元大統領は事大主義を批判し、事大主義の悪い遺産として「怠惰と不労所得観念」「開拓精神の欠如」「悪性利己主義」「健全な批判精神の欠如」「党派意識」「特権・エリート集団意識」などをあげていました。

外交政策としての事大主義では「強く大きな国」に従服するため、「大きなもの」が好きという国民性が生まれ、また「大きなもの」「強いもの」に取り入るための賄賂文化が生まれ、それは李王朝時代の支那の皇帝による冊封体制下での朝貢外交にみられると言われています。なお、人々は自己を顕示するために権力や権威を志向し、そのため権力と権威を持つ公務員を志望する人は非常に多いと言われています[7]。韓国の公務員が権威主義的と言われるのはそのためで、また権力と権威は「大きなもの」「強いもの」であるため、韓国では権力と権威を持つ公務員の汚職が常態化し、それが接待文化に表われていると言われています[8]。

---

[7] 2016年4月の公務員採用試験に22万人が応募し、平均競争倍率は54倍で、過剰な受験戦争と学歴差別という社会の歪みによって公務員志望者が急増していると言われています。財閥系企業はじめ有名民間企業は、採用選抜で有名大学出身者以外を書類選考で落とすため、無名大学出身でも実力で合格できる学歴差別のない公務員採用試験に志望者が殺到していると言われています。

[8] たとえば、韓国では5月15日が「先生の日」とされ、先生に花などをプレゼントするという習慣があり、それは韓国での先生観が「先生は他と違い優れている」という優等主義的発想と、「先生は権力と権威を持っている」という事大主義的発想によるもので、先生の日が賄賂の温床になっていると批判されていました。

接待文化が根付く韓国社会にはびこる汚職根絶を目的として、「不正請託及び金品等授受に関する法律」が2016年9月28日に施行され、公務員、教職員、記者等に高額の金品の受け取りや高額接待が禁じられ、対価の有無を問わず処罰されるようになりました。贈答品については価格の上限が定められ、1回100万ウォン(約9万円)、1年間に300万ウォン(約27万円)を超える金品を受け取った場合には、理由に関係なく、提供者も含めて刑事罰の対象とされ、食事の場合には上限金額が1人3万ウォン(約2740円)とされています。同法は、上限価格等を超えなければ金品等の授受を公的かつ法的に認めているため、汚職を根絶することはできないと言われています。なお、同法が制定されるようになったのは、2010~2011年に相次いだ検事の収賄事件で受け取った金品が賄賂とされず、無罪とされたため、強力な不正防止法の制定を求める声が高まったからとされています。

13-2　鉄道の反日文化と賄賂

(1)優等列車と民族性

　1963年9月に交通部の外庁として発足した韓国鉄道庁は、2005年1月の上下分離によって鉄道営業部門を担う韓国鉄道公社と、鉄道施設建設・管理・研究開発を担う韓国鉄道施設公団に分離されました。韓国鉄道公社が運営する鉄道路線には、高速鉄道(KTX)、首都圏での広域電鉄、首都圏を除く地域での一般旅客路線(在来線)、KORAIL空港鉄道があります。韓国鉄道公社は、一般旅客路線ではセマウル号やムグンファ号、通勤列車を運行し、日本でいう特急や急行などの列車種別用語はなく、全国どの路線でもセマウル号やムグンファ号の名称が使われ、それが誤乗の原因になっていたと言われています。

　セマウル号は、一般旅客路線の最速・最高級列車で、日本でいう特急列車に相当し、高速鉄道路線のない地方とソウルを結ぶ路線で運行されています。セマウル号の「セマウル」は「新しい村」という意味で、朴正熙政権下のセマウル運動に因んで命名され[9]、このような政治の目標などを列車名として使うという鉄道の政治宣伝工作は、中国や台湾、ベトナムでも行われています。

　他方、ムグンファ号は急行列車や普通列車に相当するもので、セマウル号を補完し、ソウルと地方、地方と地方を結ぶ路線など一般旅客路線のほとんどで運行されています。ムグンファ号の「ムグンファ」は、韓国の国花「ムクゲ」の意味で、ムクゲの「散って咲き、また散っては咲く生命力の強さを韓国の人々の歴史と性格に例えることが多い」(韓国観光公社)と言われています。

　通勤列車は、京元線の一部区間で運行されている各駅停車の列車で、2004年のトンイル号の廃止によって設定された列車です。なお、トンイル号の「トンイル」は「統一」の意味で、列車名としての歴史は古く、朝鮮戦争後の

---

9) セマウル運動とは勤勉・自助・協同を基本精神とし、経済開発から取り残されていた農村の近代化(農民の生活の革新、環境の改善、所得の増大)を主として政府主導で実現しようとするもので、1971年から全国規模で行われました。セマウル運動が勤勉・自助・協同を基本精神としていたのは、韓国の人々が事大主義の負の遺産を引き継いでいたからと言われています。

1955年から優等列車の名称として使われていました。統一(朝鮮統一)とは、朝鮮半島が韓国と朝鮮民主主義人民共和国(北朝鮮)に分裂している状況を改め、最終的には単一政府の施政によって朝鮮半島を再統合することを意味し、現在の朝鮮半島は南北に分断された状態ですが、両国とも「一国としての朝鮮」の成立を最終目標としています。韓国は、朝鮮半島の南半部を支配していますが、憲法上は朝鮮半島全土を領土としています。

(2)地下鉄と反日文化

　地下鉄は、ソウルと5つの広域市(仁川広域市、釜山広域市、大邱広域市、光州広域市、大田広域市)、3つの道(京畿道、慶尚南道、慶尚北道)で運行されています。地下鉄は国防上の理由から、有事の際に防空壕に転用できるように建設され、ソウルをはじめ主要都市で地下街が発達しているのも同じ理由と言われています。韓国が想定している有事とは北朝鮮による侵攻で、1950年6月25日に始まった朝鮮戦争は1953年7月27日に休戦しましたが、戦争が終結したわけではなく、現在でも北朝鮮による韓国の領空・領海侵犯を原因とする武力衝突が発生しています。

　ソウルでは韓国鉄道公社、ソウルメトロ、ソウル特別市都市鉄道公社、ソウル市メトロ9号線株式会社の4社によって地下鉄が運行されています。ソウルメトロは、1981年にソウル特別市によって設立されたソウル特別市地下鉄公社が2005年10月に名称変更した公社で、地下鉄1号線から4号線を保有・運営し、2号線以外は韓国鉄道公社の広域電鉄線との相互直通運転が行われています。1号線(ソウル駅～清涼里駅間7.8km)は、日本の政府開発援助(ODA)と技術協力によって、1974年8月に韓国初の地下鉄として開業しました[10]。韓国では自動車と同じように地下鉄は右側通行ですが、1号線は左側通行の京釜

---

10) ODAとは、日本国政府または政府の実施機関によって開発途上国または国際機関に供与されるもので、開発途上国の経済・社会の発展や福祉の向上に役立つために行う資金・技術提供による協力のこととされています。ODAには、無償資金協力と技術協力、国連諸機関や国際金融機関などへの出資・拠出、それに条件(金利、返済期間、据置期間)の緩い政府借款(有償資金協力)があります。

線と京仁線に乗り入れるため左側通行です。

　なお、1号線は日本からのODAと技術協力によって建設されたにもかかわらず、開通式に日本人を招かず、スピーチで日本の援助について言及しなかったのは、反日文化によるものと言われています。反日の根底にあるものが、李王朝時代の華夷秩序体制下で形成された小中華思想とされています[11]。小中華思想とは、自らを中華の一役をなすものとみなす文化的優越主義とされ、李王朝は周辺国である日本を夷狄（異民族に対する蔑称）とみなしていましたが、その日本に併合されたため強い反日感情が生まれたと言われています[12]。

（3）空港鉄道と賄賂

　空港鉄道は、ソウル駅と仁川国際空港駅を結ぶ路線として建設が進められ、2007年3月に仁川国際空港駅～金浦空港駅間（40.3km）が開業し、金浦空港駅～ソウル駅間（20.7km）は2010年12月に開業しました。空港鉄道の建設は、1997年に民間投資誘致事業（BTO：Build-Transfer-Operate）に指定され、2001年3月に主幹事である現代建設をはじめ、ポスコ建設、東部建設など韓国有数の企業と、政府の建設交通部が参与して設立された仁川国際空港鉄道株式会社によって進められ、2006年6月に社名が空港鉄道株式会社に変更されました。しかし、空港鉄道は過大な需要見込みによる経営不振のため、2009年11月に

---

11) 華夷秩序とは、天下の中心が中華であり、同心円状に広がっている世界では外に離れていくほど未開で野蛮とする支那（中国）の伝統的な国際観念とされ、支那の歴代皇帝は皇帝への朝貢と引き換えに周辺国の王に領土を統治する権利を認める冊封体制を築き、朝鮮半島やベトナムなどが支那の支配下に入っていたとされています。

12) 韓国の学校では戦後一貫して徹底した反日教育が行われ、子供たちが描いた絵の中で優秀作品として2008年に地下鉄の駅に展示された絵は「日本人を殴る」「日本人を射殺する」「日本国旗を踏みにじる」「日本国旗を燃やす」「韓国のミサイルで日本列島を延焼させる」「日本列島を檻に閉じ込める」「日本列島を消しゴムで消していく」というものでした。
　また、2010年のNHKとKBS（韓国放送公社）による共同世論調査では「日本は嫌い」が14％、「どちらかといえば嫌い」が57％で、2011年の韓国青少年未来リーダー連合などが韓国の400校以上の中高校生を対象に実施した「青少年の国家観と安全保障観」調査では、韓国の敵対国として日本を選んだ者が45％を占め、北朝鮮の22％を大きく上回っていました。

韓国鉄道公社に買収され、KORAIL空港鉄道に商号が変更されました。

空港鉄道の需要予測は、政府と民間事業者によって別々に行われ、予測値の摺り合わせの結果、1日平均利用客を24万8000人としていましたが、実際は1日平均1万7159人（2009年1〜3月）で、予測値のわずか6.9％でした。このような過大な予測値に基づいて空港鉄道が建設されたのは、政府との契約で予想運賃収入の90％に満たない部分を政府が30年間補填するとされていたからと言われています。そのため、先行開業初年度には3億6620万ウォンの赤字補填が行われ、その額は年々膨れ上がり、韓国交通研究院は「利用客数が今のまま推移すると補助金は2040年までに累計13兆8000億ウォンに達する」と試算していました[13]。

政府がこのような契約を結んだのは、施設の一定期間の管理・運営で投資資金を回収した後に、施設を当局に譲渡するというBTO方式が採用されたからとされています[14]。空港鉄道を私鉄とせず、BTOによって最終的に政府の管理・運営下に置こうとしたのは、韓国が儒教社会型の中央集権国家だからと言われています[15]。中央集権国家とは、狭義には行政や政治において権限と財源

---

[13] ソウル市メトロ9号線を除いて、空港鉄道と地下鉄の相互直通運転の計画はなく、それはシステム上に大きな違いがあるからです。空港鉄道は交流電化(25000V)、ソウルメトロやソウル特別市都市鉄道公社は直流電化(1500V)、空港鉄道は左側通行、ソウルメトロ1号線以外は右側通行です。なお、幹線鉄道や高速鉄道が左側通行であることから、空港鉄道は左側通行によって優等性を顕示しようとしたと言われています。

[14] BTOはPFI(Private Finance Initiative)のひとつの形態で、PFIとは公共サービスの提供に際して公共施設が必要な場合に従来のように公共が直接施設を整備せずに民間資金を利用して民間に施設整備と公共サービスの提供を委ねるというものです。1992年に英国で生まれた行財政改革の手法で、広義には民営化のひとつの手段とされています。ただし、BTOの場合には一定期間の管理・運営で投資資金を回収後に施設を当局に譲渡することになります。

[15] 韓国の中央集権体制は警察が国家警察で、学校の教師が国家公務員であることなどから知られています。また、韓国では憲法により三権分立が確立され、司法権は独立していますが、憲法裁判所の判事9人と、最高裁判所の14人の判事全員の任命権限は大統領にあり、司法権が独立しているとは言えないと指摘されています。他方、韓国で広域自治体などの議会議員選挙の実施は1991年、地方政府の首長の住民による直接選挙の実施は1995年で、これによって地方自治制度が完成したとされています。

が中央政府(国家政府)に一元化されている形態の国家とされています。そこでは、ピラミッド型の階層が形成されることが多く、上層が大きな財源と決定権を持ち、下層になるほど財源と決定権が小さく、上下方向の統制がより強化される傾向を持つとされ、これが韓国では賄賂を生み出すひとつの要因と言われています。

他方、空港鉄道の建設に参与した建設交通部の当時の長官が仁川国際空港鉄道の社長に天下りするなど、このような問題は韓国の優等文化や事大主義に根づく賄賂文化を露呈していると言われています[16]。

13-3　高速鉄道と両班文化

(1) 高速鉄道KTXと恨みの文化

2004年4月1日にソウル駅と釜山駅を結ぶ京釜高速線が開業し、ソウル駅と光州・木浦駅を結ぶ湖南高速線は2015年4月26日に開業しました。「日本の新幹線より速い」と自慢する営業最高速度は300km/hで、計画段階では京釜高速線は「京釜高速鉄道」と呼ばれていましたが、自尊心と自己顕示欲の強い韓国では「我が国が誇る世界最高の高速列車」という意識が働き、冠に国名を入れた「韓国の高速列車」という意味のKTX(Korea Train Express)の呼称が定着したと言われています。

1992年の着工以来12年の歳月と、国家予算の20％に相当する総額22兆ウォン(約2兆円)とも言われる莫大な事業費をかけたKTXが開業し、韓国鉄道公社は「高速鉄道が歴史的に開通し、ついに韓国もフランス・日本・ドイツ・スペインに加わり、時速300kmという超高速鉄道時代に突入した」と自慢していました。この「ついに」という言葉に、韓国で伝統的にみられる「恨

---

[16] 韓国では、盧泰愚元大統領が在任中の不正蓄財や粛軍クーデターなどの追及を受けて懲役刑になり、盧武鉉元大統領が在任中の収賄疑惑によって退任後に捜査を受け、李明博前大統領の親戚や側近が買収事件で起訴されました。これらは、地縁や学閥による偏重人事によるもので、ここに賄賂によって権力や権威に取り入ろうとする人々の事大主義的な国民性が表れていると言われています。

の思想」(恨みの文化)が表れていると言われています。

　恨の思想とは、儒教社会の中で形成された朝鮮文化における思考様式のひとつで、「伝統的な規範から見て責任を他者に押し付けられない状況の下で、階層型秩序の下位に置かれた不満の累積とその解消願望」と説明されています。朝鮮民族にとっての「恨」は単なる恨み辛みではなく、憧れや悲哀、妄念などさまざまな複雑な感情を表し、その形成には強い自尊心とは裏腹の長い抑圧と屈辱の歴史があると言われています。

　なお、京釜高速線の東大邱駅〜釜山駅間の建設工事が遅れ、それは自然保護団体の反対運動によって新線の建設が中止され、路線が在来線と並行する高架式に変更されたからとされています。この路線変更は、当時の盧武鉉大統領が衆愚政治的なポピュリズムによって「参与政府」(国民が政治に参与する政府)を指向していたことによるものとされています。韓国のポピュリズムは、一般大衆の利益や権利、願望を代弁して、大衆の支持のもとに既存のエリートである体制側や知識人などと対決しようとする政治思想または政治姿勢とされています。それは、韓国には憲法の上に暗黙の「国民情緒法」があり、世論が過剰に意識されるからで、その世論を誘導しているのがマスコミとされ、これは朴槿恵大統領の弾劾問題や慰安婦問題に見られると言われています。

(2)両班文化と手抜き工事

　KTXの車両はフランスのTGV-Aの韓国仕様版で、台車は関節型台車と呼ばれる車両間に台車を1両設置するタイプ(動力車と動力車寄り動力客車はボギー台車)です。韓国では馴染みのない関節型台車について、韓国鉄道公社は「軽くて騒音が少なく、乗り心地がよく、列車が脱線する場合も車輪全体が一つの鉄の塊のようになった一体型構造になっているため破損の危険が少ない」と強調し、また車両の先頭部には蜂の巣模様の衝撃吸収装置が設置され、時速300kmで走行中に700kgの物体と正面衝突した場合の衝撃を吸収し、「脱線防止効果と走行安全性を追求した」としていました。

　安全性がアピールされているのは、韓国が安全な国ではないからと言われ、

第 13 章　韓国の差別と優等文化　193

　たとえば 2012 年 6 月に当時の李明博大統領は安全に対する認識について「韓国の経済的数値以外の指標は恥ずかしいレベルにあり、先進国レベルに上げる必要がある」と述べていました。韓国では 1 年に約 3 万人が事故に遭い、そのうち半数が交通事故、火災、産業災害という三大事故とされています。事故が多いのは、肉体労働をする者を身分の低い卑しい者と見なす両班文化の風潮（職業差別）が現在も残っているからで、そのため学者やタレント、大学教授などが「高貴な者の職業」とされていると言われています。また、儒教や朱子学の影響によって、「労働をしない」ことが地位の高い人間の証しであるとされているため、人々の仕事には日本人には冗談としか思えない「桁外れの手抜き」がみられると言われています[17]。

　他方、2011 年 7 月の中国での高速鉄道追突転落事故を受けて、韓国のメディアは社説で「人ごとではない」（東亜日報）、「大事故の前兆が続いている。韓国の KTX が心配だ」（朝鮮日報）などと一斉に警鐘を鳴らしました。KTX は、フランスの TGV を導入して 2004 年に開通し、2010 年からは国産車両（KTX 山川）も運行していますが、故障事故が増加傾向にあり、また高速鉄道として世界初の正面衝突事故を起こしました。そのため、韓国鉄道公社は事故の定義を捏造して「安全性は世界最高水準」とアピールしていました[18]。

---

17) 手抜き工事による惨事には、1994 年 10 月の聖水大橋の崩壊や 1995 年 6 月の三豊百貨店の崩壊、2014 年 4 月の大型旅客船「セウォル号」沈没事故があり、これらはケンチャナヨ精神とパリパリ精神が原因と言われています。ケンチャナヨは、「大丈夫だ」「平気」「まぁ、いいか」というニュアンスの言葉とされ、パリパリは「早く、早く」の意と言われています。また、これに徹底的に排除（差別）する者（ナム）以外の者をウリ（我々や同士の意）と呼ぶウリ精神を加えて、韓国人の三大精神と呼ばれることがあります。
18) 韓国メディアは、KTX が他の国の高速鉄道と比較して定時運行率や安全性部門で世界最高水準にあると報道しました。それによると、KTX の定時運行率は 99.8％で、国際鉄道連盟が発表している 6 か国中 1 位で、台湾が 99.2％で 2 位となり、チェコとイタリアが 90％、フランスが 78.2％とされていました。この世界最高のカラクリは、「定時」の定義が異なり、韓国では遅れ 10 分以内が定時ですが、日本では遅れ 1 分以内が定時とされています。また、走行距離 100 万 km あたりの事故件数を示す高速鉄道事故率は、韓国が 0.07 件と、国際鉄道連盟が発表する 12 か国で最も少なく、ドイツが 0.13 件、日本が 0.178 件とされていました。このカラクリは、やはり「事故」の定義が異なり、日本では列車の遅れも事故ですが、韓国では事故とは衝突などの物的事故とされています。このような記事は、接待

韓国鉄道公社は、故障事故の原因の多くを占めるとみられる各種部品の交換を進めていますが、フランス製の旧型車では整備不良、国産の新型車では品質の不安定が指摘され、整備不良は手抜き、品質の不安定は技術水準の低さによるものと言われています。

(3) 自尊心と権威主義
　韓国では事故だけでなく殺人、強姦、強盗などの凶悪犯罪の発生率が高く、とくに未成年者による性犯罪が多く、低年齢化も進んでいるとされています。人口10万人当たり強姦事件は日本の10倍、米国の2倍で、米国務省や英国外務省は「性犯罪に巻き込まれないよう夜間の一人での外出は慎重に」と警告していたと言われています。
　なお、韓国の法律専門の市民団体と法律消費者連盟が、2011年4月に全国の成人男女約2900人を対象に行ったアンケート調査によれば、回答者の40％が「法律を守ると損をする」、77％が「法律が守られていない」と回答し、最も法律を守らないのは「政治家」との回答が51％と最も多く、「金があれば罪にならず、金がないと罪を着せられる」という言葉に81％が同意するとしていました。
　人々のこのような意識が犯罪を誘発し、それは「恨の思想」を形成した支那の冊封体制による抑圧と屈辱によって生み出された凶暴性が彼らには潜んでいるからと言われています。この凶暴性は抑圧が解消された時や、事大主義にみられるように他人の力に便乗して自己を顕示しようとする時に顕在化し、大東亜戦争(太平洋戦争)後の日本での朝鮮進駐軍やベトナム戦争での韓国軍の残忍な行為に表れていると言われています[19]。
　朝鮮進駐軍にみられるような「思い上がり」つまり自惚れは、韓国の人々の

　　文化によるものと言われています。
19) 朝鮮進駐軍とは、戦後の日本に駐留した連合国軍最高司令官総司令部(GHQ)の声明によって、在日朝鮮人は自分たちを戦勝国民と勝手に思い込んで強姦や殺人などの残忍な犯罪行為を繰り広げた武装朝鮮人集団とされています。

自尊心によるもので、それは権威主義的な態度に表れ、事故の定義を捏造してKTXの安全性を主張し、国民を欺こうとする権威主義的な体質が韓国鉄道公社にみられるのは、韓国鉄道公社が公企業だからと言われています[20]。これは、公務員と同じように、公権力をバックに権力と権威を誇示する事大主義的な自己顕示のひとつとされています。

　他方、韓国政府は2015年を目途にKTXを民営化することを決め、それは高費用・低効率の鉄道運営に競争を導入し、運賃を引き下げ、効率的な運営で負債を早期に償還するためとしていました。しかし、KTXの民営化は財閥優遇政策であるとして民営化反対の声が上がり、まだ民営化されていません。なお、財閥とは同族の閉鎖的な所有・支配の下に持株会社を中核として多角的経営を行う独占的な巨大企業集団とされ、韓国にはサムスン、現代自動車、SK、LGなど主要10財閥があり、この10財閥の売上高が国内総生産の約4分の3を占め、韓国は典型的な財閥社会と言われています。財閥が支配する韓国では、経済的な格差が生み出され、不平等が拡大しているとされています。

---

20) 韓国の人々は、権威主義的で強い自尊心を持っているため、韓国鉄道公社の権威主義的な態度に人一倍反発し、KTXの運賃が割高なこともあり、乗客満足度は航空機や高速バス、セマウル号やムグンファ号よりも低く、KTX利用者数は伸び悩んでいました。それは経営に影響し、「KTXの負債は雪だるま式に膨らみ、2010年には22兆ウォン、2020年には30兆ウォンになる」(「朝鮮日報」2006年1月26日付WEB版)と言われていました。

索　引

【欧文】

E ジプニー······························130
E トライシクル·························127
GoKL バス······························91
KL ヘリテージ＆ネイチャートレイル······92
KL ホップオン・ホップオフバス··········91
KL モノレール·······················96, 97
KTM コミューター···················94, 95

【ア行】

愛国教育·······························143
赤のミニバス······················145, 146
アジア的貧困······················10, 12, 13
アジアの中の英国··············149, 151, 152
アジアの貧困···························111
アパアパ・サジャ··················115, 116
アパアパ文化··············112, 114, 118~120
アブ・サヤフ・グループ···············137
雨傘運動·······························148
アンコール・ワット············60, 63, 64, 67
アンコット························119, 120
いい加減文化······················127, 128
言い訳文化·····························120
イスラム過激派組織「イスラム国」······90, 137
イスラム教··········2, 3, 15, 81, 84, 86, 87, 92, 95
一国二司法制度·························88
一国二制度························148, 150
一夫多妻制····························124
移民··············84, 86, 99, 101, 110, 143, 150~153
移民受入政策··························101
インシャラー······················84, 85
インシャラー意識··················87, 88
恨の思想(恨みの文化)··········191, 192, 194
ウリ精神·······························193

運河船································52
運賃交渉制··············35, 46~48, 51, 62, 84
運転手付きレンタカー········63, 122, 132, 133
運命共同体····················77, 78, 82
英国階級社会··························141
英国文化····················140, 141, 144, 146
易姓革命······························164
易姓革命思想······················163, 164
オート・リクシャー··············12, 19~21
オート・リクシャー文化················174
置き石································113
オジェック························124, 125
汚職文化······························7
オプレット····························119

【カ行】

カースト制··························15~18
階級格差··························168, 176
階級格差的な車社会···················176
階級社会··············141, 142, 169~171, 174
階級社会制度······················142, 144
階級秩序······························75
外見至上主義······················183, 184
外国人差別····························185
外国人料金··············13, 22, 33~35, 76~78
階層型秩序····························192
階層社会······························79
階層秩序··························73, 76
華夷秩序······························189
開発途上国の風土病····················7
カオダイ教····························81
かかあ天下····················79, 82, 83
かかあ天下的家族主義社会··············80
過海タクシー··························147
学歴差別······························186

学歴的階級·· 174
家族主義···································· 70, 79-83
カブ神話··· 81
カレッサ·· 131
棺おけ部屋·· 152
韓国経済の悲劇·································· 182
韓国人の三大精神································ 193
カンボジア王立鉄道······················ 65, 66, 68
カンボジア内戦····································· 65
寛容の心··· 46
管理社会············· 99, 102, 104, 105, 107, 110
貴族文化··· 184
喜の心(ムティター)······························· 43
恐妻家··· 40, 80
恐妻社会··································· 37, 39, 40
共産主義···························· 5, 65, 75, 81, 111
共同体文化··· 82
キリスト教··························· 2, 3, 15, 34, 87, 137
キリスト教的価値観································· 2
近代中国··· 160
輕鐵··· 149, 152
クーポンタクシー························· 92, 132-134
九龍城砦··· 149
愚民·· 177
愚民政策··· 177
軍事独裁体制······································ 28
経済格差································ 8, 10, 12, 62
解脱·· 16, 59
血縁社会·· 73
権威主義··· 194
現実主義··· 160
ケンチャナヨ································· 115, 193
厳罰主義················· 98, 99, 102, 104, 106, 107
公衆道徳······························· 99, 117, 119, 120
交渉制················· 18, 35, 37, 48, 56, 58, 61, 63, 64,
                    71, 74, 92, 93, 122, 124, 126, 131
高速水上バス·································· 50-52
交通管理······························· 103, 104, 147
交通管理社会······························· 104, 105
公徳心·· 177
後発開発途上国·························· 8, 9, 30, 36, 57
国民教育··· 143
国民情緒法·· 192
国民性(性格)の三悪····························· 117
個人主義······················ 20, 59, 67, 158, 160
個人中心主義······································ 47
戸籍制度·································· 170, 182
国家資本主義························· 107, 110, 111
国家資本主義体制································ 111
ご都合主義································ 171, 177
コネ社会·· 7, 73
コパジャ··· 118
混合列車·· 66
昴坪360スカイレール······················· 144, 149

【サ行】

サイカー································· 13, 37, 38
サイクル・リクシャー···················· 12, 17, 18, 21
財閥·· 195
財閥社会··· 195
サクディナー制···································· 53
冊封体制····························· 73, 186, 189, 194
差別意識···································· 183, 185
差別文化···································· 184, 185
サムテオ·· 47
サムロー······································· 12, 42
山寨主義(模倣主義)···························· 172
三福業·· 46, 49
三民主義··· 160
三輪自動車····························· 12, 20, 21, 175
三輪車文化·· 174
三輪農用運輸車·································· 174
ジープバス··· 22
シク教··· 15
シクロ································ 12, 56, 71, 74
自己責任······························· 103, 106, 107

事大主義……………………185~187, 191, 194	スクーター文化……………………154, 156, 157
児童買春…………………………………………62	スケーター………………………………138, 139
慈の心（ガルナー）………………………50, 53	スモーキー・マウンテン………………………131
ジプニー………………126, 128~130, 134, 136	スラム…………65, 68, 136, 138, 139, 148~152
ジプニー文化……………………………………130	政治経済の格差………………………………169
社会階層………………………………………182	政治的階級………………………168, 169, 176
捨の心（ウペッカー）……………………………46	セオム……………………………………………74
宗教的価値観………………………………………2	接待文化………………………………………186
宗教的コミュニティ……………………………81	セラム……………………………………………74
宗教的多様性………………………………………3	先富論………………………………169, 177, 179
衆愚政治………………………………………192	僧院学校…………………………………………36
自由乗降制…………………………47, 49, 145	僧侶専用席…………………………………50, 51
住民差別…………………………………140, 143	僧侶優先社会……………………………28, 37, 38
儒教……………73, 77, 82, 161~164, 171,	ソンテオ………………………………………47~49
176, 179, 180, 182, 185, 193	
儒教型の階級社会……………………………171	【タ行】
儒教社会……………………………185, 190, 192	大気汚染………………10, 20, 37, 127, 168
朱子学…………………………………171, 185, 193	大乗仏教……………………………3, 59, 60, 81
出家………………………15, 36, 39, 40, 51, 58	ダイハス…………………………………………76
上座部仏教………………………3, 28, 29, 36, 40,	大躍進政策…………………………………150, 165
46, 49, 54, 59, 60, 81	大陸光復……………………………………160, 164
乗車拒否……………………………47, 93, 94, 134	台湾大虐殺……………………………………166
小乗仏教…………………………………3, 56, 59, 60	托鉢………………………………………38, 53~55
小中華思想……………………………………189	ダックツアー……………………………106, 107
職業差別…………………………………185, 193	多民族国家……………………70, 86, 102, 107, 111
女性差別…………………………………………75, 185	男尊女卑…………………………74, 75, 79, 185
女性専用車………………………………95, 117, 135	タンブン……………………………………50~52, 54
所得格差………9, 10, 11, 45, 48, 49, 61, 70, 121,	地政的孤立…………………………………56, 65~67
122, 133, 152, 169, 170, 173, 174	中央集権国家…………………………………190
死霊信仰…………………………………………82	長距離バス…………35, 60, 63, 76, 77, 78, 90,
シンガポール・リバークルーズ………………109	95, 119, 131, 132, 136, 159, 168
信仰心…………………………………37, 41, 58	朝貢外交………………………………………186
人種差別…………………………………………13	朝鮮文化………………………………………192
人種差別意識…………………………………142	超多民族社会………………98, 99, 101, 102, 106
親切（メーター）………………………………37, 48	超多民族文化…………………………………106
人治国家………………………………7, 73, 173	地理的階級………………………………169, 170
水上マーケット……………………………53, 54	ディア・センディリ………………………………120
スーパーカブ文化………………………………81	ティダ・アパアパ……………………………114, 115

停滞するアジア	111
抵塁政策	149, 151
出稼ぎ労働者	18, 65, 71, 74, 83, 86, 99, 170-174, 177
デリー・メトロ	26
テロ	25, 90, 136
天安門事件	143, 151
電子式道路料金徴収システム	103
天秤棒行商	80
ドイモイ政策	75, 80, 82
統一鉄道	76
トゥクトゥク	12, 21, 42-44
トゥクトゥク文化	43, 174
投石	113, 136
投石対策	27, 135, 136
道徳	3, 43, 46, 49, 51, 109, 117, 152, 158, 176, 177
独裁国家	5~8, 11
独裁主義	5, 9
都市戸籍	170
都市の貧困層	71, 74
奴性	173, 176, 179, 180, 181
ドッカル	124, 125
特権階級	178, 179, 183
トライシクル	12, 126, 127
トライショー	12, 84, 110, 111, 127
トラックバス	11, 39, 40, 47, 61
トラム	92, 140, 141, 149
トランスジャカルタ	117, 119
トロリーバス	168, 169

【ナ行】

仲間意識	56, 58, 59, 67
難民	32, 149~153
偽札	179
偽タクシー	28, 172
偽物文化	172, 179
荷運び労働	71

日本精神	160
二輪車文化	12
妬みの文化	75, 78
農村戸籍	170
農民蔑視	176, 177
ノーリー	68
乗合船	52, 53
乗合タクシー	48, 63
のんびり性	84, 85, 88, 92

【ハ行】

排気ガス問題	126
拝金主義	172, 175, 177, 180
拝金文化	146
白色テロ	160, 166
ハジ	88
ハジャ	88
馬車ツアー	91, 92
バハラナ	115
ハバルハバル	128
パリパリ	193
ハロハロ文化	126, 129
反日文化	187-189
バンブートレイン	68
バンブートロリー	138
ピークトラム	141, 142, 144, 145, 149
ビコール・エクスプレス	136
ビコール・コミューター	135
微笑単車	155
左側優先文化	4
ヒッポ・リバークルーズ	109
ヒッポツアー	107
一人っ子政策	170
悲の心	50
ヒルサイド・エスカレータ	143, 144
ビルマ式社会主義	28, 34
貧困層	18, 19, 30, 31, 45, 70, 71, 74, 89, 92, 107, 133~136, 142, 169, 174

貧困の悪循環 ……………………… 13, 135
貧困の文化 ……………………… 13, 30, 128
貧者的駆け引き ……………………… 115
ヒンドゥー教 ……………… 2, 3, 14-16, 19, 21, 64
ヒンドゥー社会 ……………………… 14, 18
ヒンドゥー文化 ……………………… 14
貧富の差 ……………… 8-12, 23, 24, 28, 30, 44, 45,
　　　　　　　60, 64, 69, 70, 73, 89, 90, 92, 94,
　　　　　　　95, 97, 112, 119, 121, 124, 125, 131, 135
貧民街 ……………………… 107, 149
プーラン・プーラン ……………………… 123
プーラン文化 ……………………… 124
福祉スクーター ……………………… 86, 156
布施 ……………………… 36, 44, 46, 51
二人っ子政策 ……………………… 83
仏教 ……………… 2, 3, 15, 16, 28, 38-40,
　　　　　　　47-51, 54, 59, 60, 64, 81, 87, 92
仏教社会主義 ……………………… 28, 34
仏教文化 ……………… 3, 30, 33, 35, 37, 38,
　　　　　　　41, 46, 50, 53, 54, 81
仏教文化の商業化 ……………………… 54
ブミプトラ政策 ……………………… 85-88
プライド ……………………… 60, 183, 185
プライド意識 ……………………… 59
プリペイドタクシー ……………………… 22
文化大革命 ……………………… 146, 150, 164, 165
文化的優越主義 ……………………… 189
文化の国際標準化 ……………………… 4
文化の砂漠化 ……………………… 146
文化のずれ ……………………… 89, 92
文化の多様性 ……………………… 2, 3
文明の衝突 ……………………… 2
ベチャ ……………………… 121, 124
ベチャマシーン ……………………… 124
ベントゥル ……………………… 124
ホアハオ教 ……………………… 81
ポピュリズム ……………………… 192
微笑みの国 ……………………… 42

微笑み文化 ……………………… 42

【マ行】

マイペンライの国 ……………………… 43
負けず嫌い ……………………… 154, 158-160
マニラ・メトロレール（MRT） ……………………… 136
マニラ・ライトレール（LRT） ……………………… 136
マハラジャ・エクスプレス ……………………… 24
マルティキャブ ……………………… 130
マレー鉄道 ……………………… 94
マレー民族主義 ……………………… 87
右側優先文化 ……………………… 4
ミクロレット ……………………… 119
緑のミニバス ……………………… 145, 146
ミニタクシー ……………………… 37, 78
身分意識 ……………………… 86, 88
身分階級 ……………………… 171, 185
身分制社会 ……………………… 18, 24
身分制度 ……………………… 18, 53, 182
民工 ……………………… 177
民族主義 ……………………… 84, 85, 87, 97, 160
民族主義政策 ……………………… 34
民族的迷信 ……………………… 109
民族的優越性 ……………………… 94
無宗教 ……………………… 3, 81, 82
無賃乗車 ……………………… 113, 114, 136, 138
無免許運転 ……………………… 48, 57
ムラ社会 ……………………… 70, 74, 76-80, 83
村八分 ……………………… 77, 83
迷信 ……………………… 15, 109, 110
メガタクシー ……………………… 130
メトロ・コミューター ……………………… 135
面子 ……………………… 60, 171, 173
盲流 ……………………… 177
モーターサイ ……………………… 46
モーターセロイ ……………………… 80, 81
モトドップ ……………………… 56, 58-60, 62, 63
模範タクシー ……………………… 184, 185

模倣文化················ 146, 172
モロ・イスラム解放戦線·········· 137

【ヤ行】

両班文化················ 184, 191~193
優等高速バス················· 182
優等文化············· 182~185, 191

【ラ・ワ行】

ライダイハン差別················ 77
リキシャ····················· 17
輪廻························ 16
ルーフライダー················ 114
ルーモ─············· 56, 60, 62-64
ロイヤル鉄道················ 66, 67
ロード・プライシング············ 103
ロヒンギャ···················· 32
ワイパー付スクーター············ 156
賄賂文化············ 128, 186, 191
渡し船······················· 51

著者紹介

澤　喜司郎（さわ　きしろう）　山口大学名誉教授

［主な著作］
『乗り物にみるアジアの文化』（単著）、成山堂書店、2012年
『世界を読む　国際政治経済学入門』（単著）、成山堂書店、2013年
『日本の文化と乗り物』（単著）、成山堂書店、2013年
『国際関係と国際法』（単著）、成山堂書店、2014年
『世界を読む　国際政治経済学入門(改訂版)』（単著）、成山堂書店、2016年
『国際関係と国際法(改訂版)』（単著）、成山堂書店、2016年　など

アジア交通文化論（こうつうぶんかろん）

定価はカバーに表示してあります

平成29年 3月28日　初版発行

著　者　澤　喜司郎（さわ　きしろう）
発行者　小川　典子
印　刷　倉敷印刷株式会社
製　本　株式会社難波製本

発行所　株式会社 成山堂書店
〒160-0012　東京都新宿区南元町4番51　成山堂ビル
TEL：03(3357)5861　FAX：03(3357)5867
URL　http://www.seizando.co.jp

落丁・乱丁本はお取り換えいたしますので、小社営業チーム宛にお送りください。

©2017　Kishiro Sawa
Printed in Japan
ISBN 978-4-425-92871-2

成山堂書店　書籍のご案内

交通論おもしろゼミナール 9
乗り物に見るアジアの文化

澤　喜司郎　著
A5 判　280 頁
定価本体 2,800 円 (税別)

アジアの特色ある交通文化を、500 枚を超えるフルカラー写真で紹介、交通から見た人びとの生活や価値観などを、わかりやすく解説する。

交通論おもしろゼミナール 10
日本の文化と乗り物

澤　喜司郎　著
A5 判　276 頁
定価本体 2,800 円 (税別)

乗り物から、日本の文化が見えてくる！？
さまざまな乗り物に見られる日本文化について概観。
「神道」「アニメ文化」「官僚体制」などのテーマについて、豊富な写真と事例をもとに解説しました。
日本交通文化論の入門書として最適の一冊です。

豊富な写真と詳しい解説で充実のコンテンツ。
交通論おもしろゼミナールは、
乗り物が好きな方にオススメのシリーズです。